55

Klassiker des
Kulturjournalismus

Herausgegeben von
Stephan Porombka und Erhard Schütz

B|S
&

SIEBENHAAR VERLAG

1. Auflage 2008

© B&S SIEBENHAAR VERLAG, Berlin
Alle Rechte vorbehalten

Layout und Satz: B&S Siebenhaar Verlag
Umschlaggestaltung: Visulabor®, Latzko/Fiedler
Druck und Bindung: Druckhaus Dresden GmbH

Printed in Germany

ISBN 978-936962-62-8

www.siebenhaar-verlag.de

55 Klassiker des Kulturjournalismus

Inhalt

Stephan Porombka, Erhard Schütz

Klassiker des Kulturjournalismus. Ein Vorwort (2008)

1.

Dass das neue Jahrhundert dazu neigt, sich an die Vergangenheit mit Listen, Rankings, Hitparaden und Sammlungen der 50, 100 oder 1000 wichtigsten Ereignisse, Personen, Themen oder Artefakte zu erinnern, ist von kulturjournalistischer Seite längst bemerkt und kommentiert worden. Die Diagnose ist klar: Wo die Innovations- und Verfallsgeschwindigkeiten zunehmen und sich damit der Eindruck von Unübersichtlichkeit verstärkt, reagiert die Kultur mit dem Reflex der Wertung und Kanonisierung. Weggelassen wird, worauf man verzichten kann. Im Kanon oder auf den vorderen Plätzen der Hitlisten bleibt dagegen zurück, was – zumindest der Idee nach – bleiben soll.

Das kulturjournalistische Interesse an diesem Phänomen geht aber über die bloße Feststellung und Einschätzung eines gegenwärtigen Kanonisierungszwangs hinaus. Nicht zufällig ist das Zusammenstellen von Listen, Rankings, Hitparaden und Best-of-Sammlungen selbst als kulturjournalistische Beobachtungs- und Textform nobilitiert worden. In diesem noblen Sinn wurde etwa im Bestseller-Bändchen *Schotts Sammelsurium* (und in den unzähligen ihm folgenden Me-Too-Produkten) das enzyklopädische Projekt der Versammlung allen Wissens der Menschheit auf die ironische Spitze getrieben: Hier hat man Nützliches und Unnützes scheinbar beliebig in Listen übersetzt, die nicht auf Vollständigkeit angelegt waren, sondern wie Auszüge aus den Skizzen- und Notizbüchern eines kosmopoliten Alles- und Besserwissers wirken sollten.

Es macht den eigentlichen Witz eines solchen Sammelsuriums aus, dass mit ihm nicht nur Listen mitgeteilt, sondern vor allem die Geste des Auflistens in Szene gesetzt, beobachtbar und reflektierbar gemacht wird. Das gestische Potential hat die *Frankfurter Allgemeine Sonntagszeitung* genutzt, als sie sich den ernsten Spaß erlaubt hat, das Jahr 2006 in ihrem Feuilleton mit einer Zusammenstellung von dreißig Listen zu beenden und das wiederum mit einer kulturjournalistischen Meta-Reflexion zu verbinden. Schon Konfuzius habe geahnt, hieß es da zur Einstimmung, dass die Liste eine Form von Literatur sei, „und manche Liste ist die reine Lyrik. Sprache in ihrer knappsten Form, Aussagen, die evident schon dadurch werden, daß sie dastehen – und der, der sie liest, kann damit spielen. Ein ganzes Jahr in Listen: Das ist nicht die Haus-

ordnung im Reich der Erinnerung, und es ist schon gar nicht eine Aufzählung von Befehlen, Vorschriften, Meinungen. Es sind Listen, die
sich, wie François Jullien einmal geschrieben hat, frei mit der Ordnung
der Dinge vergnügen."

So verstanden, geraten die Listen in Bewegung. Denn hier wird nicht
nur die Gegenwart mit ihrem Zwang zum Ranking thematisiert.
Zugleich wird der Zwang auf eine Weise vergegenwärtigt, dass spürbar
wird, wie eine Kultur funktioniert, die sich über Listen beobachtet.
Nicht zuletzt aber wird der Listenwahn überlistet, indem ihm zwar
nachgegeben wird, allerdings mit einer Lockerheit, die ihn eben nicht
allein als Zwang, sondern als literarisches Spiel erscheinen lässt. So
mag der Verächter diese listenreiche Ausgabe des Feuilletons als Produkt eines allzu spaßigen Popjournalismus verwerfen. Den genauen
Leser und inspirierten Mitdenker aber führt sie zum programmatischen
Kern von dem, was sich unter Kulturjournalismus verstehen lässt,
wenn man ihn nur ernst genug nimmt.

Wenn im vorliegenden Band – in einer selbst nicht listenkanoni-
schen Anzahl – 55 Klassiker des Kulturjournalismus aufgelistet, vorgestellt und zur Lektüre empfohlen werden, dann gehen die Impulse dafür
vom selben programmatischen Kern aus. Die Liste dieser Klassiker ist
Ergebnis eines ernsthaften Spiels, das nicht auf die Formulierung von
Lernbefehlen oder Modulvorschriften aus ist. Es ist eine Zusammenstellung von Titeln, bei der sich die Herausgeber und Autoren zuerst auf
eine annähernd beliebige Zahl beschränkt haben, um sich dann daran
zu machen, eine Ordnung für ein Genre zu entwerfen, das es bisher vielleicht so gar nicht gab, das aber eben probeweise so konstruiert, dazu
dienen kann, einen bestimmten Modus der Beobachtung, der Beschreibung und der Selbstreflexion der Kultur der Moderne genauer beobachten, beschreiben und reflektieren zu können.

2.

Dass es das, was hier mit Kulturjournalismus betitelt ist, so vielleicht
gar nicht gibt (und deshalb erst einmal nur im Gedankenexperiment
entworfen und geordnet werden kann), ist ein Problem, das bereits der
traditionellen Feuilletonforschung Schwierigkeiten bereitet hat. Auch
die Bezeichnung „Feuilleton" war seit jeher nur ein bedingt brauchba-
res Hilfskonstrukt für etwas, was sich schlecht fassen ließ. Der Versuch,
mit diesem Konstrukt sowohl den Teil einer Zeitung als auch bestimmte Textformen und Schreibweisen zu bestimmen, hat immer wieder zu
Unschärfen geführt. Als Zeitungsteil hat das Feuilleton ein Entste-

hungs- und ein Verfallsdatum. So ist die Bezeichnung erst 1800 für einen mit einem Strich abgegrenzten Bereich im *Journal des Débats* verwendet worden – und sie ist nur bis in die zweite Hälfte des 20. Jahrhunderts gültig geblieben, wo sie sukzessive durch „Kulturteil" oder einfach nur „Kultur" ersetzt worden ist. Zudem sind diese Kulturteile längst nicht mehr nur Zeitungsteile. Sie haben im Radio, im Fernsehen und im Internet neue mediale Profile entwickelt und dabei auch das eigene Selbstverständnis verändert. Weil das klassische Feuilleton dementsprechend seine beste Zeit längst hinter sich hat, hat sich die Feuilletonforschung zwangsweise in eine vornehmlich historische Forschung verwandelt. Wer sie heute noch unter diesem Namen betreibt, beschäftigt sich entweder mit einem antiquierten Gegenstand oder er operiert mit einem antiquierten Begriff für das, was eigentlich untersucht werden soll.

Die Bezeichnung „Feuilleton" bereitet aber noch größere Schwierigkeiten, wenn man sie (wie es in der traditionellen Feuilletonforschung der Fall ist) nicht nur auf einen Zeitungsteil, sondern zugleich auf bestimmte Textformen beziehen will. Im Wilmont Haackes Standardwerk, dem *Handbuch des Feuilletons* von 1952, werden 78 „innerhalb der Feuilletonsparte erscheinende[] literarische[] und journalistische[] Gattungen" genannt: von der Anekdote, dem Aphorismus, dem Aufsatz und dem Augenzeugenbericht über die Glosse, Groteske, den Heimatteil und die Humoreske bis zum Reisebericht, zur Reportage, zum Roman, zur Umfrage, zum Versuch und zur Zeichnung. Eine solche Aufzählung dient auch nur der historischen Forschung, insofern sie ordnet, was alles einmal in einen mit „Feuilleton" betitelten Zeitungsteil gepasst hat.

Wollte man aber tatsächlich etwas über die komplexe Genealogie dieser so unterschiedlichen literarischen und journalistischen Gattungen im Zusammenhang mit der Entwicklung einer immer schneller getakteten Selbstbeobachtung, Selbstbeschreibung und Selbstreflexion der Kultur der Moderne erfahren, reicht das Feuilleton als Bezugspunkt nicht aus. Denn dann hat man es mit Gattungen zu tun, die (wie etwa die Anekdote, der Bericht, die Reportage) auch in anderen Zeitungsteilen ihren Platz gefunden haben. Oder man hat es mit solchen zu tun, die (wie etwa die Groteske, der Roman oder die Zeichnung) gar nicht an die Zeitung gebunden sind.

Dasselbe Problem ergibt sich, versucht man mit dem „Feuilleton" auch noch die Ausbildung bestimmter Schreibweisen zu erklären. Etabliert hat sich dafür in der Forschung die Bezeichnung „Feuilletonisieren". Gemeint ist eine mit literarischen Formeln und Techniken operierende, subjektiv-eingefärbte, kritische, zugleich unterhaltsam-spielerische Rhetorik, die dem Präzisions- und Objektivitäts-Journalismus gegenübergesetzt wird, auf den man sich etwa im Politik- oder Wirtschaftsteil eingeschworen hat. Dass aber auch in den Feuilletons oder den Kulturteilen Texte erscheinen können, die nicht „feuilletonisieren", und dass umgekehrt in allen anderen Teilen (auch im Politik- oder Wirtschaftsteil) immer wieder „feuilletonisiert" wird, kann aus dieser Perspektive nur als unzulässige Irritation wahrgenommen werden. Wo man Vermischungen diagnostiziert, befürchtet man in der Journalistik und Publizistik den Verfall einer auf klaren Trennungen von Zuständigkeiten beruhenden journalistischen Kultur. So warnt man allenthalben vor der „Feuilletonisierung" der Berichterstattung.

Umgekehrt befürchtet man die „Defeuilletonisierung" des Feuilletons durch eine Verwandlung der Kulturteile in Mitteilungsseiten für Unterhaltungsangebote einerseits, andererseits durch ressortüberschreitende Zuständigkeiten – sei es nun für Genetik, Bevölkerungspolitik oder Astrophysik. Spätestens mit solchen Lamentationen aber wird deutlich: Man hat es hier eigentlich mit Problem- und Fragestellungen von Zeitungswissenschaftlern oder -praktikern zu tun, denen es um den Zuschnitt von stabilen Ressortgrenzen in einem Medium geht, dessen Stabilität doch eigentlich durch die Auflösung von Mediengrenzen längst in Frage gestellt worden ist.

3.

Die vorliegende Sammlung von 55 Klassikern löst den Begriff Kulturjournalismus von dem des Feuilletons ab, um all diese Probleme zu vermeiden. Ganz programmatisch wird der Kulturjournalismus, wie wir ihn verstehen, nicht für einen bestimmten Teil der Zeitung reserviert. Er wird damit auch nicht auf eine bestimmte Epoche reduziert. Erst recht wird er nicht auf ein bestimmtes Medium beschränkt. Und wenn hier von Kultur die Rede ist, dann ist damit auch kein bestimmtes Themenspektrum oder Zuständigkeitsfeld benannt. Kulturjournalistische Texte kümmern sich keineswegs nur um das, was gemeinhin unter Kultur verstanden wird und in der Regel die so genannte Hochkultur meint: Literatur, Theater, Bildende Kunst, Musik, Architektur, vielleicht noch Film, Fernsehen, vielleicht auch noch Kulturpolitik. Einige Kulturteile mögen sich auf dieses Set beschränken; der Kulturjournalismus, wie wir ihn verstehen, tut es nicht.

Kulturjournalismus wird für die vorliegende Sammlung in einem viel weiteren Sinn definiert. In der einfachsten Fassung kann man sagen: Er beobachtet, beschreibt und reflektiert Kultur als etwas, das durch Menschen als etwas Sinnhaftes hergestellt wird. Kultur erscheint ihm als herstellbares, in dauernder Herstellung befindliches Sinnkonstrukt, das sich nach selbst wiederum veränderlichen kulturellen Regeln verändert. So „manifestiert sich" Kultur, wie es der Kulturphilosoph Ralph Konersmann pointiert hat, „indirekt, in den Werken und in den faits culturels, deren relative Bedeutsamkeit von jeder Gegenwart aufs Neue erschlossen und bestimmt sein will."

Kulturjournalismus setzt sich dementsprechend mit kulturellen Tatsachen im Hinblick auf ihre relative Bedeutsamkeit auseinander. Er nimmt dabei nicht nur an der Ermittlung und Bestimmung dieser Bedeutsamkeit teil. Der Kulturjournalismus tut dies auch selbst als ein fait culturel, dessen eigene Bedeutsamkeit nicht ein für allemal feststeht, sondern im Prozess der Kultur (an dem er selbst mit teilnimmt) immer wieder neu ermittelt werden muss. Das heißt denn auch, dass es sich sowohl um die Beobachtung von Phänomenen *der* Kultur als auch um die Beobachtung von Phänomenen aus der Perspektive *von* Kultur handeln kann.

Das Entscheidende am Kulturjournalismus aber ist: Er tut das alles mit einem emphatischen Zug zur Gegenwart. Kulturjournalistische Texte beschäftigen sich in der Gegenwart für die Gegenwart mit der Gegenwart. Entsprechend findet ihre Beobachtung, Beschreibung und Reflexion als etwas Einmaliges, auf den Moment Bezogenes statt und muss, weil die Gegenwart voranschreitet, immer wieder aktualisiert werden.

Das führt zu einem Paradox, das sich nicht auflösen, aber produktiv wenden lässt: Als Kulturjournalist muss man einerseits behaupten, etwas Gültiges über den Stand der Dinge in der Kultur der Gegenwart sagen zu können. Man muss aber zugleich signalisieren, dass das Gesagte nicht überzeitlich gültig ist. Kulturjournalistische Texte sind deshalb immer pointierte, oft polemische Texte, in denen starke Thesen vertreten oder einzelne Beobachtungen nachdrücklich symptomatisiert werden. Es sind aber zugleich vorläufige Texte, die mit einer Poetik der Skizze, der Notiz, des Entwurfs, einer Poetik des Flüchtigen, Ausschnitthaften, Fragmentarischen, auch des Experimentellen, Zufälligen und Beliebigen und nicht zuletzt des Subjektiven operieren. Vor allem operieren sie mit literarischen Formeln und Techniken, um das Mitgeteilte durch Mehrdeutigkeit (oder – mit Konersmann gesagt – durch eine „relative Bedeutsamkeit, die von jeder Gegenwart aufs Neue erschlossen und bestimmt sein will") in Bewegung zu halten.

Das alles lässt kulturjournalistische Texte zur kleinen Form tendieren. Diese Tendenz haben sie nicht nur, weil kurze Texte schneller zu schreiben sind und sich dementsprechend für das laufende Tagesge-

schäft mit seinen entsprechenden zur Kürze zwingenden Publikations-
formen gut recherchieren, schreiben und lesen lassen. Zur kleinen
Form tendieren sie auch, weil sie sich mit der den Texten eingeschriebenen Geste des Kleinen schützen, im Hinblick auf ihre Bedeutung über-
schätzt zu werden.

Ihre Kleinheit aber kompensieren sie über ihre Kontexte. Man
kommt nicht umhin, sie als Elemente eines größeren Zusammenhangs
zu lesen. Kulturjournalistische Texte sind Kontext-Texte. Sie gewinnen
ihre Kraft entweder dadurch, dass sie sich implizit oder explizit,
absichtlich oder zufällig auf die anderen Beiträge beziehen, die in derselben Gegenwart erscheinen. Oder sie gewinnen ihre Kraft dadurch,
dass sie (etwa in Buchform) in eine Reihe mit anderen Texten gestellt
werden, die alle über einen längeren Zeitraum entstanden sind und sich
nun zu einer definitiveren Diagnose der Entwicklung der Gegenwartskultur zusammenfügen.

Folgt man der hier vorgeschlagenen Definition, hat man sich
tatsächlich weit von der klassischen Feuilletonforschung und ihren
Ressortfragen entfernt. Angenähert hat man sich stattdessen einer ganz
besonderen Methode der Beobachtung, Beschreibung und Reflexion,
die sich dort etabliert, wo es der Kultur durch die Einführung neuer
Medien möglich wird, sich immer regelmäßiger und in immer kürzeren
Abständen zu beobachten und damit der Gegenwart einen immer wich-
tigeren Stellenwert einzuräumen.

Für diese besondere Methode sind unterschiedliche Bezeichnungen
im Umlauf: „empirischer Journalismus", „Ethnographie des Alltags",
„Kulturwissenschaft der Jetztzeit". Während der erste Vorschlag daran
erinnert, dass das kulturjournalistische Arbeiten als methodisches
Sammeln, Archivieren und Auswerten von Gegenwartsmaterialien
aller Art verstanden werden muss, so erinnert der zweite daran, dass die
kulturjournalistische Reflexion der Materialien darauf zielen soll, über
die teilnehmende Beobachtung im Feld der Gegenwart die kulturellen
Strukturgesetze zu rekonstruieren. Der dritte Vorschlag schließlich
zielt darauf, den Kulturjournalismus an die derzeit so erfolgreichen
Kulturwissenschaften anzuschließen, ihm aber den Vorteil zuzuschreiben, dass sich mit kulturjournalistischen Mitteln und Möglichkeiten
die Gegenwart viel unmittelbarer und genauer beobachten, beschreiben und reflektieren lässt und man nicht erst darauf warten muss, bis
sich die kulturellen Tatsachen, mit denen man sich beschäftigen will,
aus der zeitlichen Distanz heraus analysieren lassen.

4.

Die hier vorgeschlagene Definition garantiert allerdings immer noch nicht, dass es *den* Kulturjournalismus überhaupt gibt. Während sich die alte Feuilletonforschung immerhin auf einen ganz konkreten Ort beziehen konnte, gibt es den für den Kulturjournalismus nicht. Auch ist er weder der Literaturwissenschaft noch der Publizistik oder Journalistik als feste Größe bekannt. Wer nach einer bereits erzählten und geordneten Geschichte des Kulturjournalismus sucht, wird nichts finden. Folgerichtig gibt es auch keinen offiziellen Kanon kulturjournalistischer Texte. Es gibt keine offizielle Poetik und kein offizielles Programm. Es gibt auch keine Tradition der Bildung von Gruppen oder Schulen, die Manifeste produzieren und sich auf einem – wie auch immer zugeschnittenen kulturjournalistischen Feld – gegen andere Gruppen oder Schulen positionieren.

Aber es gibt Projekte, von denen man auf Anhieb sagen kann, dass sie dazugehören, wenn man den Kulturjournalismus als etwas definiert, was es darauf anlegt, Kultur als hergestelltes und sich immer weiter herstellendes Sinnkonstrukt kontinuierlich mit Fokus auf die unmittelbare Gegenwart zu beobachten, zu beschreiben, zu reflektieren und dabei an der weiteren Herstellung von Kultur als Sinnkonstrukt mitzuwirken. Die Projekte, die diesem Programm auf je individuelle Weise implizit oder explizit folgen, ergeben zwar keine homogene Gruppe. Aber gerade durch seine vielfältigen Zugriffe erweist sich der Kulturjournalismus als ein Labor für Gegenwartsbeobachtung, auf dem mit Neuem allein schon deshalb experimentiert werden muss, weil die Gegenwart nicht immer dieselbe bleibt.

Denkt man darüber nach, welche Projekte im emphatischen Sinn als kulturjournalistische Projekte zu verstehen sind, dann beginnt man das Spiel der Listen. Hier vergnügt man sich mit Ordnungen, die man selbst entwickelt und während der Diskussion über die Besetzung sukzessive weiterentwickelt. Wählt man sich dazu eine quasi-beliebige Zahl von verfügbaren Listenplätzen, dann zwingt man sich darüber hinaus, Kontingenz in Notwendigkeit zu übersetzen – und das heißt: gute Gründe zu finden, warum bestimmte Projekte unbedingt auf die Liste gehören (und andere nicht).

Für die Besetzung der Liste der 55 Klassiker des Kulturjournalismus sind noch vier weitere Spielregeln hinzugekommen. Erstens sollte sich durch die Zusammenstellung so etwas wie eine Kette von Projekten ergeben, die sich auch als historische Entwicklungslinie lesen lässt, die in Deutschland etwa im 17. Jahrhundert beginnt und sich von dort aus kontinuierlich bis in die Gegenwart weiterentwickelt.

Zweitens sollten die Projekte, um in die Liste aufgenommen zu werden, exemplarische Projekte sein, mit denen ein bestimmter Aspekt der kulturjournalistischen Beobachtung, Beschreibung oder Reflexion neu oder zumindest überraschend anders gefasst wird. Es geht also immer um innovative Beobachtungs-, Wahrnehmungs-, Schreib- und Deutungsweisen.

Zugleich sollten es – drittens – Projekte sein, die auf ihre Weise Modellcharakter für kulturjournalistische Folgeprojekte hatten und die damit die historische Entwicklungslinie als komplexes Netzwerk, als kulturelles Kapillarsystem erscheinen lassen, über das Ideen und Energien weitergegeben, aber auch wieder zurückgepumpt werden.

Schließlich, viertens, sollten es Projekte sein, mit denen man sich auch heute noch produktiv auseinandersetzen, die man fortsetzen oder von denen man sich absetzen kann – vor allem im Hinblick auf eine eigene kulturjournalistische oder kulturwissenschaftliche Praxis.

Dass es vorderhand nicht unbedingt immer die Päpste, Kaiser und Königinnen sind, von denen die frischen Impulse ausgehen, dass es aber auch jenseits derer zu Ungerechtigkeiten kommt und einige Projekte nicht in der Liste auftauchen, die vielleicht unbedingt hätten auftauchen müssen, gehört zum Spiel dazu. Ebenso gehört dazu, dass für manche Leser oder Leserinnen Projekte auf der Liste erscheinen, auf die sie gut und gerne hätten verzichten können.

Aber das ist das Schöne an Spielen dieser Art: dass ihre Ergebnisse nicht verbindlich sind. Sie regen im Gegenteil dazu an, das Spiel in eine nächste Runde gehen zu lassen.

Will man mitspielen, ist folgendes zu beachten: Man sollte probeweise der Definition folgen, die wir für den Kulturjournalismus vorgeschlagen haben. Man sollte sich auch spaßeshalber an die oben genannten Regeln halten. Und man sollte sich natürlich auf die Zahl 55 beschränken. Dann gilt: Wer einen anderen kulturjournalistischen Titel oder ein anderes kulturjournalistisches Projekt vorschlägt, das noch nicht in der Liste erscheint, muss ein bereits gesetztes aus der Liste entfernen – und muss dafür natürlich mindestens ebenso gute Gründe finden, wie sie die Autorinnen und Autoren in ihren Beiträgen für den vorliegenden Band gefunden haben.

Gespielt wird dann übrigens ein weiteres Spiel mit „faits culturels, deren relative Bedeutsamkeit von jeder Gegenwart aufs Neue erschlossen und bestimmt sein will". Aber darum geht's ja. Jedenfalls in diesem Band. Und vielleicht irgendwann einmal in einem zweiten, in dem dann jene Projekte vorgestellt werden, für die diesmal kein Platz gewesen ist.

Abschied von 2006. Das nächste wird besser!. In: *Frankfurter Allgemeine Sonntagszeitung*, 31.12.2006 • Wilmont Haacke: *Handbuch des Feuilletons*, 3 Bde., Emsdetten 1951-53 • Hannes Haas: *Empirischer Journalismus. Verfahren zur Erkundung gesellschaftlicher Wirklichkeit*. Wien, Köln 1999 • *Die lange Geschichte der kleinen Form. Beiträge zur Feuilletonforschung*. Hrsg. von Kai Kauffmann und Erhard Schütz, Berlin 2000 • Ralph Konersmann: *Kulturphilosophie*. Hamburg 2005 • Stephan Porombka: *Berufsfeld Kulturjournalismus*. In: *Handbuch Literaturwissenschaft*. Hrsg. von Thomas Anz. Bd. 3. Stuttgart 2007. S.270-283 • Stephan Porombka: *Kulturwissenschaft der Jetztzeit. Möglichkeiten der kulturjournalistischen Praxis im Studium*. In: *Schreiben. Im Kontext von Schule, Universität, Beruf und Lebensalltag*. Hrsg. von Johannes Berning und Helmut H. Koch. Münster 2006. S. 198-219 • Ben Schott: *Schotts Sammelsurium*. Berlin 2004 • Gernot Stegert: *Feuilleton für alle. Strategien im Kulturjournalismus der Presse*. Tübingen 1998 • *Was vom Tage bleibt. Das Feuilleton und die Zukunft der kritischen Öffentlichkeit in Deutschland*. Hrsg. von Thomas Steinfeld. Frankfurt a.M. 2004.

Die Herausgeber, im November 2008

GEORG PHILIPP HARSDÖRFFER

Der große Schauplatz jämmerlicher Mordgeschichte (1649/50)

Eine Frau lenkt mit einem Handspiegel das Sonnenlicht auf ihr Gesicht und verkündet: „Auf das Ungelücks Geschicke / schau ich wiederumb zurücke / mache sehen / was geschehen. / Mein bestraltes Angesicht / Zeigt der Wahrheit helles Liecht." So spricht die „Trauergeschicht", ein in Kupfer gestochenes Sinnbild schrecklicher, sensationeller, exemplarischer Ereignisse, die dem *Grossen Schauplatz jämmerlicher Mordgeschichte* (1649/50) voran steht. Mit dem Dolch in ihrer rechten Hand will sie den Titel des Buches in den Marmorsockel unter ihren Füßen geritzt haben: Diese „Tragædia" tritt also an die Stelle des auf dem Titelblatt namentlich nicht genannten Autors, des Nürnberger Patriziers Georg Philipp Harsdörffer, der sich lediglich als „Mitglied der Hochlöblichen Fruchtbringenden Gesellschaft" zu erkennen gibt.

Der Jurist Harsdörffer, der in Nürnberg am Gericht und im Stadtrat wirkte, versammelt mit diesem Buch zweihundert ganz knappe Kriminalfälle seiner Zeit. Der Erfolg spricht für sich, 1693 erscheint bereits die siebente Auflage. Das Publikum findet offenbar Gefallen an der Mischung aus Unterhaltung und Belehrung, aus sensationellen Geschichten und didaktisch-erbaulichen Schlussfolgerungen. Am Ende des Dreißigjährigen Krieges, nach dem Übermaß an tragischen Ereignissen und persönlichen Verlusten, hätte man das Gegenteil erwarten können. Der historische Ausnahmezustand mag das Bedürfnis nach Neuigkeiten und Nachrichten aber noch gesteigert haben. Zeitlich geht der rasante Aufstieg publizistischer Medien mit dem Kriegsgeschehen jedenfalls Hand in Hand. Während aktuelle Informationen gegen Ende des 16. Jahrhunderts nur durch Briefzeitungen, die zwischen Höfen und Handelshäusern kursierten, sowie durch illustrierte Flugblätter in Umlauf kamen, entstehen 1609 die ersten beiden Wochenzeitungen: *Relation aller fürnemen und gedenkwürdigen Historien* in Straßburg sowie *Aviso*, *Relation* und *Zeitung* in Wolfenbüttel. Weitere Gründungen kommen bald hinzu, gefolgt von Zeitschriften, die nach dem französischen Vorbild des *Journal des Scavans* (ab 1665) den Begriff *Journal* erstmals aus der Welt der Buchhaltung in die der Publizistik übertragen. Angesichts der hauchdünnen Schicht von etwa zehn Prozent Lesekundigen ist dieser Aufschwung insgesamt erstaunlich, zumal mit Blättern wie Johann Frischs *Erbaulichen Ruhestunden* (1676-80) oder Christian Thomasius' *Monatsgesprächen* (1688 f.) nicht nur Gelehrte erreicht werden sollen.

Harsdörffer war kein Journalist, der bei allem, was er schreibt, vor Ort gewesen ist. Kaum eine der *Mordgeschichten* verdankte sich eigenen Beobachtungen, keine erschien in Zeitungen. Sicher brachte er von seiner fünfjährigen Grand Tour durch Frankreich, die Niederlande, Großbritannien, die Schweiz und Italien viele Erlebnisse und Berichte mit. So geht etwa *Das gefallne Schoßkind*, eine ‚Reportage‘ zur Ermordung des Herzogs von Buckingham, auf seinen Aufenthalt in London 1628 zurück. Harsdörffer versichert jedenfalls, den Fall „aus sicherem Bericht und theils Augenschein fleissigst beobachtet" zu haben. Verlassen kann man sich auf solche Beteuerungen jedoch nicht: Die missglückte Hinrichtung der Hélene Gillet in Dijon 1625 gibt er beispielsweise im *Grossen Schauplatz lust- und lehrreicher Geschichte* (1650/51), der ebenfalls viele Kriminalfälle enthält, als eigenes Erlebnis aus. Die Geschichte stammt indes vollständig aus dem *Mercure François* von 1626.

Solche Übernahmen sind bei Harsdörffer eher die Regel als die Ausnahme. Zum einen knüpft er an zeitgenössische Diskussionen an, wie sie etwa Théophraste Renaudot in seinem Pariser Konversationszirkel führte und als *Conferences du Bureau d'Adresse* (1634-41) publizierte. So stammt etwa die Debatte über *Die Menschen Wölffe*, also über besessene Anthropophagen, aus eben dieser Quelle (*De la lycanthropie*). Zum anderen übersetzt und bearbeitet Harsdörffer dokumentierte Kriminalfälle, so genannte Histoires tragiques. Dieser Titel für tragische Geschichten verdankt sich französischen Übertragungen und Ergänzungen der Novellen Matteo Bandellos durch Pierre Boiastuau (1559), François de Belleforest (1572) oder François de Rosset (1619). Unter solchen juristischen Exempelsammlungen – Vorläufer der *Pitaval*-Geschichten des 18. Jahrhunderts – nutzt Harsdörffer besonders ausgiebig Jean-Pierre Camus' *L'amphithéâtre sanglant* (1630) und dessen *Les Spectacles d'horreurs* (1630). Gegenüber den *Histoires tragiques* fasst er die Beispiele aber kürzer und nüchterner – stärker als am tragischen Schrecken und dem dadurch ausgelösten Mitleid ist er am didaktischen Gehalt der jeweiligen Exempla interessiert.

Besonders vier Züge teilen Harsdörffers Schauplätze mit der Tradition der *Histoires tragiques*. Erstens geht es fast ausschließlich um „der privat Personen merkwürdige Geschichte": Anstatt Rechtsfälle von „Standspersonen" bieten solche der „gemeine[n] Leute" lebensnähere „Tugendexempel" für das Publikum. Zweitens entspricht dieser ‚Demokratisierung‘ der allgemein verständliche Stil der Darstellung: Die Geschichten fließen „aus einer gleichgeschnittnen Feder, auf „außgesuchte Worte der grossen Wohlredenheit" wird ausdrücklich verzichtet (§18). Drittens folgt Harsdörffer dem Grundsatz der Aktualität, den die Sammlungen von Belleforest, Simon Goulart (1600) oder Rosset durch die Wendung *nostre temps* immer schon im Titel führen. Viertens verpflichtet er sich der Wirklichkeit: Im Spannungsfeld zwischen Fabula und Historia – gern als ‚barockes Erzählproblem' bezeichnet – steht er eher auf der Seite der Geschichtsschreibung. In der Vorrede erklärt er: „Wie viel zulässiger und erbaulicher wird doch seyn / die Geschichte zu betrachten / welche wahrhafftig und würklich geschehen und uns fast täglich für Augen schweben / aber ja durch derselben Lesung behäglich vorgestellet werden".

Die Bekenntnisse zur Aktualität und Wirklichkeit verweisen allerdings auf ein in der frühen Neuzeit noch sehr vorläufiges Konzept ‚journalistischer' Gesinnung. Aktuelles betrifft die eigene Lebenszeit und nicht die fernere Vergangenheit. Erst mit dem wachsenden Markt für Flugblätter, erst recht mit dem neu aufkommenden Zeitungsgeschäft, entsteht eine Konkurrenz, die starke Verzögerungen in der Berichterstattung als Problem erscheinen lassen. Und was die Faktizität angeht, ist längst nicht alles wahr, was als ‚wahre Geschichte' ausgegeben wird. Harsdörffer adaptiert bedenkenlos seine Vorlagen, um den exemplarischen Charakter für sein Publikum fasslich und lebensnah darzustellen. Das betrifft keineswegs nur französische oder italienische Quellen, die für die deutschen Verhältnisse adaptiert werden; auch konfessionelle Umstände der katholisch geprägten *Histoires tragiques* bringt der Protestant gerne zum Verschwinden. Einen dreifachen Raubmord an der Magd, Tochter und Ehefrau des Kaufmanns Anthon Greiff am 13. Januar 1613 im sächsischen Quedlinburg, über den das illustrierte Flugblatt *Ein kläglich vnd wahrhaffte Geschicht* berichtet, verlagert Harsdörffer nach Metz in Lothringen und verzichtet auf die Eigennamen. Vor allem kritisiert er den bedrückenden Justizirrtum: Der vom Täter bezichtigte Kaufmann wird nämlich unschuldig gefoltert und hingerichtet. Das Flugblatt billigt das und kaschiert es mit einem geistlichen Lied, während Harsdörffer das Problem schon durch seine Überschrift *Die peinliche Frage* ins Zentrum rückt. Seine Schlussfolgerung lautet: „Diese Geschichte sollen die Richter lehren behutsam zu verfahren / und nach fürgeschriebenen Rechten niemand an die peinliche Frage werffen lassen".

Mit solchen kritischen Überlegungen verlässt Harsdörffer die zeitübliche heilsgeschichtliche Orientierung auf die göttliche Gerechtigkeit. Der Mensch ist nicht länger Spielball von Schicksal oder Vorsehung. Allerdings ist er auch noch nicht das selbstbestimmte und autonom urteilende Subjekt der Aufklärung. Selbst bei Wundergeschichten wie dem von Camus übernommenen *Zeugnis des Geblüts*, wo eine Kindsmörderin durch plötzlich ausbrechende Blutungen an ihrem nach zwei Jahren zufällig exhumierten Baby identifiziert wird, bemüht sich Harsdörffer um eine natürliche Erklärung. „Zeug und Kläger", lehren die angehängten Verse, ruhen in uns, letztlich sei das Gewissen unser Richter: „Wer will und kann sein Hertz betrügen? / Wer eine böse That gethan / Dem zeuget sein Gewissen an / Daß sich Gott niemals lässt belügen". Durch solche Deutungen zwischen barocker Theologie und aufgeklärter Psychologie erweist sich Harsdörffer als eine Figur des Übergangs, in der man erste Spuren einer modernen, die Kultur der eigenen Zeit reflektierenden Gesinnung wittern mag.

Georg Philipp Harsdörffer: *Der Grosse Schau-Platz jämmerlicher Mordge-schichte. Bestehend in CC. traurigen Begebenheiten. Mit vielen merkwürdigen Erzehlungen / neu üblichen Gedichten / Lehrreichen Sprüchen / scharffsinnigen / artigen / Schertzfragen und Antworten / &c.* [...] Zum drittenmahl gedruckt. Hamburg: Johann Nauman 1656 (Nachdruck Hildesheim, New York 1975) • Guillaume van Gemert: *Geschichte und Geschichten. Zum didaktischen Moment in Harsdörffers „Schauplätzen".* In Italo Michele Battafarano (Hrsg.): *Georg Philipp Harsdörffer. Ein deutscher Dichter und europäischer Gelehrter.* Bern, Berlin u.a. 1991, S.313 • Jean-Daniel Krebs: *Deutsche Barocknovelle zwischen Morallehre und Information: Georg Philipp Hars-dörffer und Théophraste Renaudot.* In: *Modern Language Notes* 103 (1988), S.478-503 • Hania Siebenpfeiffer: *Narratio crimen – Georg Philipp Harsdörf-fers Der Grosse Schau-Platz jaemmerlicher Mord-Geschichte und die frühneu-zeitliche Kriminalliteratur.* In: Hans-Joachim Jakob, Hermann Korte (Hrsg.): *Harsdörffer-Studien.* Mit einer Bibliografie der Forschungsliteratur von 1847 bis 2005. Frankfurt a.M., Berlin u.a. 2007, S.157-176.

Alexander Košenina

CHRISTIAN THOMASIUS

Monatsgespräche (1688-1689)

Im Januar 1688 liegt bei dem Leipziger Buchhändler Moritz Georg
Weidmann eine mehr als 100 Seiten umfassende Broschüre aus. Sie
trägt den Titel: *Schertz= und Ernsthaffte Vernünfftige und Einfältige
Gedancken über allerhand Lustige und nützliche Bücher und Fragen*.
Der Autor beabsichtigt, die Gegenwartsliteratur und -kultur fortlau-
fend zu sichten und das Publikum aktiv daran zu beteiligen. Jeden
Monat, so verspricht eine „Nachricht" an den Leser, werde eine „Con-
tinuation dieser Schertz= und ernsthaffter Gedancken" folgen, und
neben der Fortsetzung des Journals halte der Buchhändler die bespro-
chenen Bücher zum Kauf bereit. Wer „eine Curieuse Observation dem
gemeinen Wesen gönnen wollte", sei dazu ebenso aufgerufen wie
Rezensenten zur Buchkritik, „wenn es auch gleich wider diese
Gedancken selbst wäre". Im Namen des freien Austauschs von Meinungen sagen die Monats=Gespräche, wie sie später genannt werden,
jeder „Heuchelei" und „Pedanterei" den Kampf an und stiften das
interessierte städtische Publikum dazu an, die Verwaltung der Bücherwelt nicht allein den Gelehrten zu überlassen.

Bis April 1690 erscheinen von nun an regelmäßig und unter einem
sich immer wieder leicht verändernden Titel kritisch räsonierende
Gedancken, die sich mit mehr oder weniger aktuellen Büchern beschäftigen. Nach drei Heften wechselt Thomasius zu einem Buchhändler in
Halle; die Verantwortung für den dritten Band gibt er an Jakob von
Ryssel ab. Die *Monats=Gespräche* beschäftigen sich vornehmlich mit
theologischen, juristischen und philosophischen Publikationen sowie
gelegentlich mit Romanen oder anderen literarischen Werken. Die Vorstellung der Bücher versteht Thomasius nicht als Selbstzweck. Vielmehr geht es ihm um Fragen, die aktuell von Belang sind und am Beispiel einer Neuerscheinung bearbeitet werden. Immer wieder beugt er
sich satirisch über seine Zeitgenossen oder setzt die Polemiken fort, die
er anderweitig provoziert hat.

Es handelt sich offenbar um ein riskantes Unternehmen. Natürlich
wissen die Kenner des Publikationsgeschäfts, dass sie das Journal Chri-
stian Thomasius zu verdanken haben. Offiziell aber bleibt nicht nur der
Autor der Monats=Gespräche im Verborgenen, auch den Hobby-
Rezensenten, die kritische Beobachtungen einsenden möchten, wird
Anonymität zugesichert. Wie riskant die kritische Mitbeobachtung des
Publikationsbetriebs ist, demonstriert das Eingangsgespräch: Ein

„gereifter Cavallier", ein „gelehrter Mann", ein Kaufmann von „lusti-ge[m] humeur" sowie ein „Schulmann", der sich auf der Reise zum Antritt einer „Conrectoris Stelle" befindet, sitzen in einer Kutsche, und zwar schweigend, „weil keiner dem andern trauete / noch sich bald auff einem Discurs besinnen kunte / woran sie allerseits ein Vergnügen gehabt hätten [...]" – die Verhaltensratgeber der Zeit warnen stets davor, auf Reisen mit Fremden allzu offen ins Gespräch zu kommen; man weiß nie, wer einem gegenüber sitzt und ob sich aufrichtiges Reden nachteilig auswirken könnte.

Dieser Kritikvorbehalt zieht sich bei aller Diskussionslust durch das erste *Monats=Gespräch*: Das zentrale Problem besteht darin, wie sich die Kommunikation fortsetzen lässt, sobald Kritik geübt wird. So ver-weigern die Gesprächsteilnehmer oftmals „ein Disputat"; lediglich der Schulmann, eindeutig als Pedant ausgezeichnet, fällt jedermann ins Wort und äußert maßlose, unhöfliche Kritik. Das Gespräch endet vor-erst damit, dass die Kutsche gerade zu dem Zeitpunkt in den Schnee kippt, als das Gespräch auf die *Acta eruditorum* kommt, also auf die große Leipziger Gelehrtenzeitschrift. Wie berechtigt die Vorsicht der reisenden Kritiker war, zeigt das dritte Stück der *Monats=Gespräche*, das noch einmal neu einsetzt, weil sich die „Gesellschaft der Müßigen", die gesellige Basis der kritischen Unterhaltungen, wortwörtlich im Streit um die französische Politik zerschlagen habe und im Hobbes-schen Naturzustand des Kriegs aller gegen alle versunken sei.

Thomasius demonstriert damit, wie schwierig es aus Sicht seiner Zeit war, eine kritische Haltung aus dem Gelehrtenbetrieb in die All-tagskultur zu exportieren und sie noch dazu auf das offene, gegebenen-falls auch negative Urteil zu verpflichten. Das Stichwort für diese Ände-rung der Verhaltenscodes lautet ‚Freimütigkeit'. Die Losung taucht seit dem Januar-Heft 1689 im Titel der *Monats=Gespräche* auf. Die Ver-haltenslehren der Zeit warnen gerade vor dem ‚freien Mut', weil zu viel Aufrichtigkeit im Alltagsverkehr im Regelfall schade. Stattdessen emp-fehlen sie Zurückhaltung und kluge Verschwiegenheit.

Thomasius arbeitet mit den *Monats=Gesprächen* also an einer neuen Kultur der Kritik. Damit übernimmt er eine Vorreiterfunktion für die Aufklärung des 18. Jahrhunderts und sichert sich seinen Platz in der Geschichte des Kulturjournalismus. Denn erst in der Aufklärung avanciert ‚Freimütigkeit' bei allen weiterhin geltenden Vorbehalten all-mählich zu einer positiven publizistischen Verhaltensnorm. Der Tho-masianer Nikolaus Hieronymus Gundling verspricht, in seinen *Neuen Unterredungen* (1702) werde „über allerhand gelehrte und ungelehrte Bücher und Fragen Freymüthig und unpartheyisch raisonniret"; die von Johann Jacob Breitinger herausgegebenen *Freymüthigen Nach-*

richten (1744-63) treten in der Mitte des 18. Jahrhunderts mit der emphatischen Forderung nach der „Freyheit der Presse" auf und votieren für offensive kritische Meinungsäußerung und gegen jede höfliche Rücksichtnahme.

Thomasius setzt mit den *Monats=Gespräch* jene umfassende Neuorientierung fort, die er ein Jahr zuvor in Leipzig mit einer Reform des Universitätsstudiums begonnen hatte. Im Jahr 1687 verpflichtet er die Gelehrten in seinem *Discours Welcher Gestalt man denen Frantzosen in gemeinem Leben und Wandel nachahmen solle?* auf Aktualität und Gegenwärtigkeit. Er rät den Leipziger Studenten ab, nur deshalb an Traditionen festzuhalten, weil man sich daran gewöhnt habe. Stattdessen empfiehlt er ein entspanntes Verhältnis gegenüber Wandel und Innovation, und dies im Blick auf die Alltagskultur. Das Feingespür für die aktuellen Trends in Sachen Kleidung, Speisen oder Sprache ist dabei nicht weniger wichtig als die Kenntnis des Stands der Dinge in der neuesten Philosophie oder in der Gegenwartsliteratur. Wissen sollte nützlich sein und auf die gesellschaftlichen Bedürfnisse berechnet werden. Der Gelehrte sollte konversationstauglich sein, Klugheit mit Weisheit, Ungezwungenheit mit Urteilskraft verbinden und geistige Wagnisse eingehen – intellektuelle Risikobereitschaft gehört zum Profil des ‚galanten' Menschen, wie Thomasius ihn beschreibt. Hinzu kommt eine feine Beobachtungsgabe, eine luxurierende Aufmerksamkeit, die Thomasius an anderer Stelle als „neue Erfindung einer wohlgegründeten und für das gemeine Wesen höchstnötigen Wissenschaft" vorstellt, „das Verborgene des Herzens anderer Menschen auch wider ihren Willen aus der täglichen Konversation zu erkennen". Aus einem „von ungefähr entfallenen Wort" oder aus einem „heimlichen Blick" entwickelt der Beobachter die Charakterzüge seines Gegenübers.

Mit den *Monats=Gesprächen* richtet sich Thomasius ein Medium ein, in dem sich ‚galantes', auf die Gegenwart bezogenes und riskantes Wissen entfalten kann. Entsprechend elastisch passt er die ‚Zeitschrift' seinen Ansprüchen an. So wechselt er beispielsweise im Lauf der Zeit von der dialogischen zur monologischen Kritik, weil er damit ein flexibleres Instrument zur Verfügung hat. Die Vorteile des Gesprächs bestehen demnach zwar in der unterhaltenden Form der Themenpräsentation und in der Möglichkeit, Tadel auf eine verdeckte Weise zu formulieren. Als Nachteil erweist sich jedoch, dass die Gesprächssituation plausibel gemacht werden muss, dass die Leser nach den wirklichen Personen hinter den fiktiven Figuren suchen und dass die Ausgestaltung der Dialogform Raum einnimmt, der eigentlich für die Argumentation gebraucht wird. Daher beschließt Thomasius, von nun wie die „bißherigen journale des scavans" zu urteilen, wenngleich ihm

deren Infrastruktur, etwa ein entsprechend umfangreicher Gelehrten-
briefwechsel, nicht zur Verfügung stehe.

Die *Monats=Gespräche* insgesamt lassen sich nur schwer einord-
nen. Sie stehen zwischen den Dialogen des 17. Jahrhunderts wie etwa
den ,Monatsgesprächen' von Johann Rist und Erasmus Francisci
(1663-68), einem traditionellen Genre von Sammelpublikationen, die
häufig in dialogischer Form abgefasst sind und sich bis auf Gellius'
Noctes Atticae oder Macrobius *Saturnaliae* zurückführen lassen, und
den jüngeren periodischen Zeitschriften, als deren Prototyp das *Journal des Savants* (1665 ff.) gilt. Thomasius' Publikationsorgan nutzt die
Gattungsangebote und setzt sie experimentell für die eigenen Interessen
ein. Er vermittelt Wissen über die Bücherwelt, zugleich und mehr noch
aber führt er die Einstellung oder Haltung vor, mit der sich dieses Wissen gewinnen, kritisch reflektieren und nützlich in die Alltagspraxis
integrieren lässt. Der Kritiker, wie Thomasius ihn inszeniert, ist immer
Teil der Kultur, auf die er sich kritisch reflektierend bezieht. Er macht
das Wissen von Büchern alltagstauglich und verhandlungsfähig. Mehr
als von einem literaturkritischen Interesse, wie es das 18. Jahrhundert
kennt, wird Thomasius' Vorgehen von einem satirischen Gestus ange-
leitet, der Bücher benutzt, um die Kultur der Gegenwart zu verstehen
und sie zugleich zu verändern. Es geht Thomasius dabei weniger um
einheitliche Meinung. Er will mit den *Freimütigen, lustigen und ernsthaften, jedoch vernunftmässigen Gedanken* die Gedanken der Leser
aktivieren. Stets gilt dabei: „Wenn man aus allen Judiciis derer Leute /
so sie über eine Schrift fällen / wolte eine Gefahr machen / dürffte man
gar nichts schreiben / weil es nicht möglich / dass man es allen Leuten
recht machen könne".

Christian Thomasius: *Freimütige, lustige und ernsthafte, jedoch vernunftmäs-
sige Gedanken oder Monatsgespräche über allerhand, fürnehmlich aber neue
Bücher*. 5 Bde.. Frankfurt a.M. 1972 (Repr.) • Herbert Jaumann: *Critica.
Untersuchungen zur Geschichte der Literaturkritik zwischen Quintilian und
Thomasius*. Leiden, New York, Köln 1995 • Steffen Martus: *Negativität im
literarischen Diskurs um 1700. System- und medientheoretische Überlegungen
zur Geschichte der Kritik*. In: *Kulturelle Orientierung um 1700. Traditionen,
Programme, konzeptionelle Vielfalt*. Hrsg. von Sylvia Heudecker, Dirk Nie-
fanger und Jörg Wesche. Tübingen 2004. S.47-66.

Steffen Martus

GOTTHOLD EPHRAIM LESSING

Briefe, die neueste Litteratur betreffend (1759-1765)

Von seinem Bruder ist Lessing ein „Projekte-Macher" genannt worden.
Unrecht hatte er damit nicht. Lessing gehörte zu denen, die zwar unent-
wegt organisieren und realisieren wollen, sich dann aber letztlich übernehmen und entsprechend selten etwas zu Ende bringen. Die Dramen,
die heute kanonisiert sind, machen nur einen geringen Teil unter den
Entwürfen, Skizzen und ersten Ausarbeitungen aus. Auch die theoretischen Schriften sind oft nur Bruchstücke aus viel größeren Werkzu-
sammenhängen, die aus Zeit-, Geld- oder Aufmerksamkeitsmangel
nicht zustande kamen. So wollte Lessing den *Laokoon* nicht nur fort-
schreiben; er hatte auch vor, den bereits publizierten ersten Teil wieder
umzuarbeiten. Die *Hamburgische Dramaturgie* musste er zusammen
mit seinem Engagement als Berater und Beobachter eines „Deutschen
Nationaltheaters" abbrechen. Und was von den *Briefen, die neueste
Litteratur betreffend* mit Lessing identifiziert werden darf, ist von ihm
in den ersten neunzehn Monaten der Zeitschrift verfasst worden; dann
ließ das Interesse nach und Lessing wandte sich neuen Projekten zu.

Diese Rastlosigkeit mit der Lessing das alles betrieben hat, ist allerdings kein Ausdruck existenzieller Hilflosigkeit. Im Gegenteil gehört es
zu Lessings komplexer Produktionssystematik. Das erste und letzte
Ziel ist dabei nicht, fertige Werke herzustellen. Es geht vielmehr darum,
dauernd ‚am Werk' zu sein. In diesem Zusammenhang haben Lessings
kulturjournalistische Projekte eine ganz besondere Aufgabe. Sie sorgen
dafür, sich selbst auf dem Laufenden zu halten. Sie zwingen ihn, die
Gegenwart in Echtzeit zu beobachten. Als Kulturjournalist muss er
alles sehen, alles lesen und über alles reden und schreiben, was den
Stand der Dinge verändert, um das dann kritisch mit der eigenen Produktion zu verbinden.

In dieser Absicht sind auch die ab dem 4. Januar 1759 wöchentlich
erscheinenden *Litteraturbriefe* angelegt. Ab der zweiten Nummer stehen Publikationen im Mittelpunkt, die im Jahr zuvor erschienen waren.
Spätestens im 16. *Litteraturbrief* kommt Lessing dann in der unmittelbaren Gegenwart an: bei Gottsched, dessen *Nöthigen Vorrath zur
Geschichte der Dramatischen Dichtkunst* er zerlegt, um im Brief darauf die berühmte Attacke gegen die alternde Ikone des Literaturbetriebs zu reiten: „Niemand [...] wird leugnen, daß die deutsche Schaubühne einen großen Teil ihrer ersten Verbesserung dem Herrn Professor
Gottsched zu danken habe. Ich bin dieser Niemand; ich leugne es

geradezu". In diesem 17. Brief wird aber nicht nur Gottsched abgesetzt. Lessing setzt auch gleich Shakespeare auf den Thron, um dann am Ende desselben Briefes einen Auszug aus einem gerade erst entstandenen, an Shakespeare geschulten *Faust*-Fragment zu präsentieren. Lessing nennt den Autor des Fragments nicht, wünscht sich aber gemeinsam mit den Lesern „ein deutsches Stück, das lauter solche Scenen hätte" – und hat dabei den Lesern das Wissen voraus, dass er hier doch nichts anderes präsentiert als ein ganz frisches Stück aus der eigenen Werkstatt.

Schon in den nächsten Briefen geht Lessing von der großen Epochen- und Nationalliteraturdiskussion zur Stellenkritik über und widmet sich Klopstocks *Messias*, einem Buch, das 1759 auf emphatische Weise als Gegenwartsliteratur gelesen wurde, nicht nur, weil es seit 1748 in immer neuen Folgen erschien, auch weil es vom Autor dreißig Jahre lang be- und überarbeitet wurde, ein auf fortlaufende Optimierung angelegtes work in progress war. Lessing versucht, diesen Prozess der Optimierung in den Blick zu bekommen, denn „Veränderungen und Verbesserungen [...], die ein Dichter, wie Klopstock in seinen Werken macht, verdienen nicht allein angemerkt, sondern mit allem Fleiße studiert zu werden." Aufgeführt und analysiert werden Klopstocks Wahl und Einsatz von „Mittelwörter[n]", der Austausch von Worten, die Überarbeitung von beschreibenden Passagen und das Einschalten neuer Stellen. Dazu wird die Anwendung der „Kunst auszustreichen" anhand einer Reihe von Stellen belegt, die nach Lessings Urteil mal gelungen, mal misslungen sind.

Mit solcher Detailbeobachtung als Beobachtung der Produktion will Lessing etwas über die Gemachtheit konkreter Kunstwerke lernen, um auf ihre Machbarkeit zu schließen. Herausgearbeitet werden sollen aus der exemplarischen Gestaltung eines Werks die Regeln, mit denen sich dann in der eigenen Werkstatt weiter arbeiten lässt: „Man studieret in ihnen die feinsten Regeln der Kunst; denn was die Meister der Kunst zu beobachten für gut befinden, das sind Regeln."

Wollte man für dieses Werkstattverständnis eine modische Formel finden, so ließe sich sagen: Bei Lessing gilt – Hands on! Der Umgang mit Texten ist wesentlich von der unmittelbaren Berührung, direkten Beobachtung, der Erfahrung, von Erleben und Weiterleben geprägt. Jeder einzelne Brief soll beweisen, dass der Kritiker nicht auf Distanz gegangen ist, sondern sich in einen Autor verwandelt hat. Oder umgekehrt: dass der Autor sich nur zwischendurch in einen Kritiker verwandelt hat, um gleich darauf wieder zum Autor zu werden.

Auf diese Weise organisiert Lessing (und agiert aus), was der Ästhetik seit Alexander Gottlieb Baumgarten ausdrücklich zugeschrieben wurde: „sinnliche Erkenntnis" zu ermöglichen, die zwar „unterhalb der Schwelle streng logischer Erkenntnis" platziert ist, aber ihr zugleich vor- und beigeordnet wird. In dieser Verschiebung im Hinblick auf die Produktion, Rezeption, vor allem aber auf das Verstehen von Kunstwerken entfällt, generelle Ordnungs-, Abstimmungs- und Verknüpfungsregeln fixieren zu wollen, die der Künstler umzusetzen und der Rezipient entsprechend zu erkennen hat. Vom Generellen schaltet Lessing deshalb aufs Individuelle um, das sich keiner Ordnung und Systematik unterwerfen will, sondern das Wissen um die Praxis aus der ‚unordentlichen', ‚unsystematischen', eben individuell bestimmten Begegnung zieht. Seine Erkenntnisse sind deshalb nicht gerade das Ergebnis einer geplanten Lektüre. Sie entstehen durch die Auseinandersetzung mit dem, was die Gegenwart ad hoc zu bieten hat.

Zu diesem Anspruch, sinnliche Erkenntnis über die unmittelbare Gegenwart des Werkstücks und die Gegenwärtigkeit der Auseinandersetzung herzustellen, gehört nicht zuletzt die Idee, die *Litteraturbriefe* in einer aus den Zwängen der Regel-Epistolographie vollends entlassenen und dem genus humile zugeordneten Briefform zu schreiben. Die erlöst nämlich die Kritiker davon, in ihren Texten logisch, klar und nachvollziehbar argumentieren zu müssen. Sie gibt die Lizenz zum unvermittelten Zugriff auf den Gegenstand, dazu, mit ihm durchaus nach Belieben zu verfahren. Jeder Brief ist aus dem Moment heraus geschrieben, subjektiv, direkt, impulsiv. Jeder ist aus Prinzip fragmentarisch, immer eine Momentaufnahme, die nur durch andere Aufnahmen aus der nächsten Gegenwart ergänzt werden kann. Das ermöglicht den Kritikern letztlich zweierlei: Sie können aus dem Moment heraus in aller Schärfe operieren, dürfen sich aber durch den der Form eingeschriebenen Verweis auf den Lauf der Zeit relativieren. Argumentationsstrategisch verpflichtet das – paradox, aber produktiv – auf inhaltliche Zuspitzung und formale Offenheit zugleich.

Offen ist die Briefform aber nicht zuletzt dadurch, dass sie deutlich herausstellt, einen Adressaten zu haben. Adressiert wird ein Leser, der das, was ihm mitgeteilt wird, keineswegs akzeptieren muss. Im Gegenteil: Simuliert und stimuliert wird ein Gespräch, das nicht auf Übereinstimmung angelegt ist, sondern der Idee nach unendlich weitergeht. „Wir haben so oft gesagt, man sollte schreiben, was wir sagen", heißt es deshalb nicht zufällig in Friedrich Nicolais Rückblick auf das Projekt der *Litteraturbriefe*. „Wir wollen also in Briefen niederschreiben, was wir in unseren täglichen Unterredungen sagen, wollen uns keinen bestimmten Zweck vorstellen, wollen anfangen, wenn es uns gefällt, reden, wovon es uns gefällt; gerade so wie wir es machen, wenn wir zusammen plaudern." So wird Gegenwart hier durch das hergestellt, was die Gegenwart im Hinblick auf Zukunft überschreitet, nämlich

Anschlusskommunikation. Das aber heißt: Bei Lessing wird das Prinzip Kritik paradigmatisch umgestellt. Nicht mehr geht es darum, die Vergangenheit in die Gegenwart zu blenden oder die Gegenwart vor dem Hintergrund der Vergangenheit zu verhandeln und dabei überzeitlich Gültiges zu ermitteln. Hier soll die Auseinandersetzung mit der Literatur im Hinblick auf die nächste Zukunft geöffnet werden. Es geht also nicht um Abgleich, um Abstimmung oder um Einigung. Es geht um die fortlaufende Aktivierung und Prozessualisierung von Provokationen, Dass sich dabei das Risiko von Missverständnissen und Fehlinterpretationen erhöht, liegt auf der Hand. Auf der Hand liegt aber auch, dass genau das billigend in Kauf genommen wird. Wenn Lessing dazu übergeht, die Texte anderer Autoren im Hinblick auf das eigene Schreibprogramm zu lesen, um nicht nur Altes zu begreifen, sondern Neues entstehen zu lassen, dann stimuliert er mit Blick auf die eigenen Manuskripte die Innovationsbereitschaft und senkt für sich selbst mit jedem Brief die Schwelle, an der man als Autor angesichts der mächtigen Tradition bislang entmutigt worden ist. So lassen sich die Briefe nicht zuletzt immer auch als Medium lesen, mit dem Lessing sich selbst aufwärmt, mit dem er den Adrenalinpegel hochhält und die zum Schreiben notwendige Aggression steigert, um aus den Auseinandersetzungen mit der Tradition (und mit Autoren, die entweder der alteuropäischen Totalität verhaftet sind oder sich auf misslingende Weise von ihr entfernen) als selbstbestimmter Autor hervorzugehen.

Es ist also zu wenig, wenn man den *Litteraturbriefen* nur das Verdienst zuschreibt, den polemischen Ton in der literarischen Öffentlichkeit des 18. Jahrhunderts zugleich verschärft und veredelt zu haben. Paradigmatisch sind die *Briefe* vor allem deshalb, weil Lessing mit ihnen in direkter Auseinandersetzung mit der ästhetischen Theorie seiner Zeit ein Produktionsmodell entwickelt, das die kontinuierliche Beobachtung der Gegenwart mit der eigenen literarischen Praxis verknüpft. Kulturjournalismus ist in diesem Sinn nicht jenseits von Gegenwartsliteratur zu denken. Bei Lessing gehört beides in ein und dieselbe Werkstatt hinein.

Gotthold Ephraim Lessing: *Briefe, die neueste Litteratur betreffend.* In: G.E.L.: *Werke 1758-1759.* Hrsg. von Gunter E. Grimm [= Bd.4 der Ausgabe der Werke und Briefe in zwölf Bänden, hrsg. von Wilfried Barner u.a.], Frankfurt a.M. 1997 • Monika Fick: *Lessing-Handbuch. Leben – Werk – Wirkung.* 2. Aufl., Stuttgart 2004. S. 157-175 • Peter Michelsen: *Der unruhige Bürger. Studien zu Lessing und zur Literatur des achtzehnten Jahrhunderts,* Würzburg 1990.

Stephan Porombka

GEORG CHRISTOPH LICHTENBERG

Sudelbücher (1764-1799)

Der kleine, gebeugte Mann geht in seinem Garten umher und sammelt einige der herbstlich verfärbten Blätter auf, die er für seine Frau zu einer künstlichen Blume zusammenfügt. „Es soll mich in meinem jetzigen Zustand darstellen; ich ließ es aber nicht dabei sagen." Schau', das hier bin ich – verwelkt, unansehnlich, eigentlich schon tot, aber was lässt sich aus diesem Material nicht alles machen, wenn man's richtig anstellt!? Eine subtile Liebesgabe etwa, die für sich steht und sprachlos verstanden werden will; ein Denkbild, in dem aus kümmerlichen Teilen unvermittelt ein Ganzes herausspringt, das die Fragmente transzendiert, ohne sie zu leugnen; ein Klecks im Poesiealbum, genau an der Stelle, wo es heißt: Laßt Blumen sprechen! Was hätten die denn zu sagen, käme hier nichts hinzu? Mehr als tausend Worte? Wozu der Aufwand, wenn's in Kürze viel genauer geht?

Der in Göttingen lehrende Philosoph und Naturwissenschaftler Georg Christoph Lichtenberg hatte ohnehin keine Zeit zu verlieren. Als er um das Jahr 1793/94 besagten Eintrag in Heft K seiner *Sudelbücher* vornahm, war er von der Krankheit, die ihn von Kindesbeinen an mit der „Missgunst des Lebens" vertraut gemacht hatte, bereits schwer gezeichnet: Ein Kleinwüchsiger, „dessen Brust mit einem Vorgebürge, so wie der Rücken mit einem hohen Gewölbe belastet war", dazu ein übergroßer Kopf, überlange Arme, eine unterentwickelte Lunge, folglich Husten, Lungen- und Brustfellentzündungen, Asthma, Herzrasen, Todesangst. „Schwere Kyphoskoliose" heißt das in der Sprache der Medizin, die aber nur die halbe Wahrheit sagt. Die Geschichte eines elenden Körpers bildet in Lichtenbergs Fall das Gegengewicht zu einem zügellosen Geistesleben, das sich in „Phantasie-Kuren" grüblerischer Selbstversenkung enthebt und das bucklicht Männlein als skeptischen Aufklärer sui generis ausweist.

Mit den *Sudelbüchern*, die Lichtenberg im Alter von zweiundzwanzig Jahren – seit dem Tod seiner Mutter – zu führen beginnt, wird in Deutschland die literarisch-philosophische Gattung des Aphorismus salonfähig, die als ,kleiner Bruder' des Essays gilt und bis dahin vor allem von den französischen Moralisten des 17. und 18. Jahrhunderts (La Rochefoucauld, La Bruyère, Joubert, Rivarol) vorangebracht wurde. Die Stärke dieser atomisiertesten aller literarischen Formen, die ursprünglich wohl auf die medizinischen Lehrsätze des Hippokrates zurückgeht und erst seit dem frühen 20. Jahrhundert als eigenständige

Prosagattung anerkannt ist, liegt darin, dass sie nicht lange fackelt, sondern unter bewusstem Verzicht auf sprachliches Lametta direkt auf den Punkt kommt. Alltägliche Beobachtungen, witzige Sentenzen, Sprachspiele, Werturteile oder philosophische Erwägungen werden in rhetorischen Figuren (Metapher, Ironie, Parallelismus, Antithese, Chiasmus, Paradox oder Klimax, um nur die gebräuchlichsten zu nennen) komprimiert und dadurch erheblich vielschichtiger, bisweilen abgründiger, als sie auf den ersten Blick erscheinen. Aphorismen bauen ausdrücklich auf der Subjektivität des verzeichneten Gedankensplitters auf. Hier wird nicht umständlich begründet oder hergeleitet. Hier wird etwas hingestellt, das ganz unangestrengt, zwecklos und perspektivisch bedingt daherkommt und dennoch eine intensive gedankliche Auseinandersetzung seitens der Leser verlangt.

Schon die Form des Aphorismus steht für ein Bezweifeln objektiver Normen und Gegebenheiten. Das „kleinste mögliche Ganze" (Robert Musil) ist das Gegenteil dessen, was sich von selbst versteht. Für einen notorischen Freidenker wie Lichtenberg muss hierin ein hohes Maß an Plausibilität gelegen haben. Aphorismen untergraben jede Form starren Systemdenkens und setzen eine Beweglichkeit des Verstandes voraus, die von den rapiden Erkenntniszugewinnen der positiven Wissenschaften in Lichtenbergs Zeit überhaupt erst provoziert wurde. Sein gesammter Furor richtet sich gegen vermeintlich objektive Erkenntnismodelle, die sich selbst zum Maß aller Dinge erklären und dabei die unergründliche Vielfalt des Realen aus dem Blick verlieren. Wer sich anmaße, erklären zu wollen, was etwas so komplexes wie die Welt im Innersten zusammenhalte, mache sich lächerlich. Gegen Lavaters physiognomische Methode, nach der dem Antlitz eines Menschen verbindliche Charaktereigenschaften abzulesen seien (je schöner, desto besser), hat er seiner Streitschrift Über *Physiognomik wider die Physiognomen* (1777/78) auf die ihm eigene Weise polemisiert – durch einen Vergleich von Schweineschwänzen und Männerzöpfen. Menschenkenntnis ist nicht nach Schema F zu erlangen, sondern gründet neben Wissen vor allem auf Erfahrungswerten und Einfühlungsvermögen. Die Kombination macht es: Objektive Realität, lebensgeschichtliche Erfahrung, die auch die Einsicht in deren Historizität umfasst, und eine Empfindsamkeit, die alle Sinne betrifft, werden von Lichtenberg an ungezählten Einzelfällen als Modus der Erkenntnis erprobt und gegen die scharfen Distinktionen der Aufklärung ins Feld geführt. Das macht ihn neben Lessing, Herder und Wieland zu ihrem Avantgardisten.

Für Lichtenberg ist alles eine Frage des Standpunktes. Zwei Beispiele: „Der Amerikaner, der den Columbus zuerst entdeckte, machte eine böse Entdeckung." „Der Mensch kommt unter allen Tieren in der Welt

dem Affen am nächsten." Eine abrupte Sinnverschiebung öffnet den
Blick für die konstitutive Relativität jedweder Überzeugung und
beschämt zugleich die gedankliche Bequemlichkeit jener Zeitgenossen,
die sich in Gemeinplätzen und Floskeln eingerichtet haben. In den
Sudelbüchern ist alles, aber auch wirklich alles relativ. Die Gedanken
bleiben genau dort, wo sie hingehören, in der Schwebe nämlich. Sie
werden in eine vieldeutige Offenheit versetzt, die nicht mit Unverbind-
lichkeit verwechselt werden darf. Lichtenberg generiert in den neun
erhaltenen Heften (A bis F und J bis L) der *Sudelbücher*, seinem persönlichen und wissenschaftlichen Tagebuch, „eine ganze Milchstraße
von Einfällen", die ein enormes Themenspektrum – von der Anatomie
bis zur Sprachwissenschaft, vom Traumprotokoll und den Fährnissen
der Kognition bis hin zur Astronomie, Geometrie und Physik –
abdecken. Wie in seinen *Briefen aus England* (1776) oder in den *Ausführlichen Erklärungen der Hogarthischen Kupferstiche* (1794)
erweist er sich auch in diesen unverknüpften, ganz für sich stehenden
Gedankensplittern als passionierter Beobachter, dem bei seinen Erkundungen des menschlichen Bestiariums nichts zu banal ist, um verzeichnet zu werden. Noch das Nebensächlichste kann zu erhellenden Rück-
schlüssen auf (noch) nicht erzählte Geschichten führen – und gerade
hierin, im unermüdlichen Erfinden kontrapunktischer, disproportiona-
ler, asymmetrischer, teilweise skurriler oder einfach nur gewitzigter
Figuren und Sprach-Bilder („so, wie ...", „als ob ..."), in der Ableitung
des Makro- aus dem Mikrokosmos erweist sich die kombinatorische
Einbildungskraft dieses „Stammherrn der ganzen flanierenden Sache",
wie Ernst Bloch ihn einmal genannt hat. Lichtenbergs „Denken nebenbei" streune umher, sei deshalb aber „kein laxes". Die Konkretion, der
Materialismus seiner Aufzeichnungen entspringt den beredten Details,
der Praxis des Lebens, die er – nicht nur in den *Sudelbüchern* – unver-
froren selbstverständlich zum Gegenstand eines nunmehr menschen-
kundlichen literarisch-wissenschaftlichen Diskurses erklärt.

Es ist dieser „Schrägblick auf Abseitiges" (Bloch), die Hinwendung
zur Alltagswirklichkeit, zumal zu ihren vernachlässigten niederen
Bezirken, die im Verbund mit den sprichwörtlichen „Lichtenbergi-
schen Konjunktiven" den kulturjournalistischen Rang dieses ersten
deutschen Sprachberserkers begründen. Die Sudelbücher sind in erster
Instanz ein Medium der Selbstbegegnung, das über dreieinhalb Jahrzehnte hinweg parallel zu Lichtenbergs offiziellen Verlautbarungen
u.a. als Herausgeber des *Göttinger Taschenkalenders* (1777-99) oder
Installateur des ersten Blitzableiters in der niedersächsischen Univer-
sitätsstadt (1780) als Funkenschleuder und Therapeutikum fungiert. In
zweiter Instanz hat dieser aphoristisch-experimentelle Kosmos in

Scherben Lichtenbergs anhaltende Rezeption begründet. „Viel mehr Leute, als Lichtenberg geglaubt hätte", haben auf diesem Wege versucht, „sich Spontaneität und Originalität zu beweisen", hat Hans Blumenberg festgestellt – und gleich vor dem „Lichtenberg-Paradox" gewarnt: durch Regeln der Regelverletzung „aus dem Ungewöhnlichen sogleich die platte Gewöhnlichkeit" zu machen.

Georg Christoph Lichtenberg: *Sudelbücher*. In: G.C.L.: *Schriften und Briefe*, hrsg. von Wolfgang Promies. Erster Band, *Sudelbücher I*; Zweiter Band, *Sudelbücher II, Materialhefte, Tagebücher*. München 1968 • Albrecht Schöne: *Aufklärung aus dem Geist der Experimentalphysik. Lichtenbergsche Konjunktive*. München 1983 • Heinz Gockel: *Individualisiertes Sprechen. Lichtenbergs Bemerkungen im Zusammenhang von Erkenntnistheorie und Sprachkritik*. Berlin, New York 1973 • *Lichtenbergs Funkenflug der Vernunft. Eine Hommage zu seinem 250. Geburtstag*. Hrsg. von Jörg-Dieter Kogel, Wolfram Schütte und Harro Zimmermann. Frankfurt a.M. 1992 • Klaus Siebenhaar: *Lichtenbergs Schaubühne. Imaginarium und kleines Welttheater*. Opladen 1994.

Steffen Damm

MATTHIAS CLAUDIUS

Der Wandsbecker Bothe (1771-1775)

„Weiß nicht, ob's 'n Geschicht oder 'n Gedicht ist", so beginnt 1774 die Rezension, die im *Wandsbecker Bothen* dem gerade erschienenem Briefroman *Die Leiden des jungen Werthers* gewidmet ist: „aber ganz natürlich gehts her, und weiß einem die Tränen recht aus'm Kopf herauszuholen. Ja, die Lieb ist 'n eigen Ding; läßt sich's nicht mit ihr spielen, wie mit einem Vogel. Ich kenne sie, wie sie durch Leib und Leben geht, und in jeder Ader zuckt und stört, und mit'm Kopf und der Vernunft kurzweilt." Es ist der Redakteur des *Bothen* Matthias Claudius selbst, der hier den „arme[n] Werther" so apostrophenreich durch den eigenen Gefühlshaushalt und Erfahrungshorizont schleust, um schließlich zu beklagen, dass der Selbstmörder „doch eine Reise nach Pareis oder Pecking" hätte unternehmen sollen, „[s]o aber wollt' er nicht weg von Feuer und Bratenspieß, und wendet sich so lange dran herum, bis er kaputt ist". Die Rezension ist vom Ton her keineswegs verrutscht. Zwar hat Goethe Claudius später einen „Narren" genannt, „der voller Einfaltsprätentionen steckt". Doch erfüllt die *Werther*-Besprechung jenseits von Einfalt genau das rhetorische Programm, das Claudius seinem Zeitungsteil gegeben hatte, bevor er am 1. Januar 1771 zum ersten Mal in Druck gegangen war: „[...] es will mir nicht einleuchten, wie man das Ding angreifen soll", schrieb er an den Freund Herder. Das Blatt solle „wie die meisten Zeitungen einen politischen und einen gelehrten Teil haben", aber es fehle etwas, womit man sich mit einem neuen Projekt profilieren könne, um auf einem hart umkämpften Markt für Presseprodukte bestehen zu können. Die Antwort, die Claudius sich selbst gibt, lautet: „[...] – ein naiver launigter Ton in den Rezensions wäre freilich ganz gut".

In diesem „naiven launigten" Ton wird abgehandelt, was immer auch dem *Bothen* in die Hände kommt. So wird die Druckversion von Lessings *Emilia Galotti* rezensiert („Das erste also, was ich von diesem Trauerspiel zu sagen habe, ist, dass es mir gefallen hat. Da heißt nun wohl eben nicht viel gesagt, aber es ist auch nie meine Sache gewesen, viel zu sagen"); genauso wird auch über die neuesten Ausgaben des *Teutschen Merkur*, Herders Abhandlung über den Ursprung der Sprache und Klopstocks *Oden* geschrieben: „Hie und da bin auch auf Stellen gestoßen, bei denen 's mir ganz schwindlicht worden ist, und 's ist mir gewesen, als wenn 'n Adler nach 'm Himmel fliegen will, und nun so hoch aufsteigt, daß man nur noch Bewegung sieht, nicht aber, ob der

Adler sie mach', oder ob's nur 'n Spiel der Luft sei". Naiv und launig sind aber nicht nur die Rezensionen. Sie machen ohnehin nur einen kleinen Teil jener Texte aus, die Claudius in dem ein bis zwei Seiten langen Teil des *Wandsbecker Bothen* platziert hat, der zuerst mit *Gelehrte Sachen*, später mit *Poetischer Winkel* überschrieben war. Während im vorderen, von Johann Joachim Bode betreuten Teil vornehmlich die politische Berichterstattung anderer Blätter nachgedruckt oder paraphrasiert wurde, waren im hinteren Teil unter wechselnden Autor-Masken Glossen, kleine Berichte, Fabeln, Gleichnisse, fiktive Dialoge, Briefe, Briefwechsel und immer wieder jene Gedichte und Lieder zu lesen, mit denen sich Claudius bis heute seinen Platz in den Literaturgeschichten und Lesebüchern gesichert hat, auch das als naiver und launiger Dichter, der den Leser rühren kann („Schlaf nun du Kleine! / Was weinest du? / Sanft ist im Mondenscheine, / und süß die Ruh"), den Leser aber gern auch mal mit Versen am Rande des Nonsens verwirrt („Meine Mutter hat Gänse, / Fünf blaue, / Sechs graue; / Sind das nicht Gänse?").

Dass der naiveté du style bei Claudius so offensiv zum Einsatz kommt, ist – darauf hat Wolfgang Preisendanz in einem instruktiven Aufsatz hingewiesen – im Kontext einer weiter reichenden Positivierung von Naivität im 18. Jahrhundert zu lesen. Das naive Schreiben wendet sich als soziale Protestform gegen alles, was sich mit einer falschen (höfischen wie bürgerlichen) Kultiviertheit schmückt; es versteht sich als moralische Protestform, die sich gegen falsche Kommunikationsschablonen auf Schlichtheit, Offenherzigkeit und Natürlichkeit beruft; und es versteht sich als ästhetische Protestform, die der Kunst jene Authentizität wieder verschaffen will, die ihr durch übermäßige Verregelungen und komplexe Selbstbespiegelungen abhanden gekommen scheint. So gilt auch hier das Naive, mit Schillers berühmter Formel gefasst, als das „Resultat des Bestrebens, auch unter den Bedingungen der Reflexion die naive Empfindung, dem Inhalt nach, wiederherzustellen". Das alles aber trifft Claudius und das *Wandsbecker Bothen*-Projekt nur zum Teil – denn nicht vergessen werden darf, dass der Autor ja nicht als Literat, sondern als Journalist auftritt. Entsprechend erscheinen die naiven und launigen Texte auch nicht als künstlerische Einzelstücke. Es sind Kontext-Texte, die so hart an den politischen Teil der viermal wöchentlich erscheinenden Zeitung stoßen, dass sie nur als direkte Seitenstücke zu den Berichten von kriegerischen Zusammenstößen, von Katastrophen und aktuellen Wechselkursen zu lesen sind. So entfaltet das kulturjournalistische Programm des *Bothen* seine eigentliche Kraft erst, wenn man es zugleich als Kontrast- und Ergänzungs- und Reflexionsprogramm zu einem Journalismus versteht, der vorgibt, sich an die Fakten zu halten. Ein Kontrastprogramm ist es, weil es diese Fakten mit etwas Spielerischem, Unbehaftbarem konfrontiert. Es ist ein Ergänzungsprogramm, weil es die Welt, die im ersten Teil der Zeitung als schicksalhaft gegeben erscheint, um eine Welt der Möglichkeiten erweitert, in der alles immer auch ganz anders sein oder zumindest doch ganz anders erzählt sein könnte. Und es ist ein Reflexionsprogramm, weil es das Prinzip des Faktischen so grundsätzlich irritiert, dass man es prinzipiell überdenken muss. Liest man nämlich genau, so decken die Texte aus Claudius' Poetischem Winkel allein durch ihre naive und launige Geste ein ideologisches Modell auf, das dem faktengläubigen Journalismus zugrunde liegt: Denn naiv ist ein solcher Journalismus allemal, weil er nicht über den Tellerrand der eigenen Berichterstattung hinaussehen will und sich damit blind für den Zusammenhang mit dem Großen und Ganzen macht.

Der *Wandsbecker Bothe* ist deshalb auch nicht auf Naivität im eigentlichen Sinn programmiert. Der Kulturjournalist Claudius operiert mit der Dynamik sokratischer Ironie. Die bringt hier das Gegenüber (also den Faktenteil der Zeitung) dazu, sich selbst in seiner Schlichtheit, Beliebigkeit und Hinfälligkeit zu entlarven. Wenn Claudius die Buchausgabe seiner Zeitungstexte „Freund Hain" zueignen wird und dazu den Knochenmann mit Sense drucken lässt, dann ist das als dialektisches Emblem zu verstehen. Der Tod steht laut „Erklärung der Kupfer und Zeichen" nicht nur „als Schutzheiliger und Hausgott vorn an der Haustür des Buchs"; er gibt das memento mori für eine Kultur aus, die sich journalistisch auf die eigene Gegenwart bezieht und sich damit ihre eigene Vergänglichkeit um so deutlicher vor Augen führt: Was heute gilt, ist morgen schon von gestern. Das aber ist von Claudius gerade nicht kritisch gemeint. Für ihn ist es – wie in allen seinen Texten, in denen so häufig vom Tod die Rede ist – eine höhere Einsicht ins Unvermeidliche: „Die Hand, lieber Hain!", heißt es in der Dedikation der Sammlung von Texten aus dem *Wandsbecker Bothen*, „und wenn Ihr 'nmal kommt, fallt mir und meinen Freunden nicht hart."

Mit diesem, die eigene Vergänglichkeit affirmierenden Kontrast-, Ergänzungs- und Reflexionsprogramm hat Claudius nicht nur pointiert, was später das so genannte Feuilleton entfaltet hat. Auch hat er den Stil des naiven Gegenwartsbeobachters vorgeprägt, den auf unterschiedliche Weise Autoren wie Adolf Glaßbrenner, Robert Walser oder (in einigen Texten) Joseph Roth aktualisiert haben. Selbst der Popkulturjournalismus greift noch auf rhetorische Figuren des *Bothen* zurück, wenn sich die Autoren emphatisch auf eigene Empfindungshaushalte und Erfahrungshorizonte berufen und alle Gesetze des Faktenjournalismus über den Haufen werfen. Es ist wohl der Ironie – oder auch der Naivität – des Schicksals zuzuschreiben, dass Claudius' Zeitungsprojekt zwar überzeitlich gewirkt, aber selbst allzu schnell das Zeitliche gesegnet hat. Bereits zwei Jahre nach dem Erscheinen der ersten Ausgabe geriet das Unternehmen in eine Krise, aus der auch der Wechsel des Titels in *Der deutsche, sonst Wandsbecker Bothe* nicht mehr herausgeholfen hat. Das Blatt, das 1772 in einer Auflage von nur 400 Exemplaren erschien, wurde bereits 1775 eingestellt.

Matthias Claudius aber hat das Projekt auf skurrile Weise fortgeführt. Nicht nur hat er im Jahr der Einstellung der Zeitung den ersten und zweiten Teil seiner *Sämmtlichen Werke* unter dem Titel *Asmus omnia sua secum portans* herausgegeben und sich dabei als Autor voll und ganz mit dem Boten identifiziert. Auch ließ er fortan alles, was er schrieb, als Boten-Werk drucken: 1778 erschien der dritte Teil, 1783 der vierte, 1790 der fünfte, 1798 der sechste, 1803 der siebente, schließlich 1812 als Zugabe zu den *Sämmtlichen Werken* des *Wandsbecker Bothen* der achte und letzte Teil. Allerdings wirken die in diesen Bänden gedruckten Texte eigenartig kraftlos – vor allem, weil ihnen nun umgekehrt zum Kontrast, zur Ergänzung und zur Reflexion ein erster Zeitungsteil fehlt, in dem die Welt aus Fakten konstruiert wird, der durch die literarisch-journalistischen Spielereien wieder dekonstruiert werden kann. Zwar gelingen Claudius auch hier immer noch Gedichte, die im Kanon der deutschen Literatur konserviert worden sind („Der Mond ist aufgegangen/ Die goldnen Sternlein prangen/ Am Himmel hell und klar ...“). Doch koppeln die sich so weit von der unmittelbaren Gegenwartserfahrung ab, dass es der Germanistik am Ende allzu leicht gefallen ist, sich ein paar Texte aus dem Ganzen herauszupicken und das Projekt auszublenden, an dem Claudius gearbeitet hat und das dem Zeitverständnis seiner Texte und ihrem Gestus strukturell eingearbeitet ist. So ist der Autor heute eher als allzu naiver Dichter bekannt, statt als das zu gelten, was er eigentlich gewesen ist: ein genialer Kulturjournalist.

Matthias Claudius: *Der Wandsbecker Bothe. Mit einem Vorwort von Peter Suhrkamp und einem Nachwort von Herrmann Hesse.* Frankfurt am Main 1981 • Matthias Claudius: *Sämtliche Werke. Nach dem Text der Erstausgaben 1775-1812 und den Erstdrucken. Mit einem Nachwort und einer Zeittafel von Wolfgang Pfeiffer-Belli.* 8. Aufl., München 1998 • Wolfgang Preisendanz: *Matthias Claudius' „naiver launigter Ton": Zur Positivierung von Naivität im 18. Jahrhundert.* In: *Modern Language Notes,* No.3 (April 1988), S. 569-587 • Rolf Christian Zimmermann: *Matthias Claudius.* In: *Deutsche Dichter des 18. Jahrhunderts. Ihr Leben und Werk.* Hrsg. von Benno von Wiese. Berlin 1977. S. 429-445.

Stephan Porombka

GEORG FORSTER

Reise um die Welt (1778)

Die Entdeckung Georg Forsters als reisenden Kultur- und Wissenschaftsjournalisten der ersten Stunde ist nicht neu. Sie geht auf Friedrich Schlegel zurück, der 1797 in seinem Essay *Georg Forster* das Bild eines „vortrefflichen gesellschaftlichen Schriftstellers" entwirft. Ausgerechnet der sonst so kühn und abstrakt kombinierende Schlegel rühmt hier die Vorzüge einer „Popularität", die sich durch „Weltbürgerlichkeit" und „Geselligkeit" auszeichne. Im Gegensatz zu den „Zunftgelehrten" verstehe es Forster, sein polyhistorisches Wissen in gefälliger, verständlicher, anregender Form zu präsentieren: „Durch seine weltbürgerliche und geistvolle Behandlung und Darstellung hat er die Naturwissenschaften in die gebildete Gesellschaft eingeführt. "

Schlegels Lob ist so rar wie das damit umrissene schriftstellerische Verfahren. Georg Forster ist tatsächlich eine Ausnahme, ein Wunderkind, das sich durch eine mehr als ungewöhnliche sensitive, sprachliche und künstlerische Begabung zu einem Wissensvermittler und Weltliteraten von Rang entwickelt hat. Geboren 1754 nahe Danzig, kommt er mit zehn Jahren nach St. Petersburg, mit zwölf nach London, mit siebzehn umsegelt er in 1111 Tagen die Welt, mit dreiundzwanzig wird er Mitglied der Royal Society in London, darauf Professor in Kassel, mit dreißig in Wilna, vier Jahre später Bibliothekar in Mainz, dann Revolutionär in Paris, wo er im Alter von nur neununddreißig Jahren stirbt. Dieses Leben in einem Satz könnte an Höhepunkten reicher kaum sein. Besonders Forsters Reise um die Welt bestätigt Schlegels Hochschätzung. Ein Clou liegt zunächst in der von seltsamen Zufällen geprägten Entstehungsgeschichte. Vater Johann Reinhold Forster erhält völlig unerwartet die von vielen begehrte Chance, James Cook auf seiner zweiten Weltumsegelung von 1772 an für drei Jahre als Naturforscher zu begleiten. Joseph Banks, der durch Cooks erste Fahrt berühmt geworden war und dem die Position eigentlich zugestanden hätte, wies der Kapitän wegen überzogener Ansprüche ab. Vater Forster trat an seine Stelle, begnügte sich mit der kleinsten Kajüte und erbat sich lediglich die Mitnahme seines Sohnes Georg. Dieser hatte sich schon auf der Wolga-Expedition 1765 als Zeichner und Sprachgenie bewährt. Wie es dem erst Zwölfjährigen damals gelang, eine Geschichte Russlands aus dem gerade erworbenen Russisch in die ebenfalls neu erlernte englische Sprache zu übersetzen und zu publizieren, bleibt ein Rätsel. Wenig später überträgt er Bougainvilles Tahiti-Bericht aus dem Französischen.

Die Londoner „Society of Antiquaries" ist von dem „young Gentleman, conversant in several Languages", so begeistert, dass sie ihn umgehend zum „honorary Fellow" macht. Ohne ihn wäre Johann Reinhold völlig aufgeschmissen gewesen, denn sein Englisch dürfte so miserabel geklungen haben wie in der Sprechblase einer zeitgenössischen Karikatur festgehalten: „I vil tel de Kinck of you".

Diese Sprachbarriere sorgt für die zweite Überraschung: Als nach der Rückkehr erste Textproben des Vaters unbrauchbar erschienen, wollte die Admiralität von den vereinbarten exklusiven Dokumentationsrechten – der erhofften Einnahme aus der Reise – nichts mehr wissen. So sprang der vertraglich ungebundene Georg ein und verfasste in elegantem Englisch *A Voyage round the World* (1777). Gleichzeitig übersetzte er das eigene Buch gemeinsam mit dem Münchhausen-Dichter Rudolf Erich Raspe ins Deutsche. Einzige Grundlage für den doppelten Wurf waren seine Aufzeichnungen, die lebendige Anschauung sowie sechs Tagebuch-Folianten seines Vaters, die heute noch erhalten sind. Auf dem Buchmarkt stellte Cooks später erschienener Faktenbericht Forsters erzählerisch befeuerten Text ganz unverdient in den Schatten. Der einzige Grund: Dreiundsechzig hochwertige und zum Teil handkolorierte Kupfer nach Vorlagen des Schiffsmalers William Hodges brachten in dieser bilderarmen Zeit den entscheidenden Marktvorteil. Der bahnbrechende Charakter der *Reise um die Welt* liegt indes nicht in der bizarren Entstehungsgeschichte oder den botanischen und zoologischen Ergänzungen zu Carl von Linnés *Systema naturae* von 1735. Der Erfolg gründet auf der qualitativen „Entdeckung einer neuen Erde, neuer Menschen, einer vielleicht in allen ihren Produkten neuen Natur", wie Wieland anlässlich von Vorabdrucken im *Teutschen Merkur* hervorgehoben hat. Stärker als für die pflichtschuldig gezeichneten Pflanzen und Tiere interessiert sich Forster für die „neuen Menschen", für freundliche wie feindliche Begegnungen der reisenden Europäer mit den weitgehend unbekannten Völkern. Die Reise führt kreuz und quer durch den Südpazifik, von Neuseeland immer wieder zu den Eismassen im Süden, auf der Suche nach dem dort vermuteten Kontinent. Zur Erholung dann über die Oster-Inseln Richtung Äquator zu den Gesellschafts-Inseln, vor allem Tahiti, und zu den Neuen Hebriden.

Georg Forster erwirbt sich also vor allem als Mitbegründer der Ethnologie und Kulturanthropologie, die aus der „Menschheitsgeschichte" oder „physischen Geographie" hervorgehen, größte Verdienste. Seine Reise ist für Jahrzehnte die stoffliche Basis für zahlreiche theoretische Debatten, etwa mit Kant über die Menschenrassen oder mit Pieter Camper über die Abgrenzung zum Affen. Später entwirft Forster in der Diskussion zur Geschichte unserer Gattung – lange vor Darwin – eine originelle Analogie zwischen Individualentwicklung und Menschheitskörper. Für all das schafft er mit seiner Reise nicht nur einzigartiges Material, er durchdringt es auch methodisch wie darstellerisch auf einem bis dahin beispiellosen Niveau. Gleich in der „Vorrede" distanziert er sich von jenen überbordenden Materialsammlungen, für die „Mikrologen" bloß „Factis" nachjagen und zu einem „vermischten Haufen loser einzelner Glieder" auftürmen. Dagegen wird er nicht müde, die Subjektivität und den „Gesichtspunkt" des Beobachters zu betonen: Der Leser müsse unbedingt wissen, „wie das Glas gefärbt ist, durch welches ich gesehen habe". Erstmals entsteht so der verständige und behutsame Beobachter, der die komplizierten Wechselwirkungen zu den erforschten Völkern und ihrer Gefährdung durch Expeditionen reflektiert. Forster warnt immer wieder vor einer eurozentrischen Wissenschaft, die „auf Kosten der Glückseligkeit ganzer Nationen erkauft werden muß". Er beklagt Zerstörungen und Gewaltakte seiner Mitreisenden und kritisiert rassistische Vorurteile gegenüber den Eingeborenen. Insgesamt zeichnet sich schon eine erstaunliche Sensibilität für das Phänomen der *Tristes Tropiques* ab, das Claude Lévi-Strauss 1955 in den Mittelpunkt seiner völkerkundlichen Relativitätstheorie rückte.

In diesem Sinne besonders ergiebig sind Forsters Beobachtungen über das Sexualverhalten. In der Südsee wird der tugendhafte Pfarrerssohn unfreiwilliger Zeuge abstoßender Prostitution, sexueller Verrohung und der Ausbreitung von Geschlechtskrankheiten im Umgang der Schiffsbesatzung mit den Naturvölkern. Forster verabscheut den archaischen Tausch von Werkzeugen und Waffen gegen weibliche Schönheiten, kann sie aber nicht verhindern. In der Matavai-Bay, wo die Weltumsegler zweimal für längere Zeit festmachen, beschreibt er, wie genau die „Tahitischen Mädchen" wissen, dass der Besuch eines englischen Seemanns „die herrlichste Gelegenheit von der Welt sey, ihm an Corallen, Nägeln, Beilen oder Hemden alles rein abzulocken". Doch gegen diese erst durch die Europäer ausgelöste Gier und Verdorbenheit wendet Forster sogleich relativierend ein: „Wenn man aber bedenkt, daß ein großer Theil dessen, was nach unsern Gebräuchen tadelnswerth zu nennen wäre, hier, wegen der Einfalt der Erziehung und Tracht, würklich für unschuldig gelten kann; so sind die Tahitischen Buhlerinnen im Grunde minder frech und ausschweifend als die gesittetern Huren in Europa."

Bei Forsters überaus modernen Methoden der Feldforschung geht es um vorsichtige Annäherung an die Völker der Südsee, um Kontaktaufnahme durch ausgelegte Geschenke, um systematische Vergleiche oder die Deutung der Gebärdensprache, sogar um linguistische Studien. Ohne Informanten und Führer unter den Einheimischen, die Fehldeutungen überhaupt erst sichtbar machten, wäre diese fremde Welt nicht zu erschließen gewesen. Anschauung und Experiment, nicht rasche Urteile, sind dabei die Instrumente, mit denen bestehende Theorien durch neue Erfahrungen widerlegt werden. So ist Rousseaus sentimentales Bild vom edlen Wilden für Forster so wenig mit den Tatsachen vereinbar wie Buffons Klimatheorie: Der europäische Entwicklungsgrad ergibt sich offenbar nicht aus den Lebensbedingungen gemäßigter Breiten. Die hellhäutigen Polynesier und dunkelhäutigen Melanesier sind in ähnlichen Temperaturzonen eklatant verschieden, physisch wie kulturell. Und auch dem von Kant favorisierten christlichen Dogma vom gemeinsamen Ursprung aller Menschen wird Forster später – zusammen mit Voltaire und Blumenbach – vehement widersprechen.

Falsch wäre indes der Eindruck, in der *Reise um die Welt* gehe es hauptsächlich um wissenschaftliche Befunde und die Korrektur oder Widerlegung bestehender Theorien. Vielmehr unterscheidet sich das Buch von Cooks Bericht oder Vater Forsters naturkundlichen *Observations made during a Voyage round the World* (1778) durch die Vielfalt erzählerischer Perspektiven und poetischer Tonlagen. Oft gerät Georg Forster ins Schwärmen über die Naturschönheiten – attraktive Frauen taucht er ebenso wie erstmals angesteuerte Inseln ins Licht der Idylle: Die ausführlich porträtierte Tänzerin Teinamai auf den Gesellschaftsinseln erscheint beispielsweise „schöner als die Fantasie eines Mahlers solche je geformt hat"; und die berühmte Anfahrt auf Tahiti beginnt mit dem Satz: „Ein Morgen war's, schöner hat ihn schwerlich je ein Dichter beschrieben, an welchem wir die Insel O-Tahiti, 2 Meilen vor uns sahen". Eben diese Kombination exotischer Nachrichten mit einer aus zeitgenössischen Reiseberichten noch kaum bekannten stilistischen Eleganz qualifizieren dieses Buch als Inkunabel des Kulturjournalismus. Vor Friedrich Schlegel sah das schon Wieland, der an Forster rühmt, „nicht nur gesehen", sondern auch „genoßen", seinem Bericht also ein „warmes Herz", „Feuer und Begeisterung" zugrunde gelegt zu haben.

Georg Forster: *Reise um die Welt.* Illustriert von eigener Hand. Mit einem biographischen Essay von Klaus Harpprecht und einem Nachwort von Frank Vorpahl. Frankfurt a.M. 2007 • Jörn Garber, Tanja van Hoorn (Hrsg.): *Natur – Mensch – Kultur. Georg Forster im Wissenschaftsfeld seiner Zeit.* Hannover 2006 • Ludwig Uhlig: *Georg Forster. Lebensabenteuer eines gelehrten Weltbürgers.* Göttingen 2004.

Alexander Košenina

FRIEDRICH SCHILLER

Die Horen. Eine Monatsschrift (1795-1797)

Als Friedrich Schiller am 15. Mai 1794 von der Reise in seine württembergische Heimat nach Jena zurückkehrte, hatte er den Entschluss zur Herausgabe einer Monatsschrift gefasst, der er den Namen *Die Horen* zu geben gedachte. Die Horen: das waren in der griechischen Mythologie die Göttinnen der Ordnung in der Natur, welche den Wechsel der Jahreszeiten gewährleisten und alles zu seiner Zeit entstehen, blühen und reifen lassen. Hesiod nennt ihre Namen, die ihre Bedeutung auch für Kultur und Gesellschaft des Menschen zu erkennen geben: Eunomia (Gesetzmäßigkeit), Dike (Recht) und Eirene (Friede). So sind die Horen der Zeit enthobene Garantinnen der Ordnung in Natur und Kultur. Eine Zeitschrift, die sich *Die Horen* nennt, setzt sich damit von Anbeginn in ein Spannungsverhältnis zu ihrer eigenen Zeit – zumal wenn sie so aus den Fugen geraten ist wie die Ordnung der europäischen Staaten im Jahre 1794, fünf Jahre nach Ausbruch der Französischen Revolution. Bereits ihr mythologischer Name hält das Programm der Zeitschrift eigentümlich in der Schwebe zwischen Zeitenthobenheit und Zeitbezug.

Dass Schiller mit dem Programm der Zeitschrift dennoch den Anspruch verband, auf radikale Weise in die Zeit einzugreifen, hat er bereits in dem Brief vom 12. Juni 1794 an seinen Freund Christian Gottfried Körner deutlich gemacht, mit dem er ihn erstmals mit dem Plan der Zeitschrift vertraut machte: „Unser Journal soll ein Epoche machendes Werk seyn, und alles, was Geschmack haben will, muß uns kaufen und lesen." Während in Frankreich die Revolution Epoche machte, sollte dies in Deutschland also eine Zeitschrift tun, und damit dies gelingen konnte, machte sich Schiller gleich daran, die führenden Geister seiner Zeit zur Mitarbeit einzuladen. So gingen am Folgetag zunächst Briefe an Kant und an Goethe. Während Kant nicht zur Mitarbeit an den *Horen* gewonnen werden konnte, wurde Goethe zum wichtigsten Beiträger der Monatsschrift neben Schiller selbst; Schillers Brief an Goethe vom 13. Juni 1794 steht am Beginn jener einzigartigen Kooperation zweier inkommensurabler Geister, aus der die deutsche Klassik erwuchs.

Ein „Epoche machendes Werk" sind die *Horen* weniger durch Schillers Versuch geworden, die besten Autoren Deutschlands in seiner Zeitschrift unter höchsten Qualitätsmaßstäben zusammenzuführen – da musste Schiller sehr rasch Abstriche machen –, als aufgrund der programmatischen Konsequenzen, die sich aus diesem Versuch ergaben. Zahlreiche Schriftsteller und Zeitschriften teilten, so Schillers Überlegung, bisher das große literarische Publikum unter sich auf. Wenn es nun aber gelänge, alle „Schriftsteller von Verdienst" unter dem Dach einer einzigen Zeitschrift zusammenzuführen, dann brächte jeder von ihnen seinen eigenen Leserkreis mit, und damit entstünde von selbst jenes große deutsche Lesepublikum, auf das seine Zeitschrift angelegt war: „Treten nun die vorzüglichsten Schriftsteller der Nation in eine literarische Assoziation zusammen, so vereinigen sie eben dadurch das vorher geteilt gewesene Publikum, und das Werk, an welchem alle Anteil nehmen, wird die ganze lesende Welt zu seinem Publikum haben." Diese Überlegung war von genialer theoretischer Plausibilität und beachtlicher praktischer Weltfremdheit zugleich. Denn sie führte Schiller zu dem Schluss, in den *Horen* alles zu „verbieten, was sich auf Staatsreligion und politische Verfassung bezieht", und damit systematisch dasjenige aus der Zeitschrift auszuschließen, was die „ganze lesende Welt" interessieren musste wie nichts sonst: ihre Zeit, die im Zeichen der Französischen Revolution sich dynamisierenden Entwicklungen in Politik und Kultur Europas. Da aber für Schiller feststand, dass die „ganze lesende Welt" durch nichts so sehr geteilt wurde als durch die aktuellen politischen Konflikte, musste er als der literaturpolitische Stratege, der das ganze Publikum für seine Zeitschrift zu gewinnen versuchte, „sich über das Lieblingsthema des Tages ein strenges Stillschweigen auferlegen", wie er in der im Dezember 1794 verfassten Ankündigung der *Horen* deren künftigen Lesern mitteilte. Diese Zumutung wollte er mit dem Versprechen schmackhaft machen, dass seine der Politik sich entschlagende Zeitschrift ihren Lesern gerade das gewähren würde, was sie sich von der Politik versprachen: Freiheit. „Aber je mehr das beschränkte Interesse der Gegenwart die Gemüter in Spannung setzt, einengt und unterjocht", so heißt es in der Ankündigung, „desto dringender wird das Bedürfnis, durch ein allgemeines und höheres Interesse an dem, was r e i n m e n s c h l i c h und über allen Einfluß der Zeiten erhaben ist, sie wieder in Freiheit zu setzen und die politisch geteilte Welt unter der Fahne der Wahrheit und Schönheit wieder zu vereinigen."

Es war dies natürlich ein metapolitischer Begriff von Freiheit, ein Versprechen auf Autonomie gegenüber den aktuellen Problemen dieser Welt im Reich der Freiheit und Schönheit, das das Interesse der Zeitschrift am Reinmenschlichen jederzeit ins Interesse an der reinen Unterhaltung umschlagen lassen konnte; Schiller hat sich jedenfalls in der Ankündigung der Horen zur „heitern und leidenschaftfreien Unterhaltung" der Leser bekannt und ihnen „eine fröhliche Zerstreuung" in

Aussicht gestellt. Aber Schillers Vorstellung von heiterer Unterhaltung war eine durchaus andere als diejenige des zeitgenössischen Publikums; wer sich als Leser der ersten drei Stücke der *Horen* durch Schillers *Über die ästhetische Erziehung des Menschen* in einer Reihe von Briefen, durch Fichtes *Über Belebung und Erhöhung des reinen Interesses an der Wahrheit* und Wilhelm von Humboldts *Über den Geschlechtsunterschied und dessen Einfluß auf die organische Natur* gearbeitet hatte und danach Erholung bei Werken der Poesie suchte, wird sich jedenfalls durch die Lektüre von Goethes *Unterhaltungen deutscher Ausgewanderten* und August Wilhelm Schlegels Übersetzung von Dantes *Inferno* nur bedingt in eine Stimmung „fröhlicher Zerstreuung" versetzt gefühlt haben. Schiller hat im ersten Jahrgang der *Horen* (1795) konsequent an seiner programmatischen Absicht, die neue Zeitschrift „der schönen Welt zum Unterricht und zur Bildung, und der gelehrten zu einer freien Forschung der Wahrheit und zu einem fruchtbaren Umtausch der Ideen" zu widmen, festgehalten und erst in den beiden folgenden Jahrgängen, als er händeringend nach Beiträgern und Manuskripten suchte, die ihm die Hefte zu füllen halfen, Konzessionen an die Unterhaltungsbedürfnisse des Publikums gemacht. Das führte auch dazu, dass die *Horen* in ihrem letzten Jahrgang geradezu von women writers dominiert wurden: von Karoline von Wolzogen, Friederike Brun, Sophie Mereau, Amalie von Imhof, Elise von der Recke, Luise Brachmann.

Aber dies war nicht das Problem, an dem die *Horen* – wenn auch glanzvoll – schon nach drei Jahrgängen scheiterten. Es bestand (neben den rasch sich abzeichnenden Problemen der Autorenakquisition) vielmehr darin, dass eine „freie" Erforschung der Wahrheit und ein „fruchtbarer" Austausch der Ideen, bei dem jeder konkrete Bezug „auf den jetzigen Weltlauf" ausgeschlossen sein sollte, nicht nur – wie der rasche Rückgang der Auflage schon am Ende des ersten Jahrgangs zeigt – am Publikumsbedürfnis vorbeiging, sondern einer freien Forschung und einem fruchtbaren Ideenverkehr faktisch zuwiderlief. Niemand hat dies präziser auf den Begriff gebracht als Friedrich Heinrich Jacobi, der in seinem Antwortbrief vom 10. September 1794 auf Schillers Einladung zur Mitarbeit sogleich auf das Verbot der Thematisierung von Religion und politischer Verfassung zu sprechen kam: „Diese Einschränkung, im strengsten Sinne genommen, wäre zu hart für den Philosophen, der es in vollem Ernste ist; denn worauf kann dieser sich am Ende überall beziehen wollen, wenn nicht auf Staatsverfaßung und Religion?" Zwar hat Schiller diesen gewichtigen Einwand Jacobis in seinem Antwortbrief vom 25. Januar 1795, dem er das soeben erschienene erste Heft der *Horen* beilegte, unter Hinweis auf die dort abgedruckten Briefe über die ästhetische Erziehung zu entkräften versucht – dort nehme der „philosophische Geist" durchaus auf die „jetzigen Welthändel" Bezug, jedoch ohne Partei zu ergreifen –, im übrigen aber nachdrücklich darauf beharrt, es sei „das Vorrecht und die Pflicht des Philosophen wie des Dichters, zu keinem Volk und zu keiner Zeit zu gehören, sondern im eigentlichen Sinne des Worts der Zeitgenoße aller Zeiten zu seyn." Damit verlangte er von den Beiträgern und den Lesern seiner Zeitschrift nichts Geringeres, als deren Aktualität und deren Gegenwartsbezug in ihrer programmatischen Inaktualität und der Ausklammerung konkreter Gegenwartsbezüge zu erkennen, sich als Weltbürger zu begreifen und sich dem Druck der Zeit dadurch zu entziehen, dass sie sich Bildung durch einen freien Ideenverkehr im Sinne eines menschheitlichen Universalismus zum Ziele setzten. Die Zeit war aber nicht danach; sie zwang die Leser der *Horen* mehr und mehr dazu, auf die Dynamik der politischen Ereignisse zu reagieren und sich als Bürger einer Nation zu begreifen.

So trat das Medium Zeitschrift mit den *Horen* in eine kritische Gegenspannung zu seiner Leserschaft: Die Zeitschrift spricht von oben zum Publikum und wirbt um seine Aufmerksamkeit, indem sie es rücksichtslos behandelt und seinen Unwillen hervorruft, weil sie gewohnte Kommunikations- und Rezeptionsmuster durchbricht und ihre Leser beständig dazu zwingt, sich am Ideal der veredelten Menschheit zu messen und sich dabei bewusst zu werden, dass es aktuell nicht zum besten um sie steht. So banden die *Horen* Bildung an Provokation; sie wollten die Zeitgenossen durch Provokation dazu bewegen, sich auf den zur Wahrheit und Schönheit führenden Bildungsweg zu begeben.

Die journalistische Aufmerksamkeit der *Horen* war deshalb auch nicht auf die Zeit im Sinne aktuellster politisch-gesellschaftlicher Problemlagen, sondern auf die grundsätzlichen Probleme der gesellschaftlichen und kulturellen Verfasstheit der Menschheit in der Moderne gerichtet. Wo sich aber Schillers „Aufmerksamkeit auf den Zeitcharakter" in den *Horen* entfaltete, also besonders in seinen großen Abhandlungen *Über die ästhetische Erziehung des Menschen* in einer Reihe von Briefen und *Über naive und sentimentalische Dichtung*, da tat sie dies mit unüberbietbarer kulturkritischer Präzision und Schärfe: „Ewig nur an ein einzelnes kleines Bruchstück des Ganzen gefesselt, bildet sich der Mensch selbst nur als Bruchstück aus, ewig nur das eintönige Geräusch des Rades, das er umtreibt, im Ohre, entwickelt er nie die Harmonie seines Wesens, und anstatt die Menschheit in seiner Natur auszuprägen, wird er bloß zu einem Abdruck seines Geschäfts, seiner Wissenschaft." Es waren diese mit globalisierendem Verwerfungsblick verfassten Diagnosen der Kultur der Moderne („Die Kultur selbst war es, welche der neuern Menschheit diese Wunde schlug."), welche das Programm der ästhetischen Erziehung zu begründen bestimmt waren. Mit ihm hoffte Schiller einen Weg gefunden zu haben, auf dem der Mensch die „Harmonie seines Wesens" zurückzugewinnen und in ein Reich der Freiheit zu gelangen vermöchte: „Freyheit zu geben durch Freyheit ist das Grundgesetz dieses Reichs." Als die *Horen* nach nur drei Jahrgängen eines frühen Todes starben, taten sie dies freilich nicht mehr als das Zentralorgan der ästhetischen Erziehung, als das sie geplant waren, sondern als konturloses Medium „leidenschaftfreier Unterhaltung".

Friedrich Schiller (Hrsg.): *Die Horen. Eine Monatsschrift.* Tübingen 1795-1797. Fotomechanischer Nachdruck. Einführung und Kommentar von Paul Raabe. 6 Bde., Berlin 1959 • Rolf Michaelis: *Die Horen. Geschichte einer Zeitschrift.* Weimar 2000 • *Schillers Werke.* Nationalausgabe, Bd. 20. Hrsg. von Julius Petersen u.a.. Weimar 1987.

Ernst Osterkamp

AUGUST WILHELM SCHLEGEL, FRIEDRICH SCHLEGEL

Athenaeum (1798-1800)

Dass das *Athenaeum* als romantisches Zeitschriftenprojekt auf eine Liste mit journalistischen Klassikern gerät, kann nur überraschen, wenn man noch glaubt, dass Romantik auf das Gegenteil von dem aus ist, was der Journalismus in Form von hard facts liefert. Abgeklärte Mediennutzer wissen, dass es keine Arbeitsteilung gibt, bei der die Nachrichtenteile der Zeitung, Fernsehen und Internet die Welt durch ihre auf Dauer gestellte Beobachtung und Berichterstattung entzaubern, um sie dann von der romantischen Kunst und Literatur wieder verzaubern zu lassen. Kritiker der Medienkultur haben immer wieder auf den – aus ihrer Perspektive allerdings äußerst bedenklichen – Umstand hingewiesen, dass die Medien nicht die Wirklichkeit verdoppeln, sondern sie überhaupt erst konstruieren. Die Kanäle, über die Leser, Zuschauer und User Nachrichten empfangen, sind schon allein deshalb magisch, weil durch sie wöchentlich, täglich und mittlerweile auch im Sekundentakt zusammengezaubert wird, was sich als „Welt" verstehen lässt.

Umgekehrt wissen abgeklärte Leser, dass die Leistung der romantischen Kunst und Literatur um 1800 gerade nicht in der Verzauberung der Welt aufgeht. Stattdessen liegt sie in der Entwicklung und Umsetzung einer neuen Form von Weltbeobachtung, die der Wirklichkeit einer Gesellschaft angemessen ist, die sich selbst modernisiert: „Die Semantik der romantischen Reflexion sucht sich selbst noch im Sinne eines ins Unendliche ausgelagerten Ziels", so hat es Niklas Luhmann geradegerückt: „Was aber tatsächlich reflektiert wird, ist die dem Kunstsystem aufgenötigte Autonomie, ist also die funktionale Ausdifferenzierung der Gesellschaft." Was in der romantischen Ästhetik als Zauber erscheint, ist dementsprechend die durch ein eigensinniges Spiel mit Möglichkeiten ins Werk gesetzte Auflösung fester Gewissheiten, die den Betrachtern oder Lesern nur eine Gewissheit lässt: dass man – wohl oder übel – mit- und weiterspielen muss, wenn man verstehen will, was eigentlich gespielt wird.

Es ist diese produktive Rezeptionshaltung, die den Zeitungs- oder Zeitschriftenlesern von den Frühromantikern empfohlen wird. Sie führen vor, wie die neuen journalistischen Formen der Selbstbeobachtung, Selbstbeschreibung und Selbstreflexion der Gesellschaft auch neu beobachtet, beschrieben und reflektiert werden müssen, wenn man nicht ständig überfordert sein will. Die Botschaft an die Leser lautet:

Man sollte das, was die Medien an „Welt" zusammenzuzaubern, eben nicht als Abbild der Wirklichkeit, sondern als Resultat eines eigensinnigen Spiels mit Möglichkeiten verstehen – und man sollte mit- und weiterspielen.

Das *Athenaeum* wird von Friedrich und August Wilhelm Schlegel in diesem spielerischen Sinn entwickelt. Allerdings mit einer ganz und gar handfesten Absicht. Es geht darum, sich auf dem hart umkämpften publizistischen Feld (auf dem in den neunziger Jahren des 18. Jahrhunderts über hundert literarische Zeitschriften meist kurzlebig um die Aufmerksamkeit des Publikums konkurrieren) mit dem eigenen Programm einen Führungsanspruch zu sichern, vor allem gegen die Berliner und Jenaer Fraktionen, die Aufklärung predigen. Ein „großer Vorteil dieses Unternehmens würde wohl seyn", schreibt Friedrich am 31. Oktober 1797 an seinen Bruder, „daß wir uns eine große Autorität in der Kritik machen, hinreichend, um nach 5-10 Jahren kritische Dictatoren Deutschlands zu seyn, die Allgemeine Litteratur-Zeitung zu Grunde zu richten, um eine kritische Zeitschrift zu geben, die keinen anderen Zweck hätte als Kritik".

Was hier als Kritik bezeichnet wird, schlägt sich aber nicht in Kritiken nieder. Im *Athenaeum* lassen sich kaum Beiträge finden, wie sie auch in den Konkurrenzblättern erscheinen. Sie wollen, schreibt Friedrich Schlegel, „sich nicht zum Range von Rezensionen erheben: ihr Verfasser erklärt sie für nichts weiter als Privatansichten eines in und mit der Literatur lebenden". So wird die Idee umgesetzt, dass man mit- und weiterspielen muss, wenn es ums Verstehen geht. Die Auseinandersetzung mit dem Werk wird nicht länger als etwas rein Äußerliches verstanden. Kritik ist das, was an das Kunstwerk angekoppelt wird, um es zu komplettieren. Der Kritiker beugt sich dabei nicht von oben über seinen Gegenstand. Er beginnt mit ihm zu arbeiten, um ihn durch seine Arbeit zu vervollständigen.

Diese Arbeit muss im romantischen Programm aber nicht nur der Kritiker auf sich nehmen. Jeder Leser ist dazu angehalten, mit dem, was er liest, produktiv umzugehen. „Der Sinn versteht etwas nur dadurch, daß er es als Keim in sich aufnimmt, es nährt, es wachsen läßt bis zur Blüte und Frucht", so lautet eins der Fragmente, die Friedrich Schlegel unter dem Titel *Ideen* in der ersten Halbjahrsausgabe von 1800 publiziert. Von solchen Fragmenten hatte schon Novalis zwei Jahre zuvor in der ersten Ausgabe des *Athenaeums* gesagt, sie seien „literarische Sämereien". Wer sie richtig liest, schreibt sie bereits weiter. „Der wahre Leser", so heißt es in einem *Blütenstaub*-Fragment von Novalis, „muß der erweiterte Autor sein. Er ist die höhere Instanz, die die Sache von der niedern schon vorgearbeitet erhält." Von dort wird es an den nächsten weitergegeben, um noch einmal weitergeschrieben zu werden: „[U]nd wenn der Leser das Buch nach seiner Idee bearbeiten würde, so würde ein zweiter Leser noch mehr läutern, und so wird dadurch, daß die bearbeitete Masse immer wieder in frischtätige Gefäße kommt, die Masse endlich wesentlicher Bestandteil – Glied wirksamen Geistes." Die Pointe dieses Fragments ist klar: Hier wird im Handumdrehen aus der Lese- und Schreibtheorie eine Theorie für eine Kultur entwickelt, die sich durch den Bezug auf die Tradition nicht mehr stabilisieren will – alles, was je geschrieben wurde, wird jetzt als Material begriffen, das man geistesgegenwärtig nutzen kann und nutzen muss, um etwas Neues entstehen zu lassen. So schaltet die Romantik von Vergangenheit auf Zukunft um.

Eine Zeitschrift, die einem solchen Programm folgt, setzt auf eigenwillige Lektüren, die sich nicht mit dem begnügen, was schon da ist. Sie wollen etwas Neues entstehen lassen. Dementsprechend sind die Texte, die im *Athenaeum* gedruckt werden, keine, die es dem Leser einfach machen. Es ist eben nicht das Bekannte, das hier noch einmal verdoppelt wird. Folgerichtig hat man als letzten Beitrag im letzten Heft einen Beitrag von Friedrich Schlegel gedruckt, in der er den „Klagen" der Kritiker „über die Unverständlichkeit" offensiv ironisch entgegentritt: „Ein großer Teil von der Unverständlichkeit des Athenaeums liegt unstreitig in der Ironie, die sich mehr oder minder darin äußert." Die aber sei, so Schlegel, nichts „Verwerfliches und Schlechtes": Auf ihr beruhten nicht nur „das Heil der Familien und der Nationen", auch hänge „das Köstlichste, was der Mensch hat, die innere Zufriedenheit selbst [...], wie jeder leicht wissen kann, irgendwo zuletzt an einem solchen Punkte, der im Dunkeln gelassen werden muß, dafür aber auch das Ganze trägt und hält und diese Kraft in demselben Augenblicke verlieren würde, wo man ihn in Verstand auflösen würde." Damit wendet sich Schlegel natürlich gegen die Aufklärer unter den Kritikern, die meinen, mit Erklärungen den Sinn der Werke in den Griff zu bekommen und damit die Sinnproduktion stillstellen zu können. Schlegel markiert mit dem Essay *Über die Unverständlichkeit* dagegen genau jenen Punkt, der an den Gegenständen unbeobachtet bleiben muss: Es ist der blinde Fleck des Betrachters, aus dem heraus die Auseinandersetzung mit dem, was man sieht, ihren produktiven Lauf nimmt.

Dementsprechend haben die Texte, die im *Athenaeum* erscheinen, den Anspruch, sich aus dem Unbeobachtbaren und Unverständlichen anderer Werke zu speisen, dabei selbst etwas Unbeobachtbares und Unverständliches herzustellen und es für weitere produktive Lektüren anzubieten. Die wichtigsten Formate, die in der Zeitschrift erscheinen, sind deshalb der Essay (weil er nicht bündig und geschlossen argumentiert, sondern seine Offenheit, Beweglichkeit und seine eigenen blinden Flecken offensiv zur Schau stellt) und das Fragment (weil es die Auseinandersetzung mit einem Gegenstand kurzschließt und damit als „literarische Sämerei" noch nicht vollendet ist und somit der produktiven Zuwendung und der reflexiven Entfaltung, also der Dynamisierung durch den Leser bedarf).

Was die Texte im Einzelnen definiert, definiert zugleich das gesamte Zeitschriftenprojekt: Es ist als großer Essay und zugleich als Sammlung von lauter Fragmenten gedacht, die miteinander in Beziehung gesetzt werden. „Ein Projekt ist", so hat es Friedrich Schlegel im *Athenaeum* pointiert, „der subjektive Keim eines werdenden Objekts." Projekte generell müsse man „Fragmente aus der Zukunft" nennen. Um die notwendige Dynamik ins Zeitschriftenprojekt zu bekommen, setzen die Herausgeber bereits in ihrer programmatischen Vorerinnerung auf die wilde Mischung und den schnellen Wechsel. Hier sollen „Abhandlungen mit Briefen, Gesprächen, rhapsodischen Betrachtungen und aphoristischen Bruchstücken wechseln, Theorie mit geschichtlicher Darstellung, Ansichten der vielseitigen Strebungen unsers Volks und Zeitalters mit Blicken auf das Ausland und die Vergangenheit, vorzüglich auf das klassische Altertum".

Diese Beiträge sollen sich nicht einer einzigen Idee unterwerfen. Konsens gibt es allein darüber, dass der Dissens zu erhalten ist: „Wir teilen viele Meinungen miteinander", heißt es, „aber wir gehen nicht darauf aus, jeder die Meinungen des anderen zu den seinigen zu machen." Auch muss man nicht bei seiner eigenen Meinung bleiben, so dass „sehr oft abweichende Urteile in dem Fortgange dieser Zeitschrift vorkommen". Mit diesem Programm setzt das *Athenaeum* auf das Prinzip ‚Konstellation'. So wie die in den einzelnen Ausgaben abgedruckten Notizen und Fragmente in eine Ordnung gebracht werden, in der sie nicht mehr als individuelle kleine Texte, sondern als Textstücke innerhalb eines größeren Bezugssystems gelesen werden müssen, so werden auf höherer Ebene auch die Texte der Ausgaben insgesamt in einer Weise angeordnet, dass sie auf spannungsreiche Weise miteinander in Kontakt treten, um sich zuzustimmen, zu widersprechen, zu erweitern und sich für den Anschluss neuer Textstücke zu öffnen. So wird die gesamte Zeitschrift zu einer dynamischen Figur, in der sich der Idee nach ein Gespräch anspinnen soll, das selbst wiederum fragmentarisch bleibt. „Ein Dialog", heißt es in Schlegels sechstem *Athenaeums*-Fragment, „ist eine Kette, oder ein Kranz von Fragmenten" – was für die Zeitschrift nichts anderes heißt, als dass sie zwar in einzelnen Ausgaben, aufs Ganze gesehen aber als „eine Kette oder ein Kranz" in Erscheinung tritt.

Da dieses Gespräch, das unter den Texten und von da aus mit den Lesern organisiert wird, selbst wiederum darauf angelegt ist, neue Texte entstehen zu lassen, wird mit der dynamischen Figur der Zeitschrift noch etwas ganz anderes vorgeführt: Kultur! Denn hier wird im Kleinen sichtbar, wie von Vergangenheit auf Zukunft umgestellt wird, indem man die Zeitschrift als Maschine organisiert, die durch den Rekurs auf sich selbst auf Innovation eingestellt ist. Beobachten lässt sich dabei dann auch, dass hier nicht „Wirklichkeit" verdoppelt, sondern „Welt" (und das heißt: „Kultur") hergestellt wird. Wer es begreift und mit- und weiterspielt, begreift auch, wie Kultur funktioniert.

Damit haben die Herausgeber ein Zeitschriftenformat erfunden, das – auch wenn es nicht länger als drei Jahre und nur in sechs halbjährlichen Ausgaben erschienen ist – großen Erfolg bei nachfolgenden Autorengenerationen gehabt hat, die eigene progressive, avantgardistische Publikationsprojekte entwickelt und dabei in Konstellationen gedacht haben: Das *Athenaeum* führt vor, wie man eine Gruppe von Autoren zusammenbringt, sie ästhetisch konfirmiert und ihre Texte in einzelnen Ausgaben so ins Spiel bringt, dass sich zwischen ihnen produktive Spannungen ergeben, die etwas Neues hervorbringen. Neue Texte, aber auch neue abgeklärte Mediennutzer. „Dann nimmt das neunzehnte Jahrhundert seinen Anfang", hat Friedrich Schlegel in seinem Essay *Über die Unverständlichkeit* prophezeit, „und dann wird auch jenes kleine Rätsel von der Unverständlichkeit des Athenaeums gelöst sein. [...] Dann wird es Leser geben, die lesen können."

Athenaeum. Eine Zeitschrift von August Wilhelm Schlegel und Friedrich Schlegel. Hrsg. von Bernhard Sorg. 2 Bde., Dortmund 1989 • Maurice Blanchot: *Das Athenäum*. In: *Romantik. Literatur und Philosophie*. Hrsg. von Volker Bohn, Frankfurt a.M. 1987. S.107-120 • Karl Heinz Bohrer (Hrsg.): *Sprachen der Ironie – Sprachen des Ernstes*. Frankfurt a.M. 2000 • Niklas Luhmann: *Die Kunst der Gesellschaft*. Frankfurt a.M. 1995.

Stephan Porombka

JOHANN GOTTFRIED SEUME

Spaziergang nach Syrakus im Jahre 1802 (1803)

In der Selbstauslegung der deutschen Aufklärung überlagern sich zwei
Metaphernkreise. Der gesamteuropäisch dominanten Lichtmetaphorik, die den Begriff der Aufklärung selbst einschließt und entfaltet, tritt
spätestens seit Kants Aufsatz *Was ist Aufklärung* von 1783 die Meta-
phorik des Gehens an die Seite. Umschreibt die Lichtmetaphorik meist
den Zugewinn an Erkenntnissen, die Vertreibung des Aberglaubens,
der Selbsttäuschungen und Illusionen, so akzentuieren die Bilder des
aufrechten Ganges die Mündigkeit, Rechtsfähigkeit und Selbstständig-
keit, die sich das aufgeklärte Subjekt im Gebrauch seiner Verstandes-
kräfte erwirbt. Stets ist dabei das unmündige Kind die Kontrastfigur.
Im Anschluss an seine berühmte Definition „Aufklärung ist der Ausgang des Menschen aus seiner selbstverschuldeten Unmündigkeit"
spricht Kant im Blick auf jenen Teil der Menschheit, den die „Vormün-
der" in der „Unmündigkeit" halten, vom „Gängelwagen, darin sie sie
einsperrten". Wenn er den öffentlichen Vernunftgebrauch als Kern der
Verbreitung von Aufklärung bestimmt, ist das Bild des Heraustretens
aus dem Gängelwagen, mit dem man Kindern das Laufen beibringt,
gegenwärtig.

Johann Gottfried Seume, der am 29. Januar 1763 in Poserna bei
Lützen als Landwirtssohn geboren wurde und am 13. Juni 1810 im
böhmischen Badeort Teplitz starb, repräsentiert im Bewusstsein der
Nachwelt wie kaum ein zweiter deutscher Autor seiner Epoche die Verbindung von literarischer Aufklärung, politischem Republikanismus
und aufrechtem Gang. Seume selbst hat dem vorgearbeitet, als er in
Mein Sommer 1805, dem Bericht über seine Nordreise ins Baltikum,
nach Russland, Finnland, Dänemark und Schweden seine Ideen für
„eine kleine Abhandlung über den Vorteil und die beste Methode des
Fußwandelns" andeutete. Er hat diese Abhandlung nicht geschrieben,
ihre Essenz aber in Merksätze wie die folgenden gefasst: „Wer geht,
sieht im Durchschnitt anthropologisch und kosmisch mehr, als wer
fährt." Oder: „Ich halte den Gang für das Ehrenvollste und Selbstän-
digste in dem Manne und bin der Meinung, daß alles besser gehen
würde, wenn man mehr ginge." Und schließlich: „Sowie man im
Wagen sitzt, hat man sich sogleich einige Grade von der ursprünglichen
Humanität entfernt. Man kann niemand mehr fest und rein ins Angesicht sehen, wie man soll, man tut notwendig zuviel oder zuwenig. Fahren zeigt Ohnmacht, Gehen Kraft. Schon deswegen wünschte ich nur

selten zu fahren, und weil ich aus dem Wagen keinem Armen so bequem und freundlich einen Groschen geben kann. "

Anfang Dezember 1801 brach Seume von Grimma bei Leipzig aus, wo er als Korrektor für den Verleger Georg Joachim Göschen arbeitete, zu der Fußreise nach Sizilien auf, die ihn berühmt gemacht hat. Im August 1802 kehrte er zurück, im Winter 1802/03 verfasste er seine Reisebeschreibung, die im Frühjahr 1803 unter dem Titel *Spaziergang nach Syrakus im Jahre 1802* erschien. Auf dem Titelblatt war der Autor abgebildet, in Rückenansicht, den linken Arm auf einen derben Stock gestützt, den Hut auf dem Kopf, den Tornister umgeschnallt. Der Reisebericht ist in Form von Briefen an den Leser verfasst, der erste – „Dresden, den 9ten Dezember 1801" – beginnt mit dem Satz: „Ich schnallte in Grimme meinen Tornister, und wir gingen." Dem Tornister, dem Requisit des Fußreisenden, ist seit der Ankunft in Prag die von Seume neu geprägte Verbform programmatisch zugeordnet: „Von Budin bis hierher stehen im Kalender sieben Meilen, und diese tornisterten wir von halb acht Uhr früh bis halb sechs Uhr Abends sehr bequem ab."

Seumes Italienreise fand in der Ära der Koalitionskriege gegen das revolutionäre Frankreich statt. Den Plan dazu hatte er schon länger gefasst, den Reiseantritt wegen der Feldzüge Napoleons durch Oberitalien verschieben müssen, erst der Frieden von Lunéville im Februar 1801 hatte den Weg frei gemacht. Bei der Reise durch Böhmen war Seume noch in Gesellschaft, in Wien verließ ihn der Maler (und Familienvater) Veit Hanns Schnorr von Carolsfeld, der ihn nach Italien hatte begleiten wollen, aus Angst vor den unsicheren Straßenverhältnissen. Ab Wien verschmolz Seume mit dem Idealtypus des Fußreisenden: dem Alleinreisenden. Faktisch dürfte er bei den mehr als 6000 Kilometern, die er zurücklegte, mehr Gesellschaft gehabt und auch häufiger die Kutsche benutzt haben, als es diesem Idealtypus entsprach. Aber nicht dies ist entscheidend, sondern die Konsequenz, mit der Seume den nicht in eine Reisegesellschaft eingebundenen Fußreisenden zum literarischen Subjekt seines Textes machte. Denn seine später gefundene Formel, derzufolge derjenige, der geht, „anthropologisch und kosmisch" mehr sieht, als wer fährt, umschreibt nicht nur eine Fortbewegungstechnik, sondern zugleich einen Wahrnehmungs- und Aufmerksamkeitstyp, der – etwa in den Büchern des Fußreisenden Wolfgang Büscher – bis in die Gegenwart literarisch produktiv geblieben ist. Das Alleinegehen ist der Inbegriff der unabhängigen, selbständigen Weltaneignung, der Widerpart allen ‚embedded journalism'.

Seume hat in der Vorrede seines *Spaziergangs nach Syrakus* die Romane als „Milchspeise für Kinder" abgefertigt und ihnen die an der faktischen Geschichte orientierte Literatur gegenübergestellt: „[W]ir sollten doch endlich auch Männer werden, und beginnen die Sachen ernsthaft geschichtsmäßig zu nehmen, ohne Vorurteil und Groll, ohne Leidenschaft und Selbstsucht. Örter, Personen, Namen, Umstände sollten immer bei den Tatsachen als Belege sein, damit alles so viel als möglich aktenmäßig würde." Hätte er sich an dieses Plädoyer für das „Aktenmäßige" gehalten, seine italienische Reisebeschreibung hätte wohl weder zu Seumes Lebzeiten ihre zahlreichen Auflagen erlebt, noch bei der Nachwelt ihren eigenständigen Ruhm neben Goethes – später erschienener – *Italienischer Reise* gewahrt. Doch hielt er sich als Autor nicht lediglich an die Tatsachen und Akten – viele Informationspflichten delegierte er an herbeizitierte Gewährsmänner –, sondern vor allem an sein Ich: „Es ist eine sehr alte Bemerkung, daß fast jede Schriftsteller in seinen Büchern nur sein Ich schreibt." So schreibt er in der Vorrede und rekapituliert in Abbreviatur den Lebensweg dieses Ich, das im Alter von achtzehn Jahren aus dem Theologiestudium in Leipzig geflohen, hessischen Werbern in die Hände gefallen, in den Dienst der britischen Armee gezwungen und nach Amerika verschifft worden und nach der Rückkehr ins preußische Heer geraten war, um schließlich in russischen Diensten 1794 den polnischen Aufstand in Warschau zu erleben.

Seumes Spaziergang trug nicht von ungefähr eine Jahreszahl im Titel. Die Datierung war ein Aktualitätssignal: hier wird aus der politisch-historischen Gegenwart berichtet. Und an seiner politischen Gesinnung ließ das Ich keinen Zweifel: „Die Sklaven haben Tyrannen gemacht, der Blödsinn und der Eigennutz haben die Privilegien erschaffen, und Schwachheit und Leidenschaft verewigen beides. Sobald die Könige den Mut haben werden sich zur allgemeinen Gerechtigkeit zu erheben, werden sie ihre eigene Sicherheit gründen und das Glück ihrer Völker durch Freiheit notwendig machen." Das Buch erschien in Leipzig und Braunschweig ohne Verlagsangabe, Seume selbst hatte dem Verleger Hartknoch dazu geraten. Dies – wie der Umstand, dass Seumes zweiter Reisebericht *Mein Sommer 1805* in Österreich, Teilen Deutschlands und Russland verboten wurde – legt es nahe, den *Spaziergang nach Syrakus* im Jahre 1802 vor allem als Dokument der republikanischen Gesinnung seines Autors zu lesen.

Doch werden Vorreden oft im Nachhinein geschrieben, und der Begriff ‚Spaziergang' war nicht von ungefähr in den Titel des Buches gelangt. Er zielte nicht nur auf den paradox-komischen Kontrast zwischen dem hunderte von Meilen entfernten Reiseziel Syrakus und dem Nahbereich, dem der Spaziergang in der Regel zugeordnet war: Wanderung nach Syrakus wäre der weniger pointierte Titel gewesen. ‚Spa-

ziergang' rückte zugleich das Ich des Reiseberichts – trotz seiner solda-
tisch-ernsten Prägung, trotz des wehrhaft knorrigen Stockes, auf den es
sich stützte – in die Regionen des Müßiggängerischen und Grillenhaf-
ten. Der Spaziergänger ergeht sich in der Landschaft. Statt schnur-
stracks auf sein Ziel zuzumarschieren, gönnt er sich Abschweifungen,
verweilt hier oder dort, selbst eine gewisse Ziellosigkeit ist ihm nicht
fremd. Seume hat das Grillenhafte-Launige seiner Idee, nach Italien zu
gehen, selbst betont, sein literarisches Reise-Ich beerbt die Tradition
der „Sentimental Journey" im Anschluss an Lawrence Sterne. Zwar
betont dieses Ich ostentativ seine „Saumseligkeit und Sorglosigkeit in
gelehrten Dingen und Sachen der Kunst". Das Modell der Kunstreise
nach Italien schlägt es schon in Dresden aus.

Doch tritt an die Stelle des Bildungs- und Kunstreisenden keineswegs – jedenfalls nicht von Beginn an – nur der republikanische Wanderer, der scharfe Blicke auf das Elend im Kirchenstaat um Rom und die
ländliche Armut in Sizilien wirft. Auch der knorrige Seume wird angesichts einzelner Kunstwerke – etwa bei der Begegnung mit Canovas
„Hebe" in Venedig – zum Enthusiasten, der die Erfahrung des Schönen
in Gedichtform besingt. Gewiss, dieser Reisende blickt häufig mit den
Augen des Militärs auf Befestigungsanlagen und Stadtmauern, mit
denen des Ökonomen (und Landwirtssohns) auf die schlechte Bewirt-
schaftung von Feldern. Aber zugleich verleugnet er die Stammheimat
des Spaziergängers nicht: die Natur als schöne Landschaft. Er kennt die
Gartenkunst und Landschaftsmalerei seiner Zeit, kennt die Grotten,
künstlichen Ruinen und Kaskaden, kennt den Topos, der ganz Italien
zur Gartenlandschaft verklärt. Goethes Mignon-Lied aus dem *Wilhelm
Meister* („Kennst Du das Land ...") zitiert er gleich zu Beginn, gern inszeniert er Panoramablicke von einem erhöhten Standpunkt aus. Die
Schluchten und Berge Siziliens, zumal den Ätna lässt er sich als lohnen-
de Objekte des Landschafters in Prosa so wenig entgehen wie die Gelegenheiten, die geliebten antiken Autoren (den Satiriker Juvenal allemal
lieber als den Horaz) dort zu lesen, wo sie gelebt haben: So erscheint als
nicht geringster Grund für den Spaziergang nach Syrakus, den Dichter
Theokrit in seiner Heimatstadt lesen zu können.

Beim Rückweg von Sizilien nach Deutschland wich Seume von der
Route der Hinreise, die ihn von Böhmen über Wien, Graz, Venedig und
Ancona nach Rom geführt hatte, entscheidend ab. Er reiste nun von
Bologna über Mailand, den St. Gotthard und die Schweiz nach Paris,
ehe er über das Elsass, Frankfurt und Thüringen nach Leipzig zurückkehrte. Der Abstecher nach Paris war ein Abstecher ins Zentrum der
aktuellen Politik. Die Politisierung des aufgeklärten Spaziergängers,
die schon den italienischen Passagen in Seumes Reisebericht ihr cha-

rakteristisches Profil gibt, tritt nun in den Vordergrund. Ihr Kern ist die Kritik an Napoleon als eines problematischen Charakters, der die Republik wieder in die Bahnen des Despotismus zurückführt. Seume hat in der zweiten Auflage des *Spaziergangs nach Syrakus*, die 1805 erschien, also nach der im Dezember 1804 erfolgten Kaiserkrönung Napoleons, diesen zeitkritischen Bezug verstärkt. Doch endet das Buch insgesamt im launigen Tonfall: „Wer in neun Monaten meistens zu Fuß eine solche Wanderung macht, schützt sich noch einige Jahre vor dem Podagra."

Johann Gottfried Seume: *Spaziergang nach Syrakus*. Hrsg. und mit einem Nachwort versehen von Jörg Drews. Frankfurt a.M. 2001 • Irmgard Egger: *Italienische Reisen. Wahrnehmung und Literarisierung von Goethe bis Brinkmann*. München 2006 • Heide Hollmer (Hrsg.): *Johann Gottfried Seume. Text + Kritik*, Bd. 126. München 1995.

Lothar Müller

JOHANN PETER HEBEL

Der Rheinländische Hausfreund oder Neuer Calender (1808-1815/1819)

Als sich Johann Peter Hebel zu Beginn des 19. Jahrhunderts entschloss, einen abgewirtschafteten, nur noch durch landesherrliches Oktroi verkäuflichen badischen Landkalender zu reformieren, nahm er sich zugleich vor, nicht nur die damals mustergebenden und marktgängigen Jahreskalender, etwa den *Basler Hinkenden Boten* einzuholen, sondern die „Arbeit besser zu leisten als die besten vermöchten" (Hebel an Justinus Kerner, 20. Juli 1817). Das hieß, der Kalender sollte ein „Siegel der Vollkommenheit" (*Betrachtung über ein Vogelneste*) erreichen, damit er in die Lage komme, ein Gegengewicht zu den „sächsischen Vielschreibern" und ihrem „konventionell[en], aber unrichtig dafür gehaltenen Ton der Popularität" (Hebel an Johann Friedrich Cotta, 18. Dezember 1809) zu bieten. Ein derartiger Versuch einer Reform des Kalenders um 1800 ist freilich erstaunlich. Denn zu Beginn des 19. Jahrhunderts war die Gattung Kalender nicht gerade das Leitmedium einer damals sich formierenden modernen neuzeitlichen Geschichte.

Anders als die Zeitung war der Kalender nicht auf Neues und Aktuelles, sondern auf Immerwährendes und Sensation ausgerichtet. Der Kalender war der Repräsentant einer natural gebundenen Chronologie, eines Welt- und Geschichtsentwurfs also, der sich am Verlauf der Gestirne und an der natürlichen Erbfolge der Herrscher orientierte. Die Herausforderungslage war demnach für Hebel eine doppelte: Es galt zum einen, die damals fortschrittlichsten Kalender zu überholen und – noch wichtiger – mitten in den Modernisierungsschüben der Napoleonischen Zeit einen gegenüber der Zeitung evidenten Nachteil in einen Vorzug umzuwandeln. Das war nur möglich, wenn in einer Doppelbewegung einerseits die Bestände des Kalenderentwurfs einer radikalen Verzeitlichung und Alteritätsbefragung (vgl. *Das Seewunder*) ausgesetzt wurden, andererseits es gelang, das gesamte Potential des Kalenders im Material (Tabelle und Text), im Thematischen (vom Kosmos zum Kuriosen) und im Distributionellen (freie Konkurrenz der Kalender) neu aufzupolieren.

Hebel gelang es nun in der Tat, seit 1808 in eigener Regie einen „Neuen Calender" unter dem neuen Titel *Der Rheinländische Hausfreund* zu kreieren. Mit seinen verschiedenartigen Blickachsen einerseits ins „Weltgebäude", andererseits in die weltgeschichtlichen „Begebenheiten" und mit seiner komplexen Gattungsvernetzung aus Sachberichten, Anekdoten, schwankartigen und sinnreichen Geschichten produziert Hebel nicht nur einzelne narrative „Goldkörnlein" („Der rheinländische Hausfreund spricht mit seinen Landsleuten und Lesern [...]") von Weltliteraturrang (*Unverhofftes Wiedersehen*; *Kannitverstan*; *List gegen List*), sondern schafft auch als Ganzes einen eigenständigen, wirkmächtigen kalendarischen Schriftkosmos.

Reinhart Koselleck hat zeigen können, wie eine jahrtausendelang gültige Erfahrungsregel, dass die Historie eine Lehrmeisterin des Lebens („Historia Magistrae vitae") sei, unter den modernen Bedingungen der Verzeitlichung, der Veränderungsbeschleunigung und Singularisierung der vielen Geschichten zu einer einzigen Geschichte obsolet geworden sei. Nun zeigt der *Rheinische Hausfreund* auf der einen Seite zwar, dass „jedes vergangene Beispiel, auch wenn es gelehrt wird, immer schon zu spät kommt", auf der anderen Seite beharrt er aber auf der Unverzichtbarkeit vieler auf Situativität insistierenden Geschichten. Als härtester Beweis für die Überlebtheit alter Zeichen und den umfassenden Sieg moderner Veränderungsgeschwindigkeit gilt für den Kalender von 1809 die Tatsache, dass der Comet dessen Hausaufgabe es eigentlich war „in Berlin und Pohlen das große Kriegs=Unglück und die blutigen Schlachten anzukündigen – aber zu spät kam". „Denn der Kayser Napoleon ist so schnell in seinen Unternehmungen und macht so kurzen Prozeß, daß selbst ein Comet nicht geschwind genug zur Sache thun kann, wenn er noch zu rechter Zeit will da seyn, und ist dem Hausfreund auch so gangen, hat den preußischen Krieg auch erst angekündigt, als er schon vorbei war" (Vorrede von 1809).

Die Veränderungsbeschleunigung neuzeitlicher Geschichte macht es für Hebel unabdingbar, die bislang kalenderübliche Belehrung in Beispielerzählungen, in Fabeln und Legenden zu überprüfen und zu meiden. An die Stelle eines etatistisch ausgerichteten Kalenders mit langweiliger Belehrung tritt der Entwurf eines vielstimmigen Kalenders „verschiedenen Humors", der in polyperspektivisch ausgelegten, mannigfaltigen Geschichten nicht mehr eine normative Lebensklugheit und (wie in der Forschung behauptet) eine „generalisierende Deutung" verficht, sondern situative Gewitztheit und Demut lehrt.

Die Umschichtung von einer kalenderüblichen superioren Belehrung und Sensationsbefriedigung zu Schalkheit und Demut angesichts einer durch und durch kontingenten Welt, in der „alles möglich" ist (*Der Wolkenbruch in Türkheim*) und „alles zusammenhängt, wenn man es zu entdecken vermag z.B. Zahnschmerzen und das Glück eines Ehepaars" (*Einer Edelfrau schlaflose Nacht*) lässt sich auch daran erkennen, dass Hebel die in Kalendern bislang so beliebten Schatzgräber-, Auswanderer-, Schul- und Klerikergeschichten strikt ausspart und sich stattdessen vornehmlich auf drei narrative Bereiche konzentriert, nämlich kriegsbedingte, listige und Wirtshausgeschichten zu erzählen. Hebel schreibt seine Kalenderbeiträge seit 1803, in eigener Regie von 1808 bis 1815 und dann noch einmal 1819, also zur Zeit der Napoleonischen Kriege und ihrer Nachwehen. So ist es plausibel, dass viele seiner Kalendergeschichten von kriegerisch bedingten Einquartierungen, von Kriegsgewinnlern und Denunzianten (*Untreue schlägt den eigenen Herrn*), aber auch von vorbildlichen Taten eines Kommandanten und seiner Soldaten (*Der Commandant und die badischen Jäger in Hersfeld*), nicht selten auch von Kriegsgefangenengeschichten (*Der Schneider in Pensa*; *Die lachenden Jungfrauen*) handeln. Diese Geschichten erlauben dem Kalendermann die Weite des Kriegsgeschehens aus der Doppelperspektive von Bericht und Erzählung von Hersfeld bis Paris und von Warschau bis Pensa und Bobruisk, ja bis Portugal in den Blick zu nehmen. Die dadurch erreichte Weitläufigkeit der Kalendergeschichten aus dem begrenzten lokalen Blick eines oberrheinischen „Marktbezirks" korrespondiert die dargestellte Weitherzigkeit der Protagonisten mitten in einem brutalen Krieg (*Der Husar in Neisse*).

Aber der *Hausfreund*, dem, wie Martin Heidegger zurecht bemerkte, etwas „erregend Mehrdeutiges" anhaftet, vergisst bei allen kriegerischen Gewalttätigkeiten nie den „anderen Krieg", den Schlaraffen-Krieg „nemlich wo mit Apfelküchlein geschossen und kriegsgefangene Cronenthaler eingebracht werden" (Vorrede v. 1809). Das Wirtshaus ist das geheime Glückszentrum aller Hebelschen Kalender. Dort können sich verschiedene Schichten ungestört berühren; dort kann deshalb die narrative Zirkulation, sei es als Renommiergehabe oder allseitige Mystifikation am besten blühen und gedeihen (*Eine sonderbare Wirtshauszeche*). Daher vergisst Hebel auch nicht, dass „gegen 400 brave Wirtshäuser" im „Brand von Moskau" untergegangen sind, obzwar er auch noch hätte hinzufügen können, dass in Karlsruhe 1813 auf 255 Köpfe eine Wirtschaft gekommen sei. Immerhin gibt der auf Kalendermaterial ausgehende „Hausfreund" zu, dass er nicht nur im Freien visitiert, sondern auch beim „Schöplein" anonym zu sitzen beliebt, während sein gedrucktes Conterfei am Nagel daselbst hängt, so „zu Constanz im Adler, zu Waldshut im Rebstock, zu Lörrach im goldenen Ochsen (hat nichts gekostet), zu Schopfheim im Pflug, zu Utzenfeld in der Mühle, zu Freiburg im Schwerdt, zu Offenburg in der Fortuna, zu Kehl im Lamm, zu Ulm bei Lichtenau im Adler, zu Rastatt im Creutz, zu Durmersheim beym Herr Schlick" (Vorrede von 1809). Als zum zweiten Mal ein Comet erscheint, nämlich im Jahr 1811, preist der Freund des „Hausfreunds", der „Adjunkt", das Wirtshaus als utopischen Gegenort. Es herrschte nämlich 1811 ein beispielloser „langer Nachsommer", in dem die Bäume erneut zu blühen begannen und

paradiesähnlich „der Frühling, der Sommer und der Herbst zu gleicher
Zeit und neben einander feil hielten". Da deutet der dem „Hausfreund" befreundete „Adjunkt" die Erscheinung des Cometen nicht
wie üblich als Unglücks-, sondern als Glücksbote – als Paradies auf
Erden in der Form eines „lustigen Wirtshäuslein, wo alles voll auf ist.
Der Comet ist der ausgesteckte Strauß [einer Straußwirtschaft; G. Oe.]
und unser lieber Herrgott wirthet" (*Der Comet von 1811*).

Es wundert nun nicht mehr, dass just an diesem ‚Schlaraffenpunkt'
die Ansicht von der Pflicht eines „Volksschriftstellers" zwischen den
ansonsten geistig so nahestehenden Brüder Grimm und Hebel auseinander gehen. Hebel hatte bei der Darstellung des „Brands von
Moskau" zu schreiben gewagt, dass in dieser Situation „ein warmer
Pelz und ein Kalbsschlegel [...] ganz andere Dienste [leisten würden],
als eine Brust voll Heldenmuth", was Wilhelm Grimm zu kommentieren geruhte, solches „sollte kein Volksschriftsteller sagen", weil „dergleichen Worte [...] das Volk so gerne als Wasser auf seine Mühle herleitet" (Wilhelm an Jacob Grimm, 12. Februar 1814).

Nach den zahlreichen Kriegs- und Wirtshausgeschichten lässt sich
als ein dritter Bereich von Kalendergeschichten eine ganz bestimmte
Spezialität von Hebel ausmachen, die Geschichten von der List der kleinen Leute und der List der Virtuosen. Zur Sorte der List als Zeichen für
den Behauptungswillen der kleinen Leute zählen die neuen Kalendergeschichten, die Juden als Helden gewählt haben (*Gleiches mit Glei-
chem*) – eine Errungenschaft, die, korrespondierend mit der Aufnahme
des Judenkalenders, erst nach der Judenemanzipation möglich geworden war. Mit diesen kleinen Abwehrlisten ist aber Hebels Produktivität
in diesem Bereich keineswegs erschöpft. Die Geschichten des diebi-
schen „Zundelfrieders" legen eine ganz andere Qualität an den Tag.
Neu ist dabei, dass „Zundelfrieder" nie „aus Not, oder aus Gewinn-
sucht, oder aus Liederlichkeit, sondern aus Liebe zur Kunst und zur
Schärfung des Verstandes" seiner Arbeit nachgeht (*Wie sich der Zundelfrieder hat beritten gemacht*). Letzteres kann als Zitat aus Shaftes-
burys Bestimmung des weltmännischen Virtuosen gelten. Zundelfrieder probiert alle Steigerungsformen virtuoser Dieberei durch, bis er
„fast ein Überlei davon bekommen" hat. Er verlegt sich deshalb auf die
Gegenposition, nämlich „ehrlich sein", um schließlich durch raffinier-
te Nutzung des neuen Mediums „Presse" listige Diebe zu überführen.
Der letzte Satz dieser Hebelschen Geschichte mit dem Titel *List gegen
List* legt zugleich den geheimsten Wunsch jedes Virtuosen (und das
heißt auch Hebels) frei: einzigartig zu sein. „Wenn ich nur alle Spitzbu-
ben zu Grunde richten könnte", sagte der Zundelfrieder, „daß ich der
einzige wäre". Die fast unlösbare Aufgabe, zwischen den Extremen der

Gebildeten und Ungebildeten zu vermitteln, ohne dabei in ein fatales Schlingern falsch verstandener „Popularität" zu geraten, das heißt „bald für diese, bald für jene Klasse und Kulturstufe" ködernd „etwas hinzuwerfen" (Hebel an Josef Engelmann, 1. Dezember 1809) – eben dieses Ziel hat Hebel auf seltene und fast einzigartige Weise gemeistert. Hebel hat unter dem Titel *Schatzkästlein des Rheinischen Hausfreunds* eine Auswahl überarbeiteter Kalendergeschichten der ersten Jahrgänge seiner Kalendermitarbeit bei Cotta in Stuttgart herausgegeben. In dieser Anthologie fehlen freilich nicht nur wichtige Kalendergeschichten der späteren Jahrgänge (z.B. *Reise nach Paris*; *Reise nach Frankfurt*), schlimmer noch – es geht der Kontext der originalen Kalendergeschichten, ihr lokales Kolorit und ihre Einbettung in die „Weltbegebenheiten" verloren. – So gibt es für die kulturjournalistisch Interessierten in den originalen Kalendern noch viel zu entdecken.

Johann Peter Hebel: *Der Rheinländische Hausfreund oder Neuer Calender auf das Schaltjahr 1808 – 1815 u. 1819.* Faksimiledruck. Hrsg. von Ludwig Rohner. Wiesbaden 1981 • Stephan Braese: *Hebels letzter Kalender.* In: *Zeitschrift für Deutsche Philologie* Bd. 120. 4 (2001). S. 502-526 • Ludwig Rohner: *Kommentarband zum Faksimiledruck der Jahrgänge 1808 – 1815 und 1819 des „Rheinländischen Hausfreunds" von Johann Peter Hebel.* Wiesbaden 1981 • Günter Oesterle: *Beobachten und Erinnern. Johann Peter Hebels „Rheinländischer Hausfreund".* In: *Deutsche Vierteljahresschrift für Literaturwissenschaft und Geistesgeschichte.* Bd. 76 (2002). S. 229-249.

Günter Oesterle

HEINRICH VON KLEIST

Berliner Abendblätter (1810/1811)

Gern wird behauptet, Heinrich von Kleist habe mit seinen *Berliner Abendblättern* das Boulevardformat erfunden. Tatsächlich war die jeweils vier Seiten umfassende, 8 Pfennig teure und bis auf den Sonntag täglich erscheinende Zeitung ein echtes Massenblatt. „Hinter der katholischen Kirche Nr. 3. zwei Treppen hoch" konnten die Berliner die Ausgaben jeweils ab fünf Uhr nachmittags abholen – bis der Polizei der abendliche Auflauf zu unheimlich wurde und man die Ausgabestelle in „die zugänglichere Leihbibliothek Kralowsky in der Jägerstraße 25" umziehen ließ.

Der Erfolg der *Abendblätter* lässt sich einfach erklären. Kleist hatte vom Berliner Polizeipräsidenten die Genehmigung, die neuesten „Polizei-Rapporte" zu drucken. Man wolle, so kündigte Kleist an, „über Alles, was innerhalb der Stadt, und deren Gebiet, in polizeilicher Hinsicht, Merkwürdiges und Interessantes vorfällt, ungesäumten, ausführlichen und glaubwürdigen Bericht ab[]statten: dergestalt, daß die Reihe dieser, dem Hauptblatt beigefügten Blätter [...] eine fortlaufende Chronik, nicht nur der Stadt Berlin, sondern des gesammten Königreichs Preußen, bilden werden." Und da in Berlin im Herbst des Jahres 1810 eine Mordbrennerbande ihr Unwesen trieb und die Stadt in Angst und Schrecken versetzte, konnten die *Abendblätter* in der ersten Ausgabe vom 1. Oktober elf Brände melden, einen sogar live: „In Lichtenberg brennt in diesem Augenblick (10 Uhr Morgens) ein Bauernhof. Die Entstehungsart ist noch unbekannt, und sind alle Vorkehrungen gegen die weitere Verbreitung getroffen." Schon am nächsten Tag konnte man nicht nur nachreichen, dass der Brand „die beiden dem Kaufmann Sandow zugehörigen Wohngebäude nebst Scheune und Stall, in Asche gelegt" hat. Zu berichten war auch, dass der „Regiments-Chirurgus Löffler" auf der Straße einen mit „einer Menge Holzkohlen, Feuerschwam, Papier und einem Präparat von Kohlenstaub und Spiritus" gefüllten Handschuh gefunden hatte, der „schon, bei Annäherung der Flamme Feuer fing": ein Brandsatz der „Bösewichter".

Die *Abendblätter* waren aber keineswegs nur zur allmählichen Vervollständigung des Weltbildes durch die Mitteilung neuester Polizeinachrichten gedacht. Kleist hatte sich für sein Projekt einen komplexeren, mit Risiko abgestimmten Mix überlegt. Während die Rapporte bis auf einige Ausnahmen an den Schluss jeder Ausgabe gestellt waren, konnten die Leser auf den ersten Seiten literarische, essayistische und journalistische Texte lesen, die oft über mehrere Ausgaben fortgesetzt wurden. Hier wurde der vermeintliche Boulevard in eine anspruchsvolle Flanier- und Reflektiermeile verwandelt. Gedruckt wurden etwa eine „Übersicht" zur aktuellen „Kunstausstellung", Verse *Zum Geburtstag des Kronprinzen*, eine Reportage *Über die gestrige Luftschiffahrt des Herrn Claudius*, ein *Vorschlag zur Verbesserung der Klaviatur von Tasteninstrumenten*, außenpolitische Artikel (*Über die gegenwärtige Lage von Großbritannien*), innenpolitische Artikel (*Über den Geist der neueren politischen Gesetzgebung*) wirtschaftspolitische Artikel (*Vom Nationalcredit*) und kultur- und wissenschaftspolitische Artikel, die allerdings den *Abendblättern* zum Verhängnis wurden, weil sie die Zensurbehörden in Alarmstimmung versetzten. In der Folge wurde Kleists Arbeit immer stärker kontrolliert und reglementiert, schließlich wurde ihm das Privileg der Mitteilung der Polizeirapporte entzogen.

Über diese Leitartikel hinaus finden sich auf den Innenseiten der *Abendblätter* aber nicht nur *Literarische Neuigkeiten, Miscellen*, Epigramme, *Literarnotizen, Theater-Neuigkeiten, politische Neuigkeiten* oder – zum Ende des Projekts hin, als dem Projekt unter einem größer werdenden politischen Druck die Luft ausging – immer ausführlichere *Bülletins der öffentlichen Blätter*. Vor allem stehen in den *Abendblättern* Texte, die nicht nur Eingang in Kleists 1811 veröffentlichten zweiten Band mit Erzählungen, sondern auch in die Abteilung *Philosophische und kunsttheoretische Schriften* seiner Werkausgaben gefunden haben. Am 11. Oktober 1810 erscheint das *Bettelweib von Locarno*, am 13. Oktober der von Arnim und Brentano verfasste, von Kleist aber massiv bearbeitete Essay über *Empfindungen vor Friedrichs Seelandschaft*. Am 29. Oktober beginnt Kleist mit dem Abdruck seines *Allerneuesten Erziehungsplans*; am 15. November erscheint der Beginn der ersten Fassung der von Kleist so genannten Legende *Die heilige Cäcilie*. Am 12. Dezember folgt der Essay *Über das Marionettentheater*, der in der Kleist-Forschung zum Herzstück der Kleistschen Poetik erklärt worden ist; dazu noch am 5. Januar 1811 der *Brief eines Dichters an einen anderen*.

Über all das hinaus hat Kleist seine *Abendblätter* mit Meisterstücken der kleinen Form gefüllt: mit Anekdoten. Beim genaueren Hinsehen erweisen sich gerade diese auf den ersten Blick so schlichten Texte als fein gebaute Relais, über die die unterschiedlichen Textsorten der Zeitung miteinander verschaltet sind. Deutlich wird das an der Geschichte eines merkwürdigen Zweikampfs, die Kleist wohl als Zeitungsleser in den *Hamburger Gemeinnützigen Unterhaltungsblättern* aufgeschnappt hatte. Für die *Abendblätter* transformiert er sie in eine kurze Kriminal- und Actionerzählung. Die spielt zwar im Mittelalter

unter Rittern, doch wirkt sie durch das Actionformat ganz unmittelbar
und kommt im Erzählton als eine für die Gegenwart merkwürdige
Nachricht daher, die nicht nur, wie der Erzähler ganz am Ende erklärt,
einer altfranzösischen Chronique entnommen ist, sondern auch, so
wird nachdrücklich versichert, „Thatsache" ist.

Dass die *Abendblätter* „Merkwürdigkeiten" mitteilen wollten, um
selbst „Chronik" zu sein, hatte Kleist ja zu Beginn des Projekts dekla-
riert. Dass nun aber ausgerechnet die einer Chronik entnommene
Geschichte eines merkwürdigen Zweikampfs den Zusatz braucht, dass
sie „Thatsache" sei, weckt den Verdacht, dass man das Erzählte nicht
unbedingt für bare Münze nehmen sollte. Zwischen echt und irgendwie
nicht ganz echt lässt Kleist aber nicht nur diesen Text schweben. Dop-
peldeutig sind alle Anekdoten erzählt. Nicht zuletzt auch jene, die in
den *Abendblättern* schon am 30. November 1810 veröffentlicht wurde
und den Zweikampf der „zwei berühmte[n] Englische[n] Baxer", das
heißt Boxer, im Stile einer frühen Sportberichterstattung mitteilt. Die
Anekdote liest sich wie eine kleine Stilübung für Radioreporter, die
dicht am Geschehen dranbleiben und von Aktion zu Aktion springen
müssen, ohne etwas vom Ganzen zu wissen. Auf erläuternde, erklären-
de, einordnende Distanzierungen wird verzichtet. Es gibt sie nicht einmal am Ende, an dem es lakonisch heißt, „der Portsmouther", der seinen Gegner totgeschlagen hat, „soll aber auch Tags darauf am Bluts-
turz gestorben sein". Damit erweist sich auch diese Anekdote, die nicht
im Mittelalter, sondern nah an der Gegenwart spielt, als eine, in der sich
zwar echt und nicht-echt mischen, die aber zugleich so tut, als ginge es
ihr um nichts anderes als ums Faktische.

Bekannt ist nun, dass Kleist diese Geschichten wiederum zur
Grundlage eines längeren Textes gemacht hat, der im zweiten Band der
Erzählungen unter dem Titel *Der Zweikampf* erschienen ist. Der Ton
der Chronik wird beibehalten, erzählt wird auch diesmal unmittelbar
zur Gegenwart in (wie es Wolfgang Kayser genannt hat) „Wirkungsreihen". Die Geschichte selbst aber wird zu einem juristischen Problem-
stück weitergesponnen, in dem die Vorgeschichte und der Kampf selbst
scheinbar den Tatsachen entsprechend rekonstruiert wird und dabei
modernes Recht und Gottesrecht gegeneinander ausgespielt werden,
ohne dass es eine Entscheidung für das eine oder das andere gibt. Dass
am Ende jegliche Erläuterung, Erklärung oder Einordnung der
Geschichte ins Weltgeschehen fehlt, macht auch hier die Spannung und
die Pointe aus.

Liest man die drei Kampfstücke zusammen, so zeigt sich, welche
Funktion Kleists Produktion von Anekdoten hat: Es sind Zwischentex-
te, für die Fundstücke gesammelt, angearbeitet, aufgearbeitet, umgear-

beitet werden, um sie in größere Erzählzusammenhänge zu transformieren. Die Zeitung erweist sich damit als Transformationsanstalt, als Medienlabor, in dem Kleist als Laborleiter durch die Lektüre von Chroniken, Berichten und Nachrichten aus anderen Medien Materialien mit Tatsachencharakter aufspürt, in einen Schweberaum zwischen echt und irgendwie nicht mehr ganz so echt bringt, sie dort in Wirkungsreihen anordnet und als irritierende bis verstörende Merkwürdigkeiten weitererzählt. So soll der Kleistsche Journalismus dem Publikum die Wirklichkeit weder er- noch verklären. Kleist setzt seine Leser mit literarischen Mitteln den vermeintlichen „Thatsachen" aus, um die Unlösbarkeit, Sinnlosigkeit, Abgründigkeit und Rätselhaftigkeit der fortlaufenden Gegenwart und der (medialen) Wirklichkeit herauszustellen.

Man muss, um diese These zu stützen, nicht nach weiteren Anekdoten suchen, die Kleist so wie den *Zweikampf* in längere Texte verwandelt hat. Man muss stattdessen bloß das Labor als Ganzes anschauen und auf die Wirkungsreihen achten, die in den einzelnen Ausgaben und in der täglichen Abfolge neuer Ausgaben konstruiert werden: Da folgt man am 12. November 1810 dem Berichterstatter auf eine Kunstausstellung, wird im Anschluss mit „Fr. v. Staels" dokumentarischem Bericht *Lettres sur l'Allemagne* bekannt gemacht, wechselt über zu den Miscellen und schließlich zu einem Polizeibericht, in dem mitgeteilt wird, dass „bei dem gestrigen Ballet im Schauspielhause" eine Tänzerin in der Rolle der Minerva, die eigentlich „12 bis 15 Fuß hoch über den Boden" schweben sollte, aus dieser Höhe auf den Boden gestürzt ist. Mittendrin in derselben Ausgabe ist – neben dem Hinweis, dass „in Ungarn Slavonien und im Bannat [...] Versuche gemacht werden, Baumwolle anzubauen" – in aller Trockenheit zu erfahren: „Ein Soldat, der in den Gefängnissen zu Torgau in Ketten lag, ist halb von Ratten aufgefressen, gefunden worden. Dieser Unglückliche, da er seine Glieder nicht gebrauchen konnte, hat sich gegen den Angrif dieser Thiere nicht verteidigen können."

So erscheint die Welt in Kleists Chronik gefügt aus lauter ,unerhörten Begebenheiten', die in ,unerhörte Gelegenheiten' zum Weiterlesen und Weiterschreiben verwandelt werden. Es macht deshalb nur wenig Sinn, einzelne Anekdoten aus dem Zusammenhang zu isolieren und in Werkausgaben einzusortieren. Die *Abendblätter* als Ganzes sind das Labor, in dem Kleist in Wirkungsreihen die Wirklichkeit irritiert, um den eigenen Produktionsprozess in Bewegung zu halten. Oder umgekehrt: Sie ergeben ein Medienlabor, in dem Kleist seinen Produktionsprozess mit Wirkungsreihen in Bewegung hält, um die Wirklichkeit zu irritieren. Dass dieser Anspruch allzu zu komplex war, haben die vielen

Leser bewiesen, die den Abendblättern abhanden kamen, als nicht
mehr aus den Polizei-Rapporten berichtet werden durfte. Kleist hat
sich bis zum Letzten bemüht, die Blätter weiter zu füllen und die Mächtigen davon zu überzeugen, dass sie sein Projekt unterstützen sollten –
ohne Erfolg. „Dem Publiko wird", so schrieb „H.v.K." ganz zum
Schluss am 30. März 1811, „eine vergleichende Übersicht dessen, was
diese Erscheinung leistete, mit dem, was sie sich befugt glaubte, zu versprechen sammt einer historischen Construktion der etwanigen Differenz, an einem anderen Orte vorgelegt werden." Dazu ist Kleist dann,
wie zu so vielem, nicht mehr gekommen.

Heinrich von Kleist: *Berliner Abendblätter.* In: *Sämtliche Werke* (Prosa): 2;
Bde. 7 und 8. Hrsg. von Roland Reuß und Peter Staengle, Basel, Frankfurt a.M.
1997 • Gerhard Schulz: *Kleist. Eine Biographie*, München 2007, S.460-482 •
Peter Staengle: *„Berliner Abendblätter" – Chronik.* In: *Brandenburger Kleist-
blätter* 11. Basel, Frankfurt a.M. 1997. S. 369-411.

Stephan Porombka

Madame de Staël

De l'Allemagne (1813)

Anne Louise Germaine de Staël wurde als Tochter des späteren französischen Finanzministers Jacques Necker und seiner Frau Suzanne am 22. April 1766 in Paris geboren. Bei weltoffenen, aus der französischen Schweiz stammenden Eltern aufwachsend, wurde sie bereits als Kind zu einem Mittelpunkt des vor allem von ihrer Mutter inszenierten Salons, der so genannten Neckerschen Freitagsgesellschaft, an der so berühmte Philosophen wie d'Alembert, der Abbé Galiani, Baron von Holbach oder Diderot teilnahmen. Die Gespräche in diesem sich aus solchen Philosophen wie aber auch bedeutenden Publizisten, Schriftstellern oder Naturforschern zusammensetzenden Kreis prägten schon die Auffassungsgabe und den Ideenreichtum des Mädchens, das in den Pariser Kreisen als eine Art Wunderkind galt, weil es in den Debatten der Erwachsenen mit überraschenden Bemerkungen und geistreichen Sentenzen glänzte.

Zugleich bildeten die gemischten Atmosphären des elterlichen Salons aber auch die Grundlage ihrer späteren weit ausholenden kulturjournalistischen und literarischen Texte, indem dieser Salon bereits dem Kind eine Gesellschaft vor Augen führte, die ein vitales Interesse an Politik, Wirtschaft, Kultur und all jenen Erscheinungen hatte, die man damals dem vielfach beschworenen „Zeitgeist" und damit einer intensiv erlebten „Gegenwart" zurechnete.

Darüber hinaus aber wurden die Zeiterscheinungen im elterlichen Salon nicht nur auf exemplarische Weise beobachtet und kommentiert. Sie wurden auch in erheblichem Maße mit gestaltet. Ihr Leben lang versuchte daher auch Germaine de Staël, die Umbrüche in der französischen Gesellschaft nicht nur in unzähligen Briefen und zahlreichen Schriften zu begleiten, sondern sich an ihrer Gestaltung aktiv zu beteiligen. Ihr erbitterter Kampf gegen Napoleon machte den größten Teil ihrer letzten Lebensjahrzehnte aus, er führte sie in ein langes Exil, aber auch in jenes Land, dem ihr berühmtestes und folgenreichstes Buch (*De l'Allemagne*) galt, nach Deutschland.

Das dichte Informationsnetz, das sie schon während ihrer Jugendjahre im Briefkontakt mit zahlreichen Politikern und Intellektuellen aufgebaut hatte, war berüchtigt, Germaine de Staël galt bis zu ihrem Tod als eine der bestinformierten und einflussreichsten Persönlichkeiten Frankreichs, selbst Napoleon legte größten Wert darauf, über jede ihrer Schritte und Aktivitäten genau unterrichtet zu sein.

Symptomatisch war weiterhin, dass sie seit ihren ersten Ehejahren als junge Frau des damaligen schwedischen Botschafters Eric Magnus de Staël auch die Bekanntschaft und Nähe von Männern suchte, die ihrem starken Mitteilungsbedürfnis entgegen kamen und für eine Art ununterbrochenen, themenreichen Dialog sorgten, den ihr der eigene Mann nicht bieten konnte. Der Graf de Narbonne, Benjamin Constant oder August Wilhelm Schlegel gehörten zu diesen Männern, die auf Germaine de Staëls kulturjournalistische und literarische Publikationen einen großen Einfluss ausübten und mit ihr eine jener „kommunikativen Zellen" bildeten, mit deren Hilfe sie sich in einem unermüdlichen Verarbeitungsprozess die intellektuellen Themen und Moden ihrer Zeit aneignete.

In ihren stark autobiographischen, viel gelesenen Romanen *Delphine* (1802) und *Corinne ou l'Italie* (1807) porträtierte sie die Begegnungen und das Zusammenleben mit diesen Lebensbegleitern und entwarf eine stark weiblich akzentuierte Perspektive auf die Psychologie des romantischen Enthusiasmus und der romantischen Liebe. *Corinne ou l'Italie* spielt mit seinem Untertitel aber auch bereits auf das stark kulturanalytisch ausgerichtete Interesse Madame de Staëls an, das den Roman mit seinen weit ausholenden Reflexionen und Schilderungen zu den Sitten und Kulturlandschaften der Italiener auch zu einem anschaulichen und lebendigen *Cicerone* für den damals von den Franzosen als Begleiterscheinung der Napoleonischen Kriege entdeckten Süden machte.

Geschult und demonstriert hatte Madame de Staël dieses kulturanalytische Interesse in seit ihrem zwanzigsten Lebensjahr erschienenen Traktaten und Essays in der Nachfolge französischer Aufklärer wie Voltaire, Montesquieu, Diderot oder Rousseau. Schon Titel wie *Lettres sur le caractère et les écrits de Jean-Jacques Rouseeau* (1788) oder *De l'influence des passions sur le bonheur des individus et des nations* (1796) beweisen diese starken Prägungen, die aber erst in dem 1800 erschienenen umfangreicheren Traktat *De la littérature considérée dans ses rapports avec les institutions sociales* hinter einer eigenständig entwickelten, Erkenntnisse der späteren Literatursoziologie vorwegnehmenden Theorie über die enge Verbindung der Literatur zu den sozialen Prozessen ihrer Zeit zurück treten.

Daneben entwickelt dieser folgenreiche Traktat aber auch zum ersten Mal die von Madame de Staël mit reichen Argumenten gestützte Unterscheidung zwischen einer „Literatur des Südens" und einer „Literatur des Nordens", die den Literaturen des Mittelmeerraumes (und damit der „homerischen Welt") die Literaturen des germanischen Nordens (der in dieser Perspektive von Deutschland über England und

Skandinavien bis nach Island reicht) entgegen stellt. Die starke Aufwertung der Literaturen des Nordens, die von einer dem französischen
„Esprit" fremden Zurückgezogenheit und Einsamkeit der Schriftsteller
sowie von einer melancholisch-träumerischen Grundfärbung geprägt
sein sollen, bereitet dabei bereits jenes Buch vor, durch das Madame de
Staël zu Recht berühmt geworden ist: Das erst 1810, nach Jahren intensiver Recherchen, erschienene Buch über Deutschland (*De l'Allemagne*). Seine Entstehung und die ambitionierte Konzeption verdankt es
der Verbannung seiner Autorin aus Paris durch Napoleon und ihrer
Flucht über den Rhein in ein Land, das damals für die Franzosen noch
ein weitgehend unbekannter Kontinent war. Von Benjamin Constant
lange Zeit begleitet, reiste Madame de Staël ein halbes Jahr durch
Deutschland und besuchte vor allem die damaligen Zentren des literarischen Lebens, Weimar und Berlin.

In direkten Kontakten mit führenden deutschen Dichtern und
Schriftstellern wie etwa Goethe, Schiller, Wieland oder August Wilhelm
Schlegel entstand die auf intensiver Feldforschung beruhende Konzeption eines umfangreichen, die Kultur des Nachbarlandes porträtieren-
den Buches, die sich mit den Jahren zu einer mit bereits ethnographi-
schem Blick für die kulturellen Besonderheiten Deutschlands betriebenen Studie auswuchs. Mit der Ausarbeitung dieses Werkes brachte
Madame de Staël ihre spezifischen Fähigkeiten auf geradezu ideale
Weise zusammen: Ihr seit frühster Kindheit betriebenes Menschenstu-
dium, ihren psychologischen Scharfsinn im Umgang mit den Größen
der Zeit, ihren soziologischen Blick auf kulturelle Atmosphären und
deren Hintergründe sowie ihr breit angelegtes, von Texten der französischen Aufklärung inspiriertes Bücherwissen.

In vier Großkapiteln untersucht *De l'Allemagne* das fremde Nach-
barland, indem es zunächst von den „Sitten der Deutschen" und ihren
regionalen Besonderheiten, dann von „Literatur und Kunst" und
schließlich von der deutschen Philosophie und Religion handelt.
Berühmt geworden sind dabei vor allem die von Literatur, Kunst und
Philosophie handelnden Teile, in denen die literarischen Größen
Deutschlands (Klopstock, Lessing, Winckelmann, Wieland, Goethe,
Schiller) zunächst in Einzelporträts mit einer bisher noch nicht gekann-
ten Plastizität und Anschaulichkeit vorgestellt werden. Sich auf die
Errungenschaften der französischen Personen-Charakteristik in der
Nachfolge von La Bruyères *Caractères* stützend, entwarf Madame de
Staël blitzende, lebendige Menschen- und Lektürestudien, in denen sie
ihre persönlichen Eindrücke mit einem betont passionierten Blick ver-
band („Wenn man die Kunst versteht, Goethe zum Sprechen zu bringen, ist er bewundernswert ..."; „Es gibt keine schönere Laufbahn als

die gelehrte, wenn man sie, wie Schiller, durchwandeln kann ..."; „Welch ein Urteil man über die Schönheiten und Fehler des Messias [von Klopstock] fällen möge, es wäre gut, wenn man häufig einige Verse daraus läse ...").

Von solchen Porträts ausgehend, entwirft der zweite Teil von *De l'Allemagne* eine Skizze der damaligen deutschen Gegenwartsliteratur nach Gattungen und mündet in der Feier einiger zentraler Werke (wie Lessings und Schillers Dramen oder Goethes *Faust*). Hinzu kommen im dritten Teil Studien zur neuen deutschen Philosophie sowie zu ihrem Einfluss auf Literatur und Künste sowie „den Charakter der Deutschen", bevor der vierte Teil das religiöse Empfinden und Denken der Deutschen mit ihrer besonderen Veranlagung für den Enthusiasmus („Enthusiasmus bedeutet: Gott in uns") in Zusammenhang bringt.

Insgesamt entstand so ein überaus facettenreiches Panorama deutscher Kultur, das nicht nur die – bald nach Erscheinen von *De l' Allemagne* einsetzende – Hinwendung französischer Dichter und Schriftsteller zur deutschen Romantik einleitete, sondern das Deutschlandbild der Franzosen lange Zeit entscheidend prägte. Als „Land der Dichter und Denker", der vergrübelten, öffentlichkeitsscheuen Schriftsteller und Philosophen mit einem Hang zum spekulativen Denken und einer unerklärlichen Abneigung gegenüber dem Politischen hatte Madame de Staël die benachbarte Nation porträtiert und sie den eigenen Landsleuten erstmals als „Kulturnation" mit ganz eigenen, jahrhundertelang übersehenen Besonderheiten vorgestellt. Von Napoleon persönlich in Frankreich verboten, konnte *De l'Allemagne* zunächst nur in England erscheinen, bevor es seit 1814 seinen Siegeszug durch ganz Europa antrat und bis 1870 allein in Frankreich fünfzehn Neuauflagen erlebte.

Einen Großteil ihrer letzten Lebensjahre verbrachte Madame de Staël auf dem elterlichen Landgut in Coppet bei Genf im Exil, wo sie an den Memoiren ihrer späten Jahre (*Dix années d'exil*) arbeitete. Nach Paris konnte sie erst 1814 nach der Abdankung Napoleons zurückkehren, 1817 starb sie in der von ihr ein Leben lang geliebten und als eigentliche Heimat betrachteten französischen Hauptstadt nach einem Schlaganfall.

Madame de Staël: *Über Deutschland*. Frankfurt a.M. 2004 • Sabine Appel: *Madame de Staël – Biographie einer berühmten Europäerin*. München 2006.

Hanns-Josef Ortheil

JOHANN PETER ECKERMANN

Gespräche mit Goethe in den letzten Jahren seines Lebens (1836/48)

„Es liegt mir seit lange ein Werk am Herzen", schreibt der in Genf wei-
lende Johann Peter Eckermann am 12. September 1830 an Goethe,
„womit ich mich diese Jahre her in freien Stunden beschäftiget habe
und das so weit fertig ist wie ungefähr ein neugebautes Schiff, dem noch
das Tauwerk und die Segel fehlen, um in die See zu gehen." Das
„Werk", von dem Eckermann spricht, sind die gesammelten Aufzeichnungen zu seinen *Gesprächen*, die er mit Goethe geführt hat. Mit „diese
Jahre" sind jene sieben seit seiner Ankunft im Juni 1823 in Weimar
gemeint, an die sich nach dem Brief noch einmal knapp zwei bis zu Goethes Tod anschließen sollten. „Die freien Stunden", die Eckermann für
seine Tagebucheinträge genutzt hat, sind die, die ihm geblieben waren,
wenn er nicht in Goethes Haus zu Besuch war, um mit ihm über Literatur, Kunst, Theater, Politik, vor allem über das Lebenswerk Goethes zu
sprechen, oder wenn er nicht damit beschäftigt war, Texte Goethes zu
ordnen, zu annotieren, zu lektorieren, zu redigieren und für die Ausgabe letzter Hand vorzubereiten. „Das Tauwerk und die Segel" schließlich erbittet sich Eckermann in seinem Brief von Goethe selbst. Der soll
die Aufzeichnungen noch einmal durchgehen und sein Ja-Wort zur
Publikation geben. Paradoxerweise war es Eckermanns Hoffnung, sich
durch die autorisierte Herausgabe der *Gespräche* eine schriftstellerische Existenz aufzubauen und sich aus dem – die eigene Entwicklung
zunehmend hemmenden – Verhältnis zu Goethe herauszuwinden.
    Allerdings vergeblich. Goethe antwortete zwar, dass er die Auf-
zeichnungen gern „durchgehen und rektifizieren" möchte, um sicher-
zustellen, „daß es ganz in meinem Sinne aufgefasst sei". Doch gibt er
zugleich zu verstehen, dass er „keine baldige Publikation" wünscht.
Am Ende ist Goethe die Redaktion der eigenen Texte wichtiger gewesen, und so sind die ersten beiden Bände der *Gespräche* – unautorisiert
– erst vier Jahre nach seinem Tod erschienen. Weil sich aber zu diesem
Zeitpunkt kaum noch jemand für den Autor aus Weimar interessieren
wollte und die *Gespräche* folglich nicht allzu viele Leser fanden, hatten
sich Eckermanns Pläne für eine eigene Karriere als Schriftsteller erle-
digt. So bleibt es sein Schicksal, in der Literaturgeschichte nicht als
selbstständige Existenz erscheinen zu dürfen, sondern wohl für immer
als ‚Goethes Eckermann' gehandelt zu werden.
    Das Urteil der Literaturgeschichte muss aber für die Geschichte des
Kulturjournalismus noch lange nicht gelten. In diese gehört Eckermann

nämlich als (deutscher) Erfinder und Begründer des Werkstattgesprächs. Ein Gespräch dieser Art ist kein schlichtes Interview. Wer eins führt, gibt sich nicht mit allgemeinen Ansichten zufrieden, sondern interessiert sich für die Erforschung kreativer Prozesse. Eckermanns Projekt geht dabei weit über die Grenzen des Journalismus hinaus. Im Rückblick darf man ihn einen Ethnologen nennen, der auf teilnehmende Beobachtung setzt und insgesamt neun Jahre im Feld bleibt, um aus nächster Nähe das Produktionssystem eines Autors zu erforschen, der zum Ende seines Lebens als eine der Zentralgestalten des europäischen Literaturbetriebs gehandelt wurde. Dabei hält sich Eckermann vorab an Regeln, an die sich heute Sozialwissenschaftler halten, wenn sie qualitative Interviews führen: Man soll sich selbst als Lernenden verstehen, der vom Interviewten in ein komplexes Expertensystem eingeführt wird. Man soll selbst nicht viel reden, sondern intensiv und ausgiebig zuhören. Man soll sich für alles interessieren und sich mit großer Neugier bis zu den kleinsten Details durchfragen. Man soll keine vorschnellen Urteile fällen, sondern dem Interviewten Recht geben, um den Gesprächs- und Wahrnehmungsspielraum nicht einzuengen. Und trotzdem soll man sich nicht mit Allerweltsformeln abspeisen lassen, sondern den Sachen fragend auf den Grund gehen.

Sieht man Eckermanns Projekt aus dieser Perspektive, erübrigen sich Vorwürfe, die ihm bis heute gemacht werden: dass er Goethe vergöttert habe und mit seinen Gesprächen noch den kleinsten Ausspruch und die kleinste Geste des Meisters heilig sprechen wollte. Richtig ist, dass er sich als Schüler versteht, dass er viel zuhört und aufschreibt, dass er alles so weit affirmiert, dass er ein Teil von dem wird, was er untersucht. Aber das sind methodische Grundentscheidungen, die man eben treffen muss, wenn man über die Komplexität künstlerischer Produktion mehr erfahren will, als manch kritischer oder vor Verehrung glühender Weimartourist in Erfahrung bringen konnte.

Dass Eckermann so viel mehr erfährt, liegt vor allem daran, dass er sich auf keinerlei Genie-Mystik einlässt: Im Mittelpunkt der *Gespräche* stehen stets konkrete Fragen nach dem Handwerk des Schriftstellers, Fragen nach der Ausgestaltung und Organisation einer Schreibwerkstatt und Fragen nach dem Ablauf und der Gestaltbarkeit von Schreibprozessen. Werkstücke aus verschiedenen Produktionsphasen dienen als Gesprächsstoff. Eckermann bekommt von Goethe Texte, die bereits erschienen sind, nun aber geordnet, überarbeitet und vielleicht auch umgeschrieben werden müssen. Er bekommt Texte, die bislang Fragment geblieben sind und bei denen sich nun die Frage stellt, ob und wie man mit ihnen weiterarbeiten kann. Und er bekommt Texte, die soeben entstanden, erstmals zu lesen und zu besprechen sind. Im Zuge solch dialogischer Arbeit am Text entwickelt sich Eckermann zum Korrektor, Redakteur und Lektor, der nicht nur Goethes Arbeit an bestimmten Werken durch Nachfragen vorantreibt. Schließlich bearbeitet er die Texte mit zunehmender Eigenständigkeit und – wie im Falle der *Wanderjahre* – er entwickelt sie sogar strukturell weiter.

In den *Gesprächen* geht es indes nicht nur um das Schreiben. Erforscht wird ein ganzes Produktionssystem, zu dem eine Reihe anderer kreativer Tätigkeiten gehört. So wird Eckermann von Goethe auch in das Lesen und Interpretieren europäischer Gegenwartsliteratur, Gegenwartskunst und Gegenwartsdramatik eingeführt: im Schnelldurchgang durch Novitäten, im Rahmen eines längeren Gesprächs über einen Autor, einen Roman, ein Gedicht oder eine Textstelle, immer wieder auch in Exkursen zu den „Produktionen unserer neuesten jungen Dichter". Ziel ist stets, sich mit dem State of the Art der Literatur vertraut zu machen und ein Gefühl für die Machart von Texten zu entwickeln – „weshalb denn auch wir und unsersgleichen", so pointiert es Goethe gegenüber Eckermann, auf das, „wie etwas gemacht ist, ein besonderes Augenmerk richten". Geschaut wird dabei zuweilen mikroskopisch genau: „Nun ist es zwar recht, dass er den Fremden von oben herab beschrieben hat, wie er aussieht und wie er gekleidet ist", zerlegt Goethe eine Stelle aus Walter Scotts *Ivanhoe*, um zu zeigen, wie sich der Autor bei der Darstellung in Schwierigkeiten verstrickt: „allein es ist ein Fehler, dass er auch seine Füße, seine Schuhe und seine Strümpfe beschreibt. Wenn man abends am Tische sitzt und jemand hereintritt, so sieht man nur seinen obern Körper. Beschreibe ich aber die Füße, so tritt das Licht des Tages herein und die Szene verliert ihren nächtlichen Charakter." Geht es hier noch um die Machart der gelesenen Texte, so werden die im nächsten Schritt mit allgemeineren Fragen des Machens und der eigenen Produktion verknüpft. Goethe skizziert Eckermann, was er unter einem „produktiven Menschen" versteht, er entwirft eine kleine Klimatheorie und Kulturtheorie der Produktivität, er denkt über den Zusammenhang von Stadt, Intellektualität und Kreativität nach, entwirft eine Ordnung des Produktionsprozesses („der erste Gedanke", „die spätere Ausführung"), erläutert, wie er selbst schreibt und wie er das eigene Schreiben durch die Einbindung von weißen Blättern in das Manuskript motiviert. Er verrät, zu welchen Tageszeiten er in verschiedenen Altern geschrieben hat, wie er den Ort einrichten muss, an dem er schreibt, und er diskutiert mit Eckermann über Stoffe und Mittel aller Art, mit denen sich die Produktivität stimulieren lassen soll.

Eckermann hat in seiner *Vorrede* zum ersten und zweiten Teil der *Gespräche* mitgeteilt, wie solche Hinweise Goethes auf die eigene schriftstellerische Praxis (im Kontext der Praxen anderer Schriftsteller und im Kontext des literarischen Schreibens als Kulturpraxis) zu lesen sind: nicht als einzelne Sentenzen, die dann im Poesiealbum der Germanistik als letzte Wahrheiten eines großen Dichters erscheinen. Richtig liest, wer die *Gespräche* als etwas versteht, was als fortlaufende Reflexion und Konversation nicht außerhalb der Schreibwerkstatt steht, sondern ein wichtiger Teil der Produktion ist. Denn alle Sätze sind, so heißt es in der *Vorrede*, „sämtlich einzelne Seiten des Wahren und bezeichnen zusammen das Wesen und führen zur Annäherung an die Wahrheit selber, und ich habe mich daher sowohl in diesen als ähnlichen Fällen wohl gehütet, dergleichen scheinbare Widersprüche, wie sie durch verschiedenartige Anlässe und den Verlauf ungleicher Jahre und Stunden hervorgerufen worden, bei dieser Herausgabe zu unterdrücken. Ich vertraue dabei auf die Einsicht des Lesers, der sich durch etwas Einzelnes nicht irren lassen, sondern das Ganze im Auge halten und alles gehörig zurechtlegen und vereinigen werde."

Eckermann hat diese Lesweise unterstützt, indem er seine Aufzeichnungen nicht als geschlossene Abhandlung, sondern in Form eines Journals präsentiert, in dem man den Entstehungsprozessen Tag für Tag folgen und sehen kann, wie an einem großen Ganzen gewoben wird. Mit diesem Kunstgriff hat Eckermann bewiesen, dass er nicht nur als großer Interviewer, sondern auch als Kompositeur und Arrangeur von Rang gelten darf. Den häufig geäußerten Vorwurf, dass er zu viel eingegriffen habe, um sich und den Meister zugleich ins rechte Licht zu setzen, muss man deshalb nicht allzu wichtig nehmen. Die *Gespräche* sind durch seine Komposition und seine Arrangements zu seinem Buch geworden. Friedrich Nietzsche hat „Goethes Unterhaltungen mit Eckermann" als das beste deutsche Buch empfohlen. An Kulturjournalisten, die sich nicht mit Oberflächlichkeiten abspeisen lassen wollen und denen es stattdessen um die intensive Beobachtung kreativer Prozesse geht (um diese Beobachtung dann selbst in ein eigenständiges Werkstück zu verwandeln), darf man diese Empfehlung mit gutem Gewissen weitergeben.

Johann Peter Eckermann: *Gespräche mit Goethe in den letzten Jahren seines Lebens.* Hrsg. von Regine Otto unter Mitarbeit von Peter Wersig. 3. Aufl., Berlin 1987 • Michael Botor: *Gespräche mit Goethe. Studien zu Funktion und Geschichte eines biographischen Genres.* Siegen 1999 • Holger Heubner: *Das Eckermann-Syndrom. Zur Entstehungs- und Entwicklungsgeschichte des Autoreninterviews.* Berlin 2002.

Stephan Porombka

HEINRICH HEINE

Lutezia. Berichte über Politik, Kunst und Volksleben (1854/1855)

Heines „Berichte aus Paris" gehören zu den prägnantesten Zeugnissen des deutschsprachigen Journalismus im 19. Jahrhundert. Verfasst hat er die Berichte ab 1840 für die *Augsburger Allgemeine Zeitung* (*A.Z.*), 1854 wurde eine Auswahl der zum Teil stark überarbeiteten Beiträge in Buchform mit dem Haupttitel *Lutezia* publiziert. 1855 erschien die nochmals erheblich gekürzte französische Fassung, *Lutèce*.

Das Vorwort zu dieser französischen Ausgabe (*Préface*) sowie der schon in der deutschen Buchfassung enthaltene *Zueignungsbrief. An Seine Durchlaucht, den Fürsten Pückler-Muskau* pointieren Heines kulturjournalistisches Programm: Zum einen will er in „Tagesberichten" ein authentisches Bild der je eigenen Gegenwart zeichnen, um diese den Zeitgenossen anschaulich und verständlich zu machen. Zum anderen ist ihm daran gelegen, diese zunächst auf Tagesaktualität zielenden Momentaufnahmen zu ‚restaurieren', um sie in einer ‚schönen Form' für die Nachwelt zu archivieren und damit auf Dauer zu stellen. Das „getreue Gemälde einer Periode" enthält Informationen über Politik, Wirtschaft, Kultur und Gesellschaft; dabei stehen die politisch wenig stabilen, angespannten Jahre vor der Februarrevolution von 1848 im Zentrum der „betrübsamen Berichterstattungen". Das „Bild der Zeit" wäre aber nicht vollständig, wenn nicht zugleich „Schilderungen aus dem Gebiete der Kunst und der Wissenschaft, aus den Tanzsälen der guten und der schlechten Societät" mitgeliefert würden, deren „Tageswahrheit" sich ihrerseits als „Geschichtsquelle" für künftige historische Studien eignet.

Den Aufzeichnungsmodus seiner Korrespondenzen konzipiert Heine in Analogie zur Daguerreotypie, die das kleinste Detail mit derselben Aufmerksamkeit dokumentiert wie das große Ganze des sich gleichsam ‚von selbst' reproduzierenden Wirklichkeitsausschnitts: „Ein ehrliches Daguerreotyp muß eine Fliege eben so gut wie das stolzeste Pferd treu wiedergeben, und meine Berichte sind ein daguerreotypisches Geschichtsbuch, worin jeder Tag sich selber abkonterfeite." Die nur geringe Lichtempfindlichkeit der Fotoplatten brachte es allerdings mit sich, dass im Fall etwa von bewegten Straßenszenen die Bewegungsabläufe selbst gar nicht erst sichtbar wurden und im Fall von Gruppen- oder Einzelporträts die zu längerem Stillhalten verpflichteten Personen unnatürlich starr und arrangiert wirkten. Auch das moderne ‚Lichtbild' kann also auf den „ordnende[n] Geist des Künstlers" nicht verzichten, der sich in Heines Sammlung *Lutezia* insbesondere in der Auswahl, Überarbeitung und Ordnung der Berichte zeigt. De Forderung nach ‚authentischer Treue' des Dargestellten zielt gerade nicht auf jene naturalistische „grasse und krampfhafte Nachäffung des Lebens", die Heines Pariser Berichte an den als ‚unnatürlich' geschmähten Werken Victor Hugos kritisieren, sondern beansprucht die künstlerische Qualität des Dargestellten. „Mein Buch ist daher zugleich ein Produkt der Natur und der Kunst", heißt es im Zueignungsbrief zur *Lutezia*, und wenn die zumeist negativen Reaktionen auf die deutsche Ausgabe durchweg den ‚eleganten Stil' sowie die (aus der Perspektive nach 1848 inzwischen allerdings ‚veraltete') Aktualität der Ausführungen hervorheben, scheint zumindest das kulturjournalistische Programm Heines die Zeitgenossen überzeugt zu haben.

Heine liegt damit im journalistischen Trend der Zeit. In Robert Eduard Prutz' *Geschichte des deutschen Journalismus* beispielsweise wird die gängige Personen- oder Herrschergeschichtsschreibung gegen den Blick auf das unscheinbar Alltägliche ausgespielt. Insbesondere der Journalismus biete hierfür die geeigneten Quellen. Seinen Produktionen, so Prutz, sei jenes „Selbstgespräch" zu entnehmen, „welches die Zeit über sich selber führt": „Er ist die tägliche Selbstkritik, welcher die Zeit ihren eigenen Inhalt unterwirft; das Tagebuch gleichsam, in welches sie ihre laufende Geschichte in unmittelbaren, augenblicklichen Notizen einträgt." Als beschreibe er die beiden Schwerpunkte von Heines Pariser Korrespondententätigkeit seit 1840, empfiehlt Prutz das Studium tagesjournalistischer Produktionen aus zweierlei Gründen: Zum einen erhalte man einen Einblick in die Kunst und Kultur einer Zeit, zum anderen in deren Politik, zumal sich die Journale gerade jetzt (und damit in Heines unmittelbarer Gegenwart) zu Brennpunkten der Verhandlungen und Veränderungen im politischen Bereich entwickelten: „Erst die Zeitungen haben das geschaffen, was wir heut zu Tage die Stimme des Publikums, die Macht der öffentlichen Meinung nennen; ja ein Publikum selber ist erst durch die Zeitungen gebildet worden."

Dieser allerorten zu beobachtende Wandel vom Unparteilichkeits- zum Gesinnungsjournalismus um 1850 läuft nun den journalistischen Prinzipien der A.Z., für die Heine tätig war, diametral entgegen: Seit ihrer Gründung durch den Stuttgarter Verleger Johann Friedrich Cotta 1798 legt die Zeitung ihre Mitarbeiter auf „Unparteilichkeit" fest, das heißt auf Neutralität und Ausgewogenheit insbesondere in Fragen der nationalen und internationalen Politik – und damit auf jene „Gesinnungslosigkeit" (so ein anonymer Kritiker 1842), die den Bedeutungsverlust des Blattes in der zweiten Hälfte des 19. Jahrhunderts begründete. Heine selbst spricht in diesem Zusammenhang von einer Art ‚dop-

pelter Zensur', der sich seine Berichterstattung ausgesetzt gesehen habe
und die deren eigentümliche „Tonart" erkläre, genauer: das Bemühen,
verfängliche Positionen zu entschärfen, indem diese etwa als Positionen
Dritter ausgegeben oder symbolisch verkleidet werden. Die Zensur der
Redaktion sei dabei noch um einiges „beengender" gewesen als die
staatliche Kontrolle.

Mit dem Hinweis auf die für die Auseinandersetzung mit Zensur-
fragen insbesondere geeignete „Tonart" der „Indifferenz" liefert Heine
zugleich den entscheidenden Deutungsschlüssel für die kulturjournalistische Perspektive der *Lutezia*. Ein Beispiel hierfür sind die unter dem
Datum des 7. Mai 1843 notierten Eindrücke eines Besuchs im Pariser
Salon. Heine berichtet von seinen Schwierigkeiten, die spezifische zeitdiagnostische Signatur der dort gezeigten Werke herauszustellen. Weil
er die neuen Ausdrucksformen nicht versteht, lehnt er sie als „Anarchie
in goldnen Rahmen" ab. Als einzige große Ausnahme lässt er Horace
Vernets Werk *Juda und Thamar* gelten. Was das Gemälde – Heine
zufolge – aus deutscher Perspektive bemerkenswert erscheinen lässt, ist
das künstlerische Verfahren, das Vernet auf jenes bekannte Sujet
anwendet: Er behandle den biblischen Gegenstand wie einen alltäglichen, lade ihn also nicht etwa symbolisch auf, sondern male „ein
Kamehl" so, „wie Gott es erschaffen hat, ein oberflächliches Kamehl,
[...] welches, sein Haupt hervorstreckend über die Schulter des Juda,
mit der größten Gleichgültigkeit dem verfänglichen Handel zuschaut.
Diese Gleichgültigkeit, dieser Indifferentismus ist ein Grundzug des in
Rede stehenden Gemäldes, und auch in dieser Beziehung trägt dasselbe
das Gepräge unsrer Periode." Analog dazu setzt Heines ‚indifferenter'
Blick auf Politik und Gesellschaft, Kultur und Menschen seiner Gegenwart einen höheren Standpunkt voraus, von dem aus die unterschiedlichsten Positionen, politischen Programme oder religiösen Glaubens-
sätze auf ihre Gültigkeit hin überprüft werden können.

Nicht selten stellen die Berichte die Brüchigkeit des vermeintlich
sicheren politischen Fundaments der gegenwärtigen ‚Ruhephase' aus,
indem sie die Stabilität der zeitgenössischen Regierung insistierend ‚in
Frage stellen', parabolisch unterhöhlen oder – etwa am Beispiel der sich
im Eisenbahnbau abzeichnenden rasanten technischen Entwicklung –
auf die nicht regulierbare Dynamik der gesellschaftlichen Veränderungen hinweisen. Die zunächst an aktuellen Ereignissen gewonnenen
Beobachtungen richten sich dabei zugleich auf deren Konsequenzen für
die gesamte Menschheit.

Darüber hinaus reflektieren Heines Artikel die Rolle des ‚Bürgerkö-
nigs' Louis Philippe in einer sozialen Ordnung, die zunehmend eher
von den Gesetzen des Marktes als der Tradition bestimmt wird; Heine

unterrichtet die deutsche Leserschaft über Eigenheiten französischer Politiker wie des zeitweiligen Ministerpräsidenten Louis Adolphe Thiers' oder über den Zustand des Theaters der Hauptstadt; Ereignisse wie die Ritualmordanklage gegen in Damaskus lebende Juden 1840 geben Heine die Gelegenheit, die zeitdiagnostische Perspektive seiner Korrespondenzen kapitalismuskritisch zuzuspitzen; im Rahmen einer ausführlichen Charakteristik der englischen ‚Nation' präpariert Heine die ‚Physiognomie' des ‚Deutschen' heraus; und in kunstkritischen Abhandlungen werden Heines ästhetische Prinzipien ebenso kulturhistorisch kontextualisiert wie an anderer Stelle das zeitgenössische Bildungs- und Akademiewesen oder die Situation der Kirchen. Im Vergleich des deutschen und französischen Pressewesens verhandelt Heine zudem die Bedingungen der Möglichkeit publizistischer Produktion.

Dabei spielt er die Vorzüge der bei aller Willkür ‚handhabbaren' deutschen Zensurpolitik gegen die Abhängigkeit der französischen Journalisten von ihren Arbeitgebern aus, die als Zeitungsbesitzer aus finanziellen Interessen eine einseitige politische Ausrichtung der Artikel verordnen. Gehört deshalb die Forderung nach Tagesaktualität zu den zentralen Merkmalen der französischen Presse, so sei es deutschen Zeitungen möglich, die jeweiligen Ereignisse auf ihr überzeitliches Potential hin zu verallgemeinern. Aus dieser komparatistischen Perspektivierung unterschiedlicher journalistischer Kulturen und mit der Kombination von Gegenwartskritik und Wunsch nach Überzeitlichkeit gewinnt Heine die Dynamik seines kulturjournalistischen Programms.

Heinrich Heine: *Lutezia I.* In: *Historisch-kritische Gesamtausgabe der Werke.* Bd. 13. Teil 1. Text. Apparat 1. bis 10. Artikel, bearb. von Volkmar Hansen. Hrsg. von Manfred Windfuhr in Verbindung mit dem Heinrich-Heine-Institut, Hamburg 1988 • Heinrich Heine: *Lutezia II.* In: *Historisch-kritische Gesamtausgabe der Werke.* Bd. 14. Teil 1. Text. Apparat 43. bis 58. Artikel, bearb. v. Volkmar Hansen. Hrsg. von Manfred Windfuhr in Verbindung mit dem Heinrich-Heine-Institut. Hamburg 1990 • Sabine Bierwirth: *Heines Naturästhetik.* In: *Literaturkonzepte im Vormärz,* [Schriftenreihe: *Jahrbuch Forum Vormärz-Forschung* 6 (2000)] Bielefeld 2001. S. 125-136 • Gerhard Höhn: *Heine-Handbuch. Zeit, Person, Werk.* 3. erw., überarb. Aufl., Stuttgart 2004 • Bernd Witte: *Hieroglyphenschrift. Poetologie und Anthropologie der Moderne in Heinrich Heines Lutetia.* In: *Heinrich Heine zum 200. Geburtstag.* Hrsg. von Bernhard Beutler. Brüssel 1998. S. 22-36.

Claudia Stockinger

KARL MARX, FRIEDRICH ENGELS

Deutsche Ideologie (1845/47)

Man muss nicht gleich alle Positionen des kritischen Rationalismus übernehmen, wenn man zwei Beobachtungen oder Einschätzungen Sir Karl Raimund Poppers zustimmt. Einerseits solle man sich, so hat es Popper pointiert, vor Propheten, erst recht den falschen, hüten. Andererseits dürfe man aber auch theoretisch nicht mehr hinter jene Denker zurückfallen, denen Popper das fatale Attribut der falschen Propheten ans Revers heftet: Marx und Engels. Zusammengelesen mag das so viel heißen wie: Wir müssen die von Marx und Engels entwickelte Theorie durchaus ernst nehmen, ohne sie zugleich wieder prognostisch misszuverstehen.

Generationen von Marxisten und kritischen linken Marxologen haben sich seit seit Ende des 19. Jahrhunderts mit gleichbleibend kontroversen Ergebnissen am Januskopf der Theorien von Marx und Engels abgearbeitet. Im Mittelpunkt hat dabei immer wieder die Einschätzung der frühen Texte von Marx/Engels gestanden. Gemeint sind damit jene Texte der Jahre 1843 bis 1848: vor allem die so genannten Pariser Manuskripte, die *Heilige Familie* und die in gemeinsamer Arbeit entstandene *Deutsche Ideologie*.

Marx' und Engels Frühschriften, die größeren essayistischen Texte ebenso wie die Feuilletonbeiträge (etwa für die *Rheinische Zeitung*) sind von einer Doppelstrategie gekennzeichnet: Zum einen handelt es sich um Selbstverständigungstexte, in denen die Autoren sich um den eigenen politisch-ideologischen, philosophischen und wissenschaftlichen Standpunkt – nämlich um ihr Verständnis der materialistischen Dialektik – bemühen. Zum anderen sind es auch Kampfschriften, die im Handgemenge entstanden sind, aber als „Kampfthesen", wie sich Günther Anders ausgedrückt hat, ernstgenommen und diskutiert werden wollen.

Dazu pflegen Marx und Engels einen Schreibstil und eine Argumentationsweise, die, an Börne geschult und vom Pariser Freund Heine beeinflusst, die breite Palette von feiner Ironie über satirischen Spott bis zur aggressiven Entlarvung des jeweiligen Gegners zeigt. Vielfach dient die Verwendung von Zitaten dazu, die Position des Kritisierten höhnisch zu sezieren. Insbesondere Marx scheut die derbsten Formulierungen nicht. Er zeichnet sich bis ins Alterswerk hinein durch skatologische Vorlieben aus und schafft es dabei immer wieder spielend, innerhalb eines Textes die rhetorischen Stillagen zu ändern. Der aggressive

Tonfall, die Ridikülisierung des Gegners und der im Gestus zwischen kühl-sachlicher Analyse und pathetischer Rechthaberei changierende Schreibstil polarisiert – und will auf gar nichts hinaus: Die (Klassen-) Solidarität der Unterdrückten auf der einen, den Hass der Herrschenden auf der anderen Seite.

Welcher Status kommt diesen Texten zu? Lässt sich von ihnen aus eine womöglich gar bruchlose gerade Linie zu den ‚reifen' politökonomischen Schriften, also dem *Kapital* oder den *Mehrwert*-Studien ziehen? Oder handelt es sich um völlig verschiedene Dinge, die sich, um einen jener markigen Vergleiche von Marx und Engels zu zitieren, wie Onanie und Geschlechtsliebe zueinander verhalten, denn geradeso unterscheiden sich nämlich „Philosophie und Studium der wirklichen Welt". An dem Gesamtkomplex der unter dem Titel *Deutsche Ideologie* zusammengefassten Texte haben Marx und Engels etwa von September 1845 bis Ende August 1846 gearbeitet.

Unmittelbarer Anlass waren einige Artikel der beiden Junghegelianer Bruno Bauer und Max Stirner vom September 1845, die Marx und Engels zu einer gründlichen Auseinandersetzung bzw. Abrechnung mit der zeitgenössischen spekulativen Philosophie provozierten. Erklärte Absicht war, „die Wirklichkeit, die lokale Borniertheit dieser ganzen junghegelianischen Bewegung" aufzuzeigen. Gleichwohl knüpfen sie an die Hegelsche Philosophie an und übernehmen nicht nur Grundbegriffe, sondern schließen sich Argumentationsmustern an, die nun gleichsam – um ein häufig verwendetes Bild zu gebrauchen – vom idealistischen Kopf auf die materialistischen Füße gestellt werden. Auf verzwickte Art und Weise überschneiden sich bei den jungen Marx und Engels die Diskurstechniken; auf satirisch-polemische Entlarvungen der Philosophie folgen grundsätzliche epistemische Erläuterungen sowie Überlegungen zum Verhältnis von Theorie und Praxis bzw. zur ‚Machbarkeit' von Geschichte.

Im Grunde bewegen sich Marx/Engels dabei in jener kulturkritischen Spur, die von Schiller und dem Deutschen Idealismus mit dem Begriff der Entfremdung gelegt worden ist. Allerdings transformieren sie diesen in einen sozialanalytischen Begriff: Sie versuchen, das idealistische Vokabular einer, wie sie es nennen, „wirklichen, positiven Wissenschaft" einzuschreiben.

Dafür schicken Marx/Engels immer wieder die Wirklichkeit ins Rennen. Es geht um eine Realität, die als ‚faktum brutum' vorausgesetzt werden muss, und zwar wirklich und nicht (im Sinne Hegels) als dialektisches Verwirr- und Vexierspiel, wonach etwas Vorausgesetztes als Nicht-Gesetztes allererst gesetzt werden muss. Lapidar kontern Marx/Engels mit der Feststellung: „Die Voraussetzungen, mit denen wir beginnen, sind keine willkürlichen, keine Dogmen, es sind wirkliche Voraussetzungen, von denen man nur in der Einbildung abstrahieren kann. Es sind die wirklichen Individuen, ihre Aktion und ihre materiellen Lebensbedingungen, sowohl die vorgefundenen wie die durch ihre eigne Aktion erzeugten. Diese Voraussetzungen sind also auf rein empirischem Wege konstatierbar. "

Hierin liegt das gesamte Programm beschlossen, das Marx/Engels in der Folge durchdeklinieren: Denn die Menschen haben seit jeher Bedürfnisse, die sie befriedigen müssen, wobei jede Bedürfnisbefriedigung wiederum neue Bedürfnisse generiert. Um das zu realisieren, müssen die Menschen, die nur in Gemeinschaft existieren können, arbeiten, das heißt gemeinschaftlich „ihre Lebensmittel [...] produzieren." „Indem die Menschen ihre Lebensmittel produzieren, produzieren sie indirekt ihr materielles Lebens selbst."

Erst jetzt kommen Marx/Engels systematisch dazu, die Frage des Bewusstseins zu behandeln, da sie alle Aspekte des Bewusstseins, das sie als reine Entäußerung bzw. über seine Objektivationen begreifen, als Reflex und Resultat des materiellen Lebens sehen. „Die Produktion der Ideen, Vorstellungen, des Bewußtseins ist zunächst unmittelbar verflochten in die materielle Tätigkeit und den materiellen Verkehr der Menschen, Sprache des wirklichen Lebens." Und weiter: „Das Bewußtsein kann nie etwas Andres sein als das bewußte Sein und das Sein der Menschen ist ihr wirklicher Lebensprozess."

Bewusstsein ist also spontan materialistisch, und ebenso halten Marx und Engels auch dafür, dass sich alles, was später in ihrer Theorieentwicklung auch Überbau genannt wird, aus der jeweiligen Produktion des materiellen Lebens ableiten lässt. Mit anderen Worten: „Die Moral, Religion, Metaphysik und sonstige Ideologie und die ihnen entsprechenden Bewußtseinsformen behalten hiermit nicht länger den Schein der Selbständigkeit."

Was aber bedeutet nun Ideologie? Wenn es so ist, dass alle Ideen (erzeugnisse) „aus" der Realität bzw. „aus der materiellen Praxis" erklärt werden können, dann müssen wir weiter davon ausgehen, dass mit der Entstehung von Klassengesellschaften aufgrund der notwendigen Arbeitsteilung, die ja Verteilungsprozesse sind, die „Gedanken der herrschenden Klasse [...] in jeder Epoche die herrschenden Gedanken" sind. Mithin kommt eine Dialektik ins Spiel; denn zum einen sind diese herrschenden Gedanken oder Ideen tatsächlich Ausdruck bestehender materieller Verhältnisse, zum anderen jedoch versuchen „aktive, konzeptive Ideologen", wie Marx/Engels sie nennen, den Schein zu verbreiten, als handle es sich um ewige, „einzig vernünftige, allgemein gültige" Wahrheiten. Ideologie ist also etwas Schillerndes und Widersprüchliches, und sie gilt nur im Kontext von Klassengesellschaften, für dasjenige, was Marx/Engels auch verschiedentlich die (wiewohl schon seit Jahrtausenden währende) Vor-Geschichte der Menschheit nennen. Sie ist weder einfach falsch noch auch – im Blick auf die jeweils Herrschenden – richtig. Sie ist notwendiger Ausdruck der materiellen Praxis. „Dieser ganze Schein, als ob die Herrschaft einer bestimmten Klasse nur die Herrschaft gewisser Gedanken sei, hört natürlich von selbst auf, sobald die Herrschaft von Klassen überhaupt aufhört, die Form der gesellschaftlichen Ordnung zu sein, sobald es also nicht mehr nötig ist, ein besonderes Interesse als allgemeines oder ‚das Allgemeine' als herrschend darzustellen." Gemäß der Logik dieser Argumentation hört mit der Herrschaft von Klassen, also mit Aufhebung der Eigentumsverhältnisse und damit auch des Staats, der nichts anderes ist als die äußere Sicherstellung von Eigentum, auch die Herrschaft der Ideologie auf.

Als Transmissionsriemen gilt in dem frühen theoretischen Konspekt von Marx/Engels das Proletariat: die letzte gesellschaftliche Klasse, die sie in ihrem Aufriss und im Parforceritt durch die verschiedenen bisherigen Gesellschaftsformationen von der antiken Sklavenhaltergesellschaft übers mittelalterliche Handwerks- und Zunftwesen bis in die damals zeitgenössische Industrialisierung samt Automationsprozessen hinein glauben ausmachen zu können. Die Proletarier nämlich, genauer noch: die Kommunisten, die sich, wie es der Marx-Interpret Lukács ausgedrückt hat, durch Einsicht und ‚zugerechnetes' Klassenbewusstsein auszeichnen, heben, indem sie sich selbst verwirklichen, den Prozess der Arbeitsteilung auf. Durch ihre „Selbstbetätigung" (Marx/Engels) setzen sie einen revolutionären Prozess in Gang; denn die Selbstbetätigung dieser Klasse, die rundum ‚entfremdet' ist, realisiert uno actu die Aufhebung der Arbeitsteilung und -verteilung, läutet damit also das Ende der Klassengesellschaften und der Vor-Geschichte der Menschheit ein. Es zielt schließlich noch auf die Rückgewinnung dessen, was in der Menschheitsgeschichte abhanden gekommen zu sein schien: das Projekt einer Naturalisierung des Menschen und einer Humanisierung der Natur – worin der Hoffnungsphilosoph Ernst Bloch den unverzichtbaren utopischen Impuls des gesamten marxistischen Denkens gesehen hat.

Dies ist – nicht erst und scheinbar endgültig seit dem Zusammenbruch des ‚real existierenden Sozialismus' – die problematische Crux der frühen Marx/Engelsschen Theorie. Andererseits wäre mit Marx und Engels und in Fortsetzung von Überlegungen von Neomarxisten wie Ernst Bloch, Georg Lukács und Theodor W. Adorno, aber auch von Oskar Negt und neuesten globalisierungskritischen Ansätzen (bei Hardt-Negri) an der ‚regulativen Idee' festzuhalten, dass „Probleme von Würde, von Gerechtigkeit, überhaupt der Wunsch, Sozialismus als eine Frage der menschlicheren Gattung" (Oskar Negt) zu behandeln, anhaltend auf der Agenda bleiben.

Karl Marx, Friedrich Engels, Joseph Weydemeyer: *Die Deutsche Ideologie. Artikel. Druckvorlagen, Entwürfe, Reinschriften und Notizen zu I. Feuerbach und II. Sankt Bruno*. 2 Bde. Bearbeitet von Inge Taubert u.a.. *Marx-Engels-Jahrbuch* 2003. In: *Jahrbuch für Forschungen zur Geschichte der Arbeiterbewegung* 1 (2005). Hrsg. von Internationale Marx-Engels-Stiftung Amsterdam. Berlin 2005 • Louis Althusser: *Ideologie und ideologische Staatsapparate. Aufsätze zur marxistischen Theorie*. Hamburg, Westberlin 1977 • Georg Bollenbeck: *Eine Geschichte der Kulturkritik. Von J. J. Rousseau bis Günther Anders*. München 2007 • Auguste Cornu: *Karl Marx und Friedrich Engels. Leben und Werk*. Dritter Band. 1845-1846. Berlin, Weimar 1968 • Karl Marx/Friedrich Engels: *Werke*. Bd. 3. Berlin 1969 • Oskar Negt: *Kant und Marx. Ein Epochengespräch*. Göttingen 2003.

Werner Jung

GUSTAV FREYTAG

Bilder aus der deutschen Vergangenheit (1859-1869)

Zwischen 1859 und 1869 entstanden Freytags *Bilder aus der deutschen Vergangenheit* und wurden rasch zu einem kulturgeschichtlichen Bestseller. Zunächst veröffentlicht in einer Folge von einzelnen Artikeln in der von ihm seit 1848 herausgegebenen Zeitschrift *Die Grenzboten*, erscheint die erste Buchausgabe, die das 16. und 17. Jahrhundert behandelt, 1859. Die Hinwendung zur Vor- bzw. Frühgeschichte der Deutschen überrascht nicht, widmete sich doch schon Freytags Dissertation als erstes Ergebnis seines Philologiestudiums in Breslau den Anfängen der szenischen Dichtung bei den Germanen: *De initiis scenicae poesis apud Germanos*.

Ziel der Studie war die Herausarbeitung einer eigenen deutschen Dramatik aus den Darbietungen bei Volksfesten wie Erntedank oder Johannisfest. Auch die ein Jahr später erfolgende Habilitation weist ins 10. Jahrhundert und handelt von der ersten „deutschen" Dichterin Hrotsvit von Gandersheim. Doch Freytag wendet sich in *Neue Bilder aus dem Leben des deutschen Volkes* (1862) zunächst dem 18. und 19. Jahrhundert zu. 1866 liefert er auf Drängen seines Verlegers Salomon Hirzel mit *Aus dem Mittelalter* die Vorgeschichte nach. 1869 wird anlässlich der Neuauflage der einzelnen Bände das Gesamtwerk gefügt: Gegliedert in vier Bücher spannt der Autor nun einen Bogen über 2000 Jahre „deutscher" Geschichte, beginnend mit den ersten Überlieferungen über die Germanen und endend mit dem Bürgertum in der Mitte des 19. Jahrhunderts. Der mit dem Autor befreundete Historiker Heinrich von Treitschke kommentierte das Werk folgendermaßen: „eines der seltenen Geschichtswerke, welche [!] von Frauen verstanden und mit Freude gelesen werden können".

Die Geschlechterfrage außer Acht lassend kann man tatsächlich davon sprechen, dass man die Texte mit Freude lesen kann – jedenfalls die einzelnen Skizzen. In ihrer Fügung zum Buch stellt sich allerdings alsbald eine gewisse Ermüdung ein, da die stilistische Bandbreite, die zwar Parallelismen, Chiasmen und Ellipsen kennt, insgesamt dann doch nicht sehr variantenreich ist. Der Erzähler spricht im Pluralis majestatis als Deutscher, und seine erzählerische Grundfigur ist die Verallgemeinerung, die vom Vorfall auf die Regel, das ist in der Regel der Nationalcharakter, führt. Eine gewisse gegenläufige Tendenz erhalten die Texte durch eingearbeitetes Quellenmaterial, das Freytag übersetzt und modernisiert hat, das aber dennoch eine gewisse historische

Authentizitätsanmutung in die Bilder aus der deutschen Vergangenheit trägt. Freytag selbst bezeichnet in der Widmung an seinen Verleger die Texte als „anspruchslose [...] Illustrationen unserer politischen Geschichte", die sich allerdings mit der Hoffnung verknüpfen, bei diesem Gang durch die Jahrhunderte „einige der höchsten leitenden Ideen unserer Geschichte zwar nicht neu zu erweisen, aber in neuer Beleuchtung zu zeigen" – mithin nicht ganz anspruchslos auftreten. Zu diesen leitenden Ideen sind zunächst einmal zwei zu rechnen, deren eine sich folgendermaßen artikuliert: „[...] und doch haben zweitausend Jahre unserer Geschichte in Tugenden und Schwächen, in Anlage und Charakter der Deutschen weit weniger geändert, als man wohl meint. Es rührt und es stimmt heiter, wenn wir in der Urzeit genau denselben Herzschlag erkennen, der noch uns die wechselnden Gedanken der Stunde regelt."

Die Deutschen sind sich folglich über 2000 Jahre im Wesen gleich geblieben, Germanen bei ihrem Auftauchen in der Überlieferungsgeschichte, Germanen auch in der zweiten Hälfte des 19. Jahrhunderts. Doch etwas hat sich geändert, und das ist die zweite Idee: „Seit dem Staufen Friedrich I. haben neunzehn Generationen unserer Ahnen den Segen eines großen und machtvollen deutschen Reiches entbehrt, im zwanzigsten Menschenalter gewinnen die Deutschen durch Preußen und die Siege der Hohenzollern zurück, was vielen so fremd geworden ist wie Völkerwanderung und Kreuzzüge: ihren Staat."

Was außerdem passierte: Aus individueller Unfreiheit und innerer Ungleichheit des Volkes befreien sich die „Deutschen" allmählich. Ihre Befreiung nimmt eine bestimmte soziale Form an, die nach Freytag Bürgertum heißt: „Denn in dem deutschen Bürgertum liegt die edelste Kraft, die Führerschaft auf dem Gebiet idealer und praktischer Interessen, Es ist seit dem Beginn des Jahrhunderts keine Kaste mehr, nach oben und unten abgeschlossen, [...] es ist sowohl Gentry als Volk. Die Entwicklung der Deutschen aber, welche hier in kleinen Bildern dargestellt wurde, ist zugleich die Zeit des Wachstums und der Befreiung des deutschen Bürgers."

So macht die Geschichte Sinn, und die alten Chroniken und neueren Quelleneditionen und Geschichtsbüchern entnommenen Anekdoten und Histörchen, aus denen die *Bilder* als Nacherzählungen gespeist sind, geben den vergangenen 2000 Jahren ein Ziel. Mit dieser Teleonomie orientiert sich Freytag am Geschichtsbild des rechtsliberalen Historikers Johann Gustav Droysen. Dessen rechtshegelianische Sicht auf die Geschichte bestimmt die Ordnung und Interpretation der *Bilder aus der deutschen Vergangenheit*. Droysen behauptete sich als moderner Vertreter des Historismus mit seiner methodologischen Schrift *Grund-*

riß der Historik (1857-58), in der er gegen den Objektivismus Leopold von Rankes Stellung bezog und darauf insistierte, dass Geschichtswissenschaft ein interpretatives Verfahren sei. In seiner *Geschichte der preußischen Politik* (1855-86, 14 Bde.) formuliert er die Position, die Freytag für einen gesamt-deutschen Staat als Zielpunkt geschichtlicher Entwicklung in den *Bildern* artikulierte, für den preußischen Staat vor.

So gesehen steht Freytag mit den *Bildern aus der deutschen Vergangenheit* im Zentrum der seinerzeitigen Geistesströmung, die Friedrich Nietzsche in der zweiten seiner *Unzeitgemäßen Betrachtungen Vom Nutzen und Nachtheil der Historie für das Leben* angriff. Der Historismus setzte in gewisser Weise das Erbe der Romantik fort, insofern er eine unwandelbare Eigenart der Deutschen – ihrer Volksseele – annahm und sich demgemäß für Zeugnisse aus dem Alltagsleben bzw. deren Interpretation interessierte, unterschied sich aber von der Romantik durch methodischen Positivismus sowie die deutliche Affirmation der politischen Situation, die nach der gescheiterten Revolution von 1848 allerdings auch deutlich von der zwischen 1800 und 1825, betrachtet man diese Zeit als romantische Hochphase, unterschieden war.

Historismus als beflissene Sammlung historischer Fakten, Wissensakkumulation ohne Gegenwarts- resp. Lebensbezug stand im Zentrum der Kritik Nietzsches. Selbst bei weniger genauem Hinsehen entdeckt man das aktualpolitische, legitimatorische Interesse im historischen Blick Droysens wie Freytags. „Es ist das Recht der Lebenden, alle Vergangenheit nach dem Bedürfnis und den Forderungen ihrer eigenen Zeit zu deuten. [...] Möge auch dies Buch ein wenig dazu helfen, dass uns Kampf und Verlust unserer Ahnen verständlich werde, Kampf und Sieg der Gegenwart aber groß und glückverheißend."

Freytag selbst war denn auch involviert in den Streit der Gegenwart und ab 1867 für drei Jahre als Mitglied der Nationalliberalen Partei Abgeordneter im Reichstag, und genau die Freiheitsvorstellungen „seiner" Partei sind den *Bildern* eingeschrieben. Das nationale Element allerdings taucht – in wenig liberaler Weise – in Bezug auf das Fürstengeschlecht, von dem heilsame Führung erwartet wird, auf: „Aber der gesamte politische Streit der Gegenwart, der Kampf gegen die Privilegien, die Verfassungsfragen, die deutsche Frage, sie alle sind im Grunde nur innere preußische Fragen. Und die letzte Schwierigkeit ihrer Lösung liegt zunächst in der Stellung, welche das preußische Königshaus zu ihnen einnimmt. An dem Tage, wo die Hohenzollern sich warm und willig den Bedürfnissen der Gegenwart hingeben, wird ihrem Staate die langentbehrte Empfindung der Stärke und Gesundheit kommen, von da an wird die Führung der deutschen Interessen, die oberste Leitung des deutschen Lebens ihnen fast mühelos, wie von selbst zufallen.

[...] Denn es ist eine alte herzliche Freundschaft zwischen ihnen und dem Geist der deutschen Nation." Freytag selbst pflegte diese Freundschaft in Gestalt des Kronprinzen Friedrich Wilhelm, der 1888 für 99 Tage Kaiser war und den er in den deutsch-französischen Krieg begleitete. Die *Bilder aus der deutschen Vergangenheit* erleben nicht nur zahlreiche Nachauflagen – bis 1909 ca. 30 – sie dienen offensichtlich auch als Material-Grundlage des im Anschluss entstehenden Hauptwerks Freytags in der Gattung Roman, der zwischen 1869 und 1880 erscheinenden 1700-Seiten-Familien-Saga *Die Ahnen*, welche vom Jahre 357 an in immer kürzer werdenden Zeitabschnitten das Schicksal einer „deutschen" Familie bis in die Mitte des 19. Jahrhunderts erzählt – ein Schelm, wer dabei an Recycling denkt.

Gustav Freytag: *Bilder aus der deutschen Vergangenheit*. Leipzig 1920 • Lynne Tatlock: *Realist historiography and the historiography of realism. Gustav Freytag's „Bilder aus der deutschen Vergangenheit"*. In: *The German quarterly* 63 (1990). S. 59, 74.

Christian Jäger

Theodor Fontane

Wanderungen durch die Mark Brandenburg (1862-92)

Über dreißig Jahre lang ist Theodor Fontane ‚Wanderer in der Mark‘ gewesen. Zwischen 1859 und 1892 entstand mit den Vorabdrucken in zahlreichen Zeitschriften, den fünf Bänden der *Wanderungen durch die Mark Brandenburg*, den ständig erweiterten Neuauflagen und einer Fülle zu Lebzeiten nicht mehr veröffentlichter Texte ein journalistisches opus magnum, das – wenn auch nicht ganz im Umfang, so doch in dem umfassenden Anspruch, das Totalbild einer Gesellschaft bzw. Kultur zu entwickeln – nur den großen Romanzyklen Balzacs und Zolas vergleichbar ist.

Der Titel *Wanderungen* rekurriert marktwirksam auf ein damals bereits durch die Romantiker und Jungdeutschen populäres Format. Deren Reisen jedoch führten in erster Linie zu den klassischen ‚Sehnsuchtsländern‘ der Zeit, Frankreich und Italien. Fontane dagegen richtet sein Interesse auf die heimatliche Region der Mark Brandenburg, bis dato reiseliterarisch terra incognita.

Es ist aber bei weitem nicht nur Heimatliebe, die den geborenen Neuruppiner das langjährige Projekt in Angriff nehmen lässt. Nicht zufällig beginnt er 1859, im Jahre des Regierungsantritts Wilhelms I., mit der Niederschrift. Fontane wählt vor allem deshalb die Mark, weil er in Preußen allein das Potential für die Schaffung einer nationalstaatlichen Einheit sieht. Aus den *Wanderungen*, so schreibt er 1882 in einem Brief an seinen Verleger Wilhelm Hertz, könne man lernen, dass die Mark, „diese letzte Nummer Deutschlands berufen war, seine erste zu werden". Von hier aus erklärt sich die Größendimension der nationalen „Mission", die Fontane seinen *Wanderungen* zuschreibt: Sie wollen nicht mehr und nicht weniger, als für Brandenburg-Preußen, die Keimzelle des deutschen Kaiserreichs, eine Kulturtradition etablieren, wie sie die älteren Nationalstaaten bereits besitzen. Es geht um die kollektive Leseerfahrung des ‚wie wir wurden, was wir sind‘ – von den sagenhaften Anfängen bis in die Gegenwart. Dazu muss Fontane den bislang ‚stummen‘ Kulturraum der Mark zum Sprechen bringen. Die Basis eines jeden Bandes – *Die Grafschaft Ruppin* (1862), *Das Oderland* (1863), *Havelland* (1873), *Spreeland* (1882) und *Fünf Schlösser* (1889) – bilden zahlreiche Kurzreisen, auf denen der Autor den Bestand prüft, Landschaft, Städte, Bau- und Kunstwerke in Augenschein nimmt und in Kirchen oder Archiven forscht. Auf die Phase der Inventarisierung folgt eine der Akkumulation ergänzenden Wissens. Unterstützt wird Fontane hierbei von einem Heer von Helfern und Mitarbeitern aus dem Familien- und dem beruflichen Umfeld sowie dem Freundeskreis, die für ihn Literatur besorgen, Gespräche mit Zeitzeugen führen oder Stimmungsberichte von eigenen Reisen liefern. Schließlich erfolgt die Auswahl und Bearbeitung der gewonnenen Stoffe in Hinblick auf ihre Brauchbarkeit für das Gesamtprojekt. Dabei zielt Fontane weniger auf objektive Wahrheit, sondern, im Sinne des poetischen Realismus, auf eine gesteigerte, poetische, höhere Wahrheit ab, den ‚Geist' oder die ‚Essenz' eines idealisierten Ganzen.

Um dies zu erreichen, unterwirft Fontane das Material einem einheitlichen (und einheitsstiftenden) literarisch-poetischen Verfahren, dessen Hauptinstrumente er Belebung und Poetisierung nennt. Belebung meint zunächst die Wiederentdeckung einer verschütteten Vergangenheit. „Ich bin die Mark durchzogen", schreibt Fontane, „und habe sie reicher gefunden, als ich zu hoffen gewagt hatte. Jeder Fußbreit Erde belebte sich und gab Gestalten heraus." Hand in Hand mit der Wiederentdeckung jedoch geht die Wiedererweckung als künstlerische Konstruktion von Geschichte. Er habe es „der Besonderheit jeder Einzel-Lokalität" überlassen, so der Autor 1863 in einem Brief an den preußischen Kultusminister Heinrich von Mühler, „mich in jedem einzelnen Falle erkennen zu lassen, wo der Lebensquell stecke, was als charakteristischer Punkt hervorzuheben sei".

Ebenso konstruktiv funktioniert das Verfahren der Poetisierung. Hier geht es vor allem darum, der Mark Brandenburg in toto eine kulturelle Traditionsanbindung zu verschaffen, und zwar in doppelter Hinsicht. Erstens reproduziert Fontane für die Mark eine romantisch-poetische Stimmung, für die besonders Schottland Vorbild ist, wo ihm denn auch 1858 der Gedanke zum *Wanderungen*-Projekt kam. Fontane will zeigen, dass die Heimat das gleiche ästhetische Potential besitzt wie die Fremde, dass etwa das Panorama von Uetz den Vergleich mit dem Blick von Edinburgh Castle nicht zu scheuen habe oder die Schönheiten der Märkischen Schweiz ihrem Urbild in nichts nachstünden. Zweitens etabliert Fontane einen neuen kulturhistorischen Kanon, denn „ein neues Volk, wie wir sind [...], hat sich hierzulande eben alles abweichend von dem sonst Üblichen gestaltet, und mit einem ganz neuen Lebensinhalt ist eine neue Art von Volkspoesie [...] geschaffen worden". Zum neuen Kanon gehören moderne Autoren vor allem aus dem Freundeskreis Fontanes wie Christian Friedrich Scherenberg und Paul Heyse, aber auch Volksdichter wie Karl Weise, der ‚Hans Sachs von Freienwalde'. Hinzu kommen zeitgenössische Künstler, z.B. Karl Friedrich Schinkel und Carl Blechen, schließlich bislang unbekannte Aussichtsorte und Bauwerke.

Allen Elementen des Kanons ist gemeinsam, dass sie das jeweils ‚echt Märkische', das Charakteristische zu vertreten imstande sind. Durch ihr Zusammenwirken im Sinne einer wechselseitigen Erhellung verwandelt Fontane die Mark, dem Rezeptionsbedürfnis seines Jahrhunderts nach der möglichst unmittelbaren Erfahrung von Geschichte gehorchend, in einen Schauraum, der mit der zeitgenössischen Kunstform des Panoramas sowohl in der Herstellung perfekter ‚Sichtbedingungen' wie des Alles-Zeigens eng verwandt ist. Hier vermag das Publikum die Kontinuität einer vermeintlich großen Vergangenheit und einer ebensolchen Gegenwart zu erleben: „Jegliches, was seit Jahrhunderten hier war und wuchs, es ist nicht tot, es lebt und schafft und wirkt ein geheimnisvolles Band zwischen dem Vergangenen und dem Gegenwärtigen."

Für das Gelingen der angestrebten Kontinuitäts- und Totalitätserfahrung sorgt vor allem die gewählte Gattung der Reisebeschreibung. Als nicht-kanonisiertes Genre bietet sie genau diejenige Freiform, welche Fontane die angestrebte Präsentation einer Fülle von Themen und Darstellungsweisen ermöglicht. Erst der Gestus des Wanderers und Reiseführers verknüpft das Nebeneinander von Landschaftsbeschreibungen, Geschichtserzählungen und Sittenschilderungen, deren Vortragsduktus beständig zwischen Chronik, Feuilleton und Dialog hin- und herwechselt, zur Einheit und garantiert darüber hinaus den Anschein der Realität des Berichteten.

Fontane knüpft so an eine ihm vertraute reiseliterarische Tradition seit dem 18. Jahrhundert an: die Indienstnahme des Genres zur Umsetzung groß angelegter ästhetischer Programme, die ihren Höhepunkt in Goethes *Italienischer Reise* (1816-1817/1829) erreichte. Während jedoch Goethe dort die ‚Geschichte von Geburt und Werden' der klassischen Kunstrichtung erzählt, erweitert Fontane die Reisebeschreibung auf eine künstlerische Form allgemeiner Historiographie, mit der er bewusst in Konkurrenz zur traditionellen Geschichtsschreibung tritt. Die *Wanderungen* bilden so eines der wesentlichsten Zeugnisse für den Aufstieg der neuen Disziplin der Kulturgeschichte im 19. Jahrhundert, deren Aufgabe es im Laufe der Entwicklung werden sollte, der fortschreitenden Spezialisierung und damit Gesellschaftsferne der Fachwissenschaften als integrativer, universeller Metadiskurs entgegenzuwirken.

Auch Fontane reklamiert für sich das Recht, alles als Quelle zu benutzen, „Allerkleinstes – auch Prosaisches nicht ausgeschlossen", wie er 1895 in einem Brief an den Heimatforscher Heinrich Jacobi notiert. Die Vorliebe fürs Detail äußert sich insbesondere in der Verwendung der Anekdote und des Erinnerungsstückes. An beiden fasziniert ihn die Symbolkraft des Individuellen vor dem Hintergrund eines größeren historischen Zusammenhangs. Ob nun ein Preußenprinz seine Erzieherinnen mit einer Drehorgel erschreckt oder ein Blumenuntersatz Prinz Heinrichs in den Blickpunkt rückt, wie immer geht es um das Charakteristische, das sich im Gegenstand oder der Person zur Essenz des Ganzen der Mark verdichtet.

In diesem Zusammenhang wird auch Fontanes thematische Bevorzugung märkischer Adelsgeschichte erklärlich: Gerade das Soldatische als eine der wenigen Traditionen, welche die Mark tatsächlich besitzt, wird zum Träger jener ‚Poesie', welche den Fortbestand alter Tugend, Sitte und Bildung in der Gegenwart garantiert.

Fontanes *Wanderungen* haben die Entwicklung des Kulturjournalismus in mehr als einer Hinsicht beeinflusst. Seine umfassende kulturhistorische Kartierung der Mark bildet durchaus eine Urzelle für die ethnographische oder volkskundliche Erforschung Gesamtdeutschlands, wie sie die ersten beiden Jahrzehnte nach der Reichsgründung prägen sollte. Mit ihr entsteht jene ‚Einheit der Kultur', durch die das Kaiserreich selbstbewusst in Konkurrenz zu den anderen Nationen treten kann. Ebenso bedeutsam in literarischer Hinsicht ist die formale Innovation einer künstlerischen Historiographie. Sie wirkt stilbildend auf diejenige Gattung, welche bis heute bevorzugtes Genre kulturjournalistischer Arbeit ist: den Essay. Es war Fontane vielleicht nicht bewusst, doch seine Definition dieser Gattung im Aufsatz über Herman Grimm von 1876 liest sich wie das Programm der *Wanderungen* in nuce: „Das Wesen des Essays besteht darin, [...] unter Geltendmachung allgemeiner Gesichtspunkte, eine allgemeine Gestalt oder eine Frage nicht losgelöst von ihrer Umgebung, sondern im Zusammenhang mit dieser zu betrachten, mit anderen Worten, bei Behandlung des Teils zugleich einen Blick auf das Ganze zu werfen." Dabei aber weite sich der Text zunächst zur „Literarhistorie" und letztlich zur „Geschichtsdarstellung" überhaupt.

Theodor Fontane: *Wanderungen durch die Mark Brandenburg.* Hrsg. von Gotthard Erler, Rudolf Mingau. 8 Bde.. Berlin 1997 • Hanna Delf von Wolzogen (Hrsg.): *Geschichte und Geschichten aus Mark Brandenburg. Fontanes ‚Wanderungen durch die Mark Brandenburg' im Kontext der Europäischen Reiseliteratur.* Würzburg 2003 • Walter Erhart: *„Alles wie erzählt".* Fontanes *‚Wanderungen durch die Mark Brandenburg'.* In: *Jahrbuch der deutschen Schillergesellschaft* 36 (1992). S. 229-254.

Erdmut Jost

JULIUS RODENBERG

Bilder aus dem Berliner Leben (1885/1887)

Julius Rodenberg selbst hat sich als Chronisten des Übergangs, als einen Beobachter bezeichnet, dessen Aufgabe es sei, das flüchtige „Bild zu fixieren, welches Berlin im Verlaufe seiner Umgestaltung dem Blicke des Beobachters" zeige und das Morgen schon wieder ein anderes sein werde. Rodenberg war Gründer und Herausgeber der *Deutschen Rundschau*, in der so gewichtige Werke wie Fontanes *Effi Briest* oder Storms Novelle *Der Schimmelreiter* erstveröffentlicht wurden. Neben seiner verlegerischen Tätigkeit schrieb er zahlreiche Reiseberichte und feuilletonistische Skizzen zu europäischen Städten (*Pariser Bilderbuch* 1856, *Ein Herbst in Wales. Land und Leute, Märchen und Lieder* 1858, *Alltagsleben in London* 1860). Den Blick des Fremden, mit dem er Städte wie Paris oder London erkundet hat, bringt Rodenberg auch mit, als er sich 1862 in Berlin niederlässt. Ab da durchmisst er als Fußgänger die Stadt, die sich in den kommenden Jahren von der mäßig bedeutsamen Residenz- zur modernen Groß- und Reichshauptstadt wandelt und versammelt seine Beobachtungen unter dem Titel *Bilder aus dem Berliner Leben*. Bemerkenswert ist, was hier zusammengetragen wird, weil es so gut wie keine vergleichbaren Zeugnisse für die ersten Urbanisierungsprozesse Berlins im ausgehenden 19. Jahrhundert gibt.

Bemerkenswert sind Rodenbergs Texte aber darüber hinaus, weil sie auch auf formaler Ebene einen Umbruch markieren. So kann man im Spaziergänger Rodenberg einen Vorläufer jener Flaneure erkennen, die schon bald zum festen Inventar im Metropolendiskurs gehören werden. Rodenbergs ausdehnte Streifzüge durch das Berlin der 1880er Jahre zeichnen sich zwar noch nicht das spezifisch moderne Moment des bohemienhaften Schlenderns aus (vielmehr unterliegen sie einer geradezu preußischen Disziplin; Rodenberg selbst spricht von seinen „verfassungsmäßigen" Spaziergängen, womit er nicht nur seinen Habitus, sondern natürlich gleichermaßen auch seiner politischen Gesinnung Ausdruck verleiht). Dem Prinzip nach aber verbindet er bereits das Gehen durch die Stadt mit dem ethnologischen und kulturkritischen Blick, wie er in den kommenden Jahrzehnten für die Figur des Flaneurs charakteristisch wird.

Es entspricht dieser Neujustierung der Perspektive, dass Rodenbergs Texte, bevor sie in Buchform publiziert werden, zunächst als Reihe in der *Deutschen Rundschau* erscheinen. Zwar sind sie wesentlich umfangreicher als die „kleine Form", wie man die feuilletonistischen Prosastücke nennt, die in der expandierenden Zeitungslandschaft des jungen 20. Jahrhunderts so reißenden Absatz finden. In ihrer Verbindung von Alltagsbeobachtung und Reflexion, von der Betrachtung des Konkreten und dem Versuch seiner gesellschaftlichen und kulturellen Symptomatisierung sind sie Kennzeichen einer Textform des Übergangs, die auf dem Weg zur modernen kulturjournalistischen Kurzform ist. Auf diese Weise hat man es auch mit Texten zu tun, die sich den veränderten Wahrnehmungsbedingungen des und den Rezeptionsbedingungen im urbanen Raum anpassen. Kann man also einerseits den konkreten Wandel der Stadt in Rodenbergs *Berliner Bildern* nachlesen, dann kann man an ihnen gleichsam auch schon die Spuren der veränderten Darstellungsweisen der Moderne erkennen.

Rodenberg ist nie mitten drin in den Baustellen und Transformationsprozessen der Stadt. Seine Position ist eher die des Gegenübers. Das gilt insbesondere für seinen Beobachterstandpunkt im Raum. Natürlich klingelt auch hier mal ein Omnibus im Vorüberfahren oder rauscht eine Stadtbahn in der Ferne. Aber gerade der Lärm, der bald zu einer zentralen Wahrnehmungs- und Beschreibungskategorie des urbanen Raums werden wird, ist nichts gegen das, was als beständige Geräuschkulisse in wenigen Jahren den Hintergrund für fast jede Großstadtbeschreibung abgeben wird. Die Position des Peripheren und Distanzierten gilt nicht nur für Rodenberg als Beobachter. Es gilt auch für ihn als Schreibenden. Kaum einmal wird seine Haltung zu einer emphatisch involvierten. Sie zeichnet sich, selbst in Augenblicken, in denen sich der Autor seiner Melancholie über das Beobachtete hingibt, durch eine kühle Beherrschtheit aus.

Wenn Rodenberg sich als Historiographen des alten Berlin genauso wie als Chronist des neuen versteht, der die Innovationsprozesse und die Umbruchsstimmung festhält, dann ist es nur konsequent, dass sich in seinen Texten über diesen Prozess der Neuerung – der immer an die Zerstörung des Bestehenden gebunden ist – melancholisierende Passagen mit solchen abwechseln, die das Alte nur noch gering schätzen und die in einer Art erwartungsvoller Aufbruchsmentalität auf die Veränderungen blicken. Die Neuerungen gänzlich ohne Skepsis zu kommentieren, gelingt Rodenberg allerdings nur selten; zu sehr hat er sich der Figur des kulturpessimistischen Melancholikers verschrieben. Es überwiegen daher zunächst die Verzeichnisse des Verlusts. An der sukzessiven Abholzung einer Pappelallee im Zuge von Straßen- und Wohnraumneuerschließungen, von der Rodenberg in *Die letzte Pappel* erzählt, zeigt sich im Kleinen, was für den Stadtraum Berlins im ausgehenden 19. Jahrhundert insgesamt konstitutiv wird: „Als ich zuerst in diese Gegend der Stadt kam, vor vierzehn oder fünfzehn Jahren, da waren mehr Pappeln hier; in der Tat, mehr Pappeln als Häuser. Das Haus, in dem ich jetzt wohne, war noch nicht da, und die Straße, in der es steht, war noch nicht da, und all die anderen Straßen um sie her waren auch noch nicht." Was als mehr oder minder zufällig anmutende Bautätigkeit beginnt, entpuppt sich schnell als systematische und groß angelegte Urbanisierung des Raums: „Ein paar Pappeln wurden gefällt, ein paar Häuser wurden gebaut – scheinbar ohne Zusammenhang. Aber mehr Pappeln und mehr Häuser folgten, und der Zusammenhang stellte sich bald genug heraus: es war auf ein neues Stadtviertel und eine vollkommene Vernichtung der ländlichen Allee abgesehen [...]." Ironischerweise ist es am Ende die Natur selber, die auch die letzte Pappel fällt: Auf einem seiner morgendlichen Spaziergänge findet der Erzähler den einzig verbliebenen Baum vom nächtlichen Sturm umgeworfen. Im Stile einer Trauergemeinde haben sich die Anwohner um das letzte Wahrzeichen einer nun schon der Vergangenheit angehörenden Epoche versammelt: „Wie ein Andenken aus alter Zeit und eine Verheißung der Natur, die immer weiter herausgetrieben wird aus dem steinernen Umfange von Berlin, war mir dieser Baum." Aber versehen wird die Episode über das im Zuge der Modernisierung unwiderrufliche Ende einer Allee dann schon mit dem Wissen um die Unaufhaltsamkeit und das Zeitgemäße einer Entwicklung, die nun auch die Natur selber zu bestätigen scheint: „[D]aß nämlich Pappeln und Menschen sterben mü[ss]en, wenn ihre Zeit gekommen."

Das ist eine Einsicht, die Rodenberg in ihrer Ambivalenz von Verlusterfahrung und Aufbruch immer wieder machen wird: „Auf dem trockenen Bette des weiland Königsgrabens erheben sich die Strukturen eines anderen Werkes", heißt es in *Sonntag vor dem Landsberger Tor* aus dem Jahr 1880: nämlich „der Stadtbahn, welche so recht im Geist der neueren Zeit rücksichtslos fortschreitet durch unsere Straßen, zerstört, was im Wege ist, und bald mit ihrem steinernen Ring uns umschlossen haben wird [...]." Auch an dieser Stelle fehlt der melancholische Kommentar nicht: „Oh, über die gute, alte Zeit, wo jeder noch seine Bequemlichkeit und seine Ruhe hatte! [...] Wo noch Ruhe war in den Straßen und Gemütlichkeit in den Häusern! Wo noch kein Gerassel von Pferdeomnibussen war und kein Geklingel von Pferdebahnen, keine Kanalisationsarbeit, welche jahrelang bald hier, bald da die Stadt aufwühlt und in tiefe Gruben und unübersteigliche Sandberge verwandelt." Es sind aber nicht nur Verluste, sondern durchaus auch Zugewinne, die Rodenberg verzeichnet. Ganz im Gegensatz zu den melancholischen Blicken, die er in die Vergangenheit und auf das Vergehende wirft, trifft man in seinen Texten immer wieder auch auf eine Art Stolz des Großstädters. „[W]enn man jetzt auf den Landsberger Platz kommt, so hat man einen wirklich großstädtischen Anblick vor sich: Zu beiden Seiten ausgedehnt liegt eine prachtvolle neue Straße: die Friedenstraße – links, wo die Kommunikation am Königstor war, ihr vornehmerer Teil, mit wahrhaft herrschaftlichen Häusern an einer schönen Promenade, rechts, wo die Kommunikation am Landsberger Tor war, eine Straße, wie einer von den Pariser äußern Boulevards." So berichtet Rodenberg sichtlich beeindruckt über das urbane Flair, mit dem der Landsberger Platz sich selbst am Sonntag dem flanierenden Beobachter präsentiert. In solchen Passagen öffnen Rodenbergs *Bilder aus dem Berliner Leben* immer wieder einen panoramatischen Blick in die Zukunft, der verheißungsvoll davon kündet, „wie sehr dies Berlin eine wachsende Stadt ist, eine Stadt, die sich beständig verändert, verschönert, vergrößert [...]."

1902, Julius Rodenberg ist gerade siebzig Jahre alt, ist im Berliner Stadtplan erstmals die Rodenberg Straße verzeichnet, eine Seitenstraße am nördlichen Ende der Schönhauser Allee im Ostberliner Stadtteil Prenzlauer Berg. Äußerst selten lässt eine Stadt diese Ehre Zeitgenossen bereits zu Lebzeiten zuteil werden. Sie zeugt davon, wie unmittelbar dieser Chronist des Übergangs sich mit seinen Beobachtungen in die Historie der Stadt eingeschrieben hat.

Julius Rodenberg: *Bilder aus dem Berliner Leben (1885/1887).* Hrsg. von Gisela Lüttig. Mit einem Nachwort von Heinz Knobloch. Berlin 1986 • Eckhardt Köhn: *Straßenrausch, Flanerie und kleine Form. Versuch zur Literaturgeschichte des Flaneurs von 1830-1933.* Berlin 1989.

Wiebke Porombka

KARL KRAUS

Die Fackel (1899-1936)

Kennzeichnend für das Werk von Karl Kraus Werk ist ein grundlegendes Paradox: Man mag seine Auseinandersetzung mit seiner Zeit kulturjournalistisch nennen – doch Kraus hat im Journalismus lebenslang seinen Hauptfeind gesehen. Gegen die Beschreibung seiner Person als „Journalist" und seines Werkes als „journalistisch" hätte er sich vehement zur Wehr gesetzt.

So steht Karl Kraus dem Journalismus in genau dem Maße fern, in dem er sich unablässig und mit größter Intensität der Lektüre der neuesten Zeitungen widmet. Wohl kaum ein Autor hat diese gründlicher gelesen. Und nur wenige haben die Presse intensiver verachtet. Die von ihm im Jahre 1899 gegründete Zeitschrift *Die Fackel*, die bis zum Jahre 1911 unter Mitarbeit von Freunden (unter ihnen berühmte Namen wie Trakl, Lasker-Schüler oder Altenberg) erscheint, dann jedoch von ihm allein geschrieben und herausgegeben wird, dokumentiert den fast alttestamentarischen Zorn, mit dem Kraus über einen Zeitraum von 37 Jahren seine Gesellschaftskritik publik gemacht hat.

Für Kraus besteht der kreative Akt des Schreibens nicht im Erfinden, sondern im Finden. Seine Arbeit beruht auf Zitaten, die er seinen Texten „einzuschöpfen" versucht. Diese Konzeption verdankt sich der Überzeugung, dass die Vorstellungskraft im 20. Jahrhundert (gerade während des Ersten Weltkriegs) hinter der Wirklichkeit zurückbleibt und die herkömmlichen Ideen von literarischer Arbeit angesichts der Neuartigkeit des kollektiven Massenwahns an ihre Grenzen stoßen. Indem Kraus scheinbar geringfügige Details aus den Zeitungen herausfiltert und sie erneut, in unveränderter Gestalt, abdruckt, verhilft er ihnen zu neuer (oder sogar erstmaliger) Sichtbarkeit. Immerhin reagieren die Verfasser häufig dann am empörtesten, wenn sie ihre Texte – ganz kommentarlos – in der *Fackel* wiederfinden. Als integraler Bestandteil des krausschen Werkes sind daher auch die vielen Prozesse zu zählen, mit denen er sich seiner Widersacher erwehrt. Sie erweitern zugleich den publizistischen um den juristischen Kampfplatz.

Ein weiteres Medium der Publizität findet Kraus in seinen so genannten „Vorlesungen", in denen er (wiederum im Alleingang) nicht nur Texte seiner persönlichen Lieblingsautoren – u.a. Shakespeare, Nestroy, Offenbach – vorträgt und vorsingt. Auch bringt er seine eigenen, in der *Fackel* publizierten Artikel zu Gehör. Kraus, der eigentlich Schauspieler werden wollte, aber aus physischen Gründen an der Realisierung dieses Wunsches gehindert wurde, beeindruckt nicht zuletzt Augen- und Ohrenzeugen wie Walter Benjamin: Dieser stellt fest, dass die dämonische Wirkung von Kraus wesentlich auf seinen schauspielerischen Qualitäten beruhe.

Die Begeisterung, mit der vor allen Dingen das jüdische Bürgertum Wiens zu den Vorlesungen strömte, zeigt, wie innig Kraus' Schreiben mit seiner Person als öffentlicher Figur – der Figur des unbestechlichen Anklägers – verbunden war. Ein kritischer Beobachter wie Elias Canetti, der zunächst zu den Anhängern des Satirikers gehörte, die mit fast religiöser Hingabe ihre Ideen von ihm bezogen, hat jedoch nach dem Zweiten Weltkrieg darauf hingewiesen, dass Kraus durch sein von allen Hilfsmitteln und Requisiten entblößtes Sprech- und Dokumentartheater eine Gemeinschaft gestiftet habe, in der sich die Hingabe an andere „Führer"-Figuren andeutete.

In diesem Zusammenhang gehört die bis heute anhaltende Diskussion um den „Antisemitismus" des Juden Kraus. Nicht nur finden sich in der frühen *Fackel* in der Tat problematische Stellungnahmen zum Dreyfus-Prozess. Auffallend ist auch eine durchgehend polemische Haltung dem „Jüdeln" oder „Mauscheln" der Ostjuden gegenüber. Das zeigt, dass Kraus in seinem Bestreben, allseitig Kritik zu üben, die Gefahren des modernen Antisemitismus lange unterschätzt hat. Gleichzeitig muss jedoch sein Kampf um korrektes Deutsch vor dem Hintergrund des leichtfertigen Umgangs mit der Sprache gesehen werden, den Kraus vor allem bei den Journalisten anprangerte. Für ihn sind Sprache und Sache eins. Ein fehlendes Komma kann daher ihrem Verursacher als regelrechtes Verbrechen zu Last gelegt werden. So erklärt sich die unendliche Akribie, die die Texte der *Fackel* kennzeichnet.

In der Zwischenkriegszeit tritt *Die Fackel* vor allem als kritische Beobachterin der Verdrängung des Krieges in Erscheinung. Bald schon erweist sich die paradoxe Prophezeiung aus der Vorrede der 800 Seiten umfassenden Weltkriegsdramas *Die letzten Tagen der Menschheit*, in dem er die journalistischen Perversionen an der so genannten „Heimatfront" angreift, als berechtigt: „Jetzt war Krieg". *Die Fackel* verfolgt die allgemeine Entwicklung zum Austrofaschismus, tut sich hervor in der öffentlichen Anklage des mörderischen Vorgehens der Polizei beim Brand des Justizpalastes am 15. Juli 1927, bevor sie mit dem Januar 1933 in eine große Krise gerät. Während mehrerer Monate äußert sich der Satiriker, abgesehen von der schmalsten aller je erschienenen *Fackeln* (mit dem berühmten Gedicht *Man frage nicht*), öffentlich nicht zu den Ereignissen in Deutschland.

Von der Exilpresse und den österreichischen Freunden angegriffen wegen dieser scheinbaren Kapitulation vor den Nationalsozialisten, arbeitet Kraus jedoch an einem *Fackel*-Heft, das das umfangreichste in der Geschichte der Zeitschrift werden wird. In veränderter und gekürzter Form unter der Nummer 890-905 im Sommer 1934 erschienen, löst es sogleich eine Welle der Empörung aus. Kraus bezieht Stellung für das Regime Dollfuss. Behauptet wird, nur Dollfuss könne Österreich noch vor dem Anschluss an das „Dritte Reich" retten. Diese – politisch problematische – Auffassung hat die Rezeption dieses wichtigen Heftes bis heute verstellt. Dabei bietet der Text eine ungemein scharfsinnige Analyse dessen, was später Victor Klemperer in seinen Tagebüchern mit dem Kürzel „LTI" als Lingua Tertii Imperii, d.h. als Sprache des „Dritten Reiches" bezeichnet hat. Das *Fackel*-Heft beweist, dass es trotz der in Deutschland herrschenden Zensur allein durch die aufmerksame Lektüre der dort erscheinenden Zeitungen möglich war, das Ausmaß der Verbrechen zu antizipieren, das sich seit 1933 vorbereitete. Kraus schreibt von den Verbrechen in den frühen Konzentrationslagern, benennt die mörderische Logik der antisemitischen „Prangerumzüge", beschreibt die brutale Unterdrückung jeder Form von Opposition und die voranschreitende „Gleichschaltung" der deutschen Gesellschaft. Aus der Retrospektive ist es erstaunlich, mit welcher Klarheit der erst in den fünfziger Jahren in seiner ursprünglichen Gestalt unter dem Titel *Dritte Walpurgisnacht* erschienene Text etwas heraufziehen sah, von dem nach dem Zweiten Weltkrieg behauptet wurde, es hätte sich im Verborgenen abgespielt.

Kraus selbst ist 1936, also noch vor dem Anschluss Österreichs, vereinsamt in Wien verstorben, nachdem er die Unterstützung der meisten Freunde eingebüßt hatte. Heute ist *Die Fackel* auch über das Internet verfügbar und bietet mit ihren – nur vordergründig auf die Details damaliger Debatten konzentrierten – Satiren wie kaum eine andere Zeitschrift einen monumentalen Überblick über die Kultur, Politik und Gesellschaft Österreichs und Deutschlands von der Jahrhundertwende bis ins Jahr 1936.

Karl Kraus: *Die Fackel*. München 1968-1976 [http://corpus1.aac.ac.at/fackel/] • Walter Benjamin: *Karl Kraus*. In ders.: *Gesammelte Schriften*. Bd. II, 1 (Aufsätze, Essays, Vorträge). Hrsg. von Rolf Tiedemann und Hermann Schweppenhäuser. Frankfurt a.M. 1991. S. 334-367 • Kurt Krolop: *Sprachsatire als Zeitsatire bei Karl Kraus*. Berlin 1992.

Anne Dorothea Peiter

GEORG SIMMEL

Die Großstädte und das Geistesleben (1903)

Am 21. Februar 1903 hält Georg Simmel – außerordentlicher, d.h. undotierter Professor für Philosophie an der Friedrich-Wilhelm-Universität zu Berlin – im Vereinssaal der Gehe-Stiftung in Dresden einen Vortrag zum Thema *Die Großstadt* (sic!) *und das Geistesleben*. Der Vortrag ist Teil einer Vorlesungsreihe, die im Vorfeld der im Sommer 1903 in Dresden stattfindenden Deutschen Städte-Ausstellung durchgeführt wurde und an der u.a. der Nationalökonom Karl Bücher, der Geograph Friedrich Ratzel und Simmels größter Widersacher, der Historiker Dietrich Schäfer beteiligt waren. Der hat Simmel später nicht nur mit antisemitischen Ausfällen attackiert. Er hat auch mit einem Gutachten verhindert, dass Simmel auf eine Professur für Philosophie an der Universität Heidelberg berufen wurde.

Während Simmels Vortrag in der Tagespresse gut aufgenommen wurde, ging einzig Dietrich Schaefer zum Angriff über: „Das Geistesleben der Großstädte kann man kaum dürftiger und einseitiger behandeln, als Simmel es in dem betreffenden für die Gehe-Stiftung in Dresden gehaltenen Vortrag getan hat." Schaefers Kritik an Simmel richtete sich vor allem gegen den leichten Ton, den er offensichtlich für jüdisch hielt: „Allzuviel Positives wird aus den Vorlesungen nicht hinweggenommen; aber mancherlei prickelnde Anregung und vorübergehenden geistigen Genuß lässt man sich gerne bieten."

Veröffentlicht wurde Simmels Vortrag noch im selben Jahr im *Jahrbuch der Gehe-Stiftung*. Dort findet sich der Beitrag Seite an Seite mit den anderen, staats- und verwaltungswissenschaftlich bedeutsamen Vorträgen. Simmels Essay wirkt in diesem sachlich-fachlichen, ganz auf die Vermittlung positiven Wissens ausgerichteten Kontext auf eine geradezu aufreizende Weise deplatziert. Simmel war so sehr Außenseiter, „dass der Organisator der Vortragsreihe sich in einem Vorwort zur Druckfassung der Vorträge zum Hinweis verpflichtet fühlte, dass Simmel die Ausgewogenheit der Vorträge gestört habe und dass es ihm, Petermann, notwendig erschiene, einen solchen Beitrag zu Großstadt und Geistesleben beizufügen, wie ihn Simmel hätte vortragen sollen". So erscheint im *Jahrbuch der Gehe-Stiftung* neben den „geistreichen Ausführungen des Herrn Prof. Dr. Simmel über die Großstädte und das Geistesleben" ein Beitrag von Theodor Petermann zur „geistigen Bedeutung der Großstädte", der die „geistigen Kollektivkräfte der Großstädte" zum Thema hat. Während Petermann unter „Geistesleben" die städtischen Bildungs- und Kultureinrichtungen subsumierte, verstand Simmel darunter viel mehr: die geistig-seelische Disposition des Großstädters in der Kultur der Gegenwart.

Simmels Essay ist bis heute Missverständnissen ausgesetzt, die nicht zuletzt daher rühren, dass die den Essay beschließende Fußnote nicht beachtet wird. Dort heißt es: „Der Inhalt dieses Vortrags geht seiner Natur nach nicht auf eine auszuführende Literatur zurück. Begründung und Ausführung seiner kulturgeschichtlichen Hauptgedanken ist in meiner ‚Philosophie des Geldes‘ gegeben". Diese Schlussbemerkung scheint nicht nur, so ist zu vermuten, auf eine entsprechende Anfrage nach Literaturangaben zu deuten – ein grundlegendes Problem bei Simmels essayistischem Stil. Sie verweist auch darauf, dass es sich eben nicht um einen stadtsoziologischen Beitrag handelt.

Tatsächlich handelt es sich bei diesem Essay um eine auf die großstädtische Existenzweise zielende kulturphilosophische Variation der Grundgedanken der *Philosophie des Geldes*. Für Simmel ist die Großstadt Labor, Werkstatt und Schauplatz der Moderne. Als Sitz der entfalteten Geldwirtschaft ist sie der Ort, an dem die soziologischen Tendenzen „wirklich" werden, sich vergegenständlichen und ihren Ausdruck finden. So ist es kein Zufall, dass ein begeisterter Rezensent der *Philosophie des Geldes* das Verhältnis dieses Werks zum Stadtessay geradezu auf den Kopf stellt, wenn er schreibt, dass in dieser Philosophie „die Seele des modernen Berlin auf einen universalen Horizont projiziert [wird]". Nicht zufällig waren bereits die zeitgenössischen, großstädtischen Leser der Meinung, dass Simmel, der in einer Wohnung Friedrichstraße/Ecke Leipziger Straße aufgewachsen war, Texte dieser Art nur in dieser Zeit und nur in Berlin schreiben konnte.

Auf jeden Fall greift Simmel zeittypische Themen auf. Allerdings dreht er sie auf überraschende Weise um. An der Wende zum 20. Jahrhundert ist die Rede vom Stadtmenschen virulent; sie durchdringt den medizinischen Diskurs über Neurasthenie, „Nervenschwäche" und „Nervosität", die als Zeitkrankheiten vor allem dem Großstadtleben angelastet wurden. In der „Steigerung des Nervenlebens", die aus dem raschen und ununterbrochenen Wechsel äußerer und innerer Einflüsse hervorgeht, sieht Georg Simmel, wie es ganz am Anfang seines Großstadtessays heißt, die psychologische Grundlage, auf der sich der Typus großstädtischer Individualität erhebt. Gegen die Steigerung des Nervenlebens gilt es, sich mit einer mentalen Schutzvorrichtung zu wappnen. Simmel sieht dieses Schutzorgan – dieses „Präservativ" – im intellektualistischen Charakter des großstädtischen Seelenlebens, in der Verstandesmäßigkeit, die an die Stelle des Gemüthaften und Gefühlsmäßigen tritt, das charakteristisch für das Kleinstädtische sei. Mit diesem

Schutzorgan wird eine Distanz zwischen dem Individuum und seiner sozialen Umgebung geschaffen, wäre doch „das Aneinander-Gedrängtsein" und „das bunte Durcheinander des großstädtischen Verkehrs", so heißt es in der *Philosophie des Geldes*, „ohne jene psychologische Distanzierung einfach unerträglich". Die städtische Existenz erscheint hier, und dies ist wichtig zur Relativierung, „als Extremform der durch die Geldwirtschaft herbeigeführten Objektivierung der sozialen Beziehungen".

Aus diesen Überlegungen heraus, entwickelt Simmel weitere Wesenszüge, die den Typus des Großstädters neben der Verstandesmäßigkeit charakterisieren: Blasiertheit und Reserviertheit. „Es gibt", pointiert Simmel im Großstadtessay, „vielleicht keine seelische Erscheinung, die so unbedingt der Großstadt vorbehalten wäre, wie die Blasiertheit." Geht man vom deutschen Verständnis von Blasiertheit als hochnäsig und eingebildet aus, kann diese Aussage leicht missverstanden werden. Simmel argumentiert hier nämlich vom Standpunkt des französischen „blasé". Das bedeutet zunächst einmal „gleichgültig" und „unempfänglich". Auch die Blasiertheit, das heißt die Unempfänglichkeit für Reize und die Gleichgültigkeit gegenüber Unterschieden, ist ein großstädtisches Schutzorgan, das sowohl Folge der rasch wechselnden Nervenreize als auch – als Seelenstimmung – subjektiver Reflex der Geldwirtschaft ist. In der Blasiertheit sehen die Nerven des Großstädters ihre letzte Möglichkeit, sich mit den Inhalten und der Form des Großstadtlebens abzufinden, in dem sie sich der Reaktion auf sie versagen.

Ist die Blasiertheit eine Haltung des Großstädters zu sich selbst, so ist die Reserviertheit ihr soziales Äquivalent. Die fortwährende Berührung mit unzähligen Menschen nötigt zu einer Reserve, „die uns dem Kleinstädter so oft als kalt und gemütlos erscheinen lässt". In dieser Reserviertheit steckt aber zugleich ein Maß an persönlicher Freiheit, zu dem es in anderen Verhältnissen gar keine Analogie gibt: der Großstädter ist frei im Gegensatz zu den Kleinlichkeiten und Präjudizierungen, die den Kleinstädter einengen. Gerade in dieser Freiheit, und nicht allein in den beruflichen Möglichkeiten, ist ein entscheidendes Motiv für den Zug in die anonyme Großstadt bis heute gegeben.

So werden Verstandesmäßigkeit, Blasiertheit und Reserviertheit – die traditionell dem Großstädter in der Großstadtkritik als negative Eigenschaften zugeschrieben werden – von Simmel als jene mentalen Dispositionen definiert, die dem Großstadtbewohner helfen, mit den alltäglichen Zumutungen des Großstadtlebens zurecht zu kommen. Mit ihnen sind aber zugleich jene Möglichkeiten zur Distanzierung gegeben, die individuelle Unabhängigkeit und persönliche Sonderart ermöglichen, ja erfordern. Die Großstadt ist also der Nährboden des

Individualismus. Die von den sinnlos gewordenen historischen Bindungen befreiten Individuen haben nicht nur ihre Unabhängigkeit gewonnen. Sie „wollen sich nun auch voneinander unterscheiden. Nicht mehr der ‚allgemeine Mensch' in jedem Einzelnen, sondern gerade qualitative Einzigkeit und Unverwechselbarkeit sind jetzt die Träger seines Wertes". Daher kommt es auch „zu den spezifisch großstädtischen Extravaganzen des Apartseins, der Kaprice, des Pretiösentums, deren Sinn gar nicht mehr in den Inhalten solchen Benehmens, sondern nur in seiner Form des Andersseins, des Sich-Heraushebens und dadurch Bemerklich-Werdens liegt".

Nicht nur diese Kulturdiagnose ist nach wie vor aktuell – auch ist es Simmels essayistische Schreibweise, die selbst von sich preisgibt, dass sie auch nur dort entstanden und experimentell weiterentwickelt werden kann, wo das „bunte Durcheinander des großstädtischen Verkehrs" herrscht. *Die Großstädte und das Geistesleben* ist deshalb immer auch als Text zu lesen, der die Beobachtungs-, Beschreibungs- und Analysemöglichkeiten wie sie die Großstadt zugleich hervorbringt und notwendig macht performativ in Szene setzt.

Georg Simmel: *Die Großstädte und das Geistesleben.* In: *Die Großstadt. Vorträge und Aufsätze zur Städteausstellung.* Dresden 1903. S. 187-206 • Georg Simmel: *Philosophie des Geldes* [1900]. Frankfurt a.M. 1989 • David Frisby: *Georg Simmels Großstadt: eine Interpretation.* In: *Cultural Turn. Zur Geschichte der Kulturwissenschaften.* Hrsg. von Lutz Musner, Gotthart Wunberg, Christina Lutter. Wien 2001 • Lothar Müller: *Modernität, Nervosität und Sachlichkeit. Das Berlin der Jahrhundertwende als Hauptstadt der ‚neuen Zeit'.* In: *Mythos Berlin. Zur Wahrnehmungsgeschichte einer industriellen Metropole.* Berlin 1987. S. 79-92.

Rolf Lindner

ROBERT WALSER

Prosa aus der Berliner Zeit (1905-1913)

„Wie werden die Herren auftreten? In Rüstungen oder im Jackettanzug? Und die Damen? In Kleidern von Samt oder in Reformröcken? Schließlich ist es ganz gleichgültig, wie sie hervortreten, wenn sie nur aufzutreten wissen, das ist es, worauf es, glaube ich, wenn ich dermaßen, wie ich's jetzt tue, erfinderisch in die Luft starre, ankommt. "
Theateraufführungen bilden einen der thematischen Schwerpunkte in Robert Walsers Prosa aus der Berliner Zeit. Von den gespielten Stücken erfährt man allerdings kaum je etwas. Walser schreibt keine Rezensionen, er richtet seine Aufmerksamkeit auf das Drumherum der Theatervorstellungen: auf die Ankündigungen, die Erwartungen, die Pausen, die Wirkungen auf das Publikum, die Gesichter auf den Zuschauertribünen, die Reaktionen bei den Kritikern. Dabei beginnen und enden die Vorstellungen für Walser nie auf der Bühne, sondern im Kopf. Walser beschreibt das Theater als Gedankentheater; Regisseur dieses Theaters ist er selbst. Er inszeniert sich als Zuschauer, der laut mitdenkt – und das Mitdenken simultan zu Papier bringt.
Wie in den eingangs zitierten Zeilen aus dem Prosastück *Einer, der neugierig ist*, das 1907 wie viele der Walserschen Texte in der Zeitschrift *Die Schaubühne* erschien, wird die Gegenwart der Gedankenführung mit jener der beschriebenen oder befragten Sachverhalte in Einklang gebracht: Gedankenfluss und Schreibbewegung scheinen eins zu sein. Dazu mag das „Eingeständnis" Walsers passen, von dem Walter Benjamin in seinem kurzen, ganz dem Autor gewidmeten Aufsatz von 1929 berichtet: Walser „habe in seinen Sachen nie eine Zeile verbessert". Dass man dies „gewiß nicht zu glauben brauche", beeilt sich Benjamin hinzuzusetzen, doch möchte er den Wert der Feststellung gleichwohl nicht missen: Das Gesagte gilt ihm als Signum für „die vollkommene Durchdringung äußerster Absichtslosigkeit und höchster Absicht", die er in Walsers Prosa am Werk sieht.
Benjamin ist es auch, der an Walser eine gewisse „Verwahrlosung" im Stil bemerkt, die er allerdings für bewundernswürdig hält: „Kaum hat er die Feder zur Hand genommen, bemächtigt sich seiner eine Desperadostimmung. Alles scheint ihm verloren, ein Wortschwall bricht aus, in dem jeder Satz nur die Aufgabe hat, den vorigen vergessen zu machen." Die Gegenwart von Walsers Texten ist eine Gegenwart, die sich ihren eigenen Raum im Vollzug der Schreibbewegung schafft. Der vorherrschende Eindruck bei der Lektüre ist der, dass man der Hervor-

bringung einer solchen Gegenwart selbst beiwohnt. Der Stil orientiert sich am Mündlichen, er ist weitschweifig, ja abschweifend. Man denkt sich: Hier nimmt sich jemand Zeit fürs Räsonnieren, hier lässt jemand gern ein wenig Zeit verstreichen, hier hängt jemand seinen Gedanken nach – und führt sie vor. Es ist entsprechend auch selten der Inhalt, durch den Walsers „Prosastücke", wie er sie selbst nennt, charakterisiert sind, sondern vielmehr ihre Form, der in sich zurückgenommene Modus der vorgeführten Wahrnehmung von Ereignissen und Dingen.

Dabei scheut sich Walser keineswegs, sich mit bestimmten Sprecherrollen zu identifizieren. Auch darin liegt Theatralisches. Es gibt Prosastücke, die als Briefe einer Frau an einen jugendlichen Schauspieler daherkommen. Andere nehmen Vorlieb mit der Perspektive des Szenekenners. Über weite Strecken herrscht allerdings der Eindruck vor, Walser schreibe aus der Perspektive eines staunenden und fragenden Kindes. Explizit gemacht hatte er dieses Verfahren bereits in dem Buch *Fritz Kochers Aufsätze* von 1904. Doch auch in den ab den Jahren nach 1907 – nach der Publikation der in rascher Folge erscheinenden Romane *Geschwister Tanner* (1907), *Der Gehülfe* (1908) und *Jakob von Gunten* (1909) – verstärkt einsetzenden kleineren Arbeiten für Zeitungen und Zeitschriften gibt Walser der Perspektive seiner Erörterungen eine kindliche Färbung. Das heißt nicht, dass er kindisch schreibt: Er nutzt die Art und Weise, wie ein Erwachsener sich vorstellt, dass Kinder womöglich die Welt wahrnehmen, konstruktiv als Orientierungsvorgabe beim Schreiben. Es handelt sich um ein Verfahren der Verfremdung, das es ermöglicht, längst Gewohntes in einem neuartigen Licht erscheinen zu lassen.

Verfremdungsverfahren dieser Art sind bei Walser jedoch stets in ihrem Rekurs auf eine Erzählperspektive kenntlich gemacht, die ihrerseits als eine bewegliche, von Momenten des Zögerns, Staunens und Aufhorchens durchsetzte vorgeführt wird: „[D]as ist es, worauf es, glaube ich, wenn ich dermaßen, wie ich's jetzt tue, erfinderisch in die Luft starre, ankommt." Die Erzählposition bleibt stets deutlich markiert, aber nicht als Position eines Besserwissers, sondern als dynamische Reihung von Momenten in der Wahrnehmung eines bekennenden Müßiggängers, eines nachdenklichen Erfinders und Zeitgenossen. Der von Walser (wenn auch erst in späteren Jahren) geprägte Ausdruck vom „Jetztzeitstil" meint genau die Vorführung einer solchen Reihung von Momentaufnahmen. Die Bewunderer dieses „Jetztzeitstils", die ihn teilweise auch nachzuahmen versuchten, reichen von Christian Morgenstern, Franz Kafka, Kurz Tucholsky, Walter Benjamin und Hermann Hesse bis zu Martin Walser, Peter Bichsel, Ror Wolf, Peter Handke, Elfriede Jelinek, W. G. Sebald oder Max Goldt.

Über den immer wieder ins Spiel gebrachten und variierten Beobachterstandpunkt, der bei aller Sympathie mit dem Wahrgenommenen
und Beobachteten doch auch Distanz zum berichteten Geschehen markiert, schafft Walser Bezüge zwischen den geschilderten Ereignissen
und dem provozierten Interesse seiner Leserschaft. Dabei nimmt er fast
durchgängig selbst die Perspektive eines Zuschauers, und nicht etwa
eines Handelnden, ein: als wäre die Welt ein Theater, ein modernes tea-
trum mundi – und er der vielleicht einzige Zuschauer.

Im Wechselspiel von Bericht und Selbstreflexion schafft Walser
einen Raum, der seiner Struktur nach tatsächlich einem Theaterraum
ähnelt: dem Verhältnis von Bühne (Bühnengeschehen) und Publikum
(Wahrnehmungsraum). Berlin mit seinen vielen Theatern bot hierfür
den passenden Rahmen für ein Darstellungs- und Welterschließungs-
modell, das sich auch auf andere Felder als jenes des Theaters übertragen ließ. Belegt ist Walsers Liebe zum Theater bereits für seine Jugendjahre. Der Wunsch, Schauspieler zu werden, wurde aber schon bald
durch die weiterführende Erkenntnis ersetzt, dass auch das Schreiben
zur Bühne werden kann: zu einer Bühne für noch weitaus aufregendere
Rollenspiele. Gleichwohl – oder eben deshalb – blieb das ‚richtige'
Theater als Inspiration, aber auch als Korrektur und Maßgabe, ein ste-
ter Referenzpunkt in Walsers Schreiben.

Vor dem Ersten Weltkrieg gab es in Berlin über dreißig feste Thea-
terbetriebe, die meisten davon waren in privater Hand. Sie arbeiteten
entsprechend gewinnorientiert, was in den meisten Fällen auch gelang.
Noch gab es kein Fernsehen und kein Radio, die mehr oder weniger
drängenden Fragen der Zeit wurden auf der Bühne verhandelt und zur
Diskussion gestellt, oder eben in den Zeitungen und Zeitschriften, in
denen Walsers Texte erschienen. Der Bruder von Robert Walser, der
Maler und Buchgestalter Karl Walser, arbeitete zeitweilig als Bühnen-
bildner für Max Reinhardt. Karl Walser war es auch, der seinen jüngeren (und zu Lebzeiten weitaus weniger erfolgreichen) Bruder Robert in
die Berliner Gesellschaft und auch in das Theaterleben einführte. Die
innovativsten, fortschrittlichsten und angesagtesten Theatermacher
wählten sich Berlin als Heimat und setzten eine klare Zäsur zwischen
Hauptstadt und Provinz – ein Motiv, das auch in Walsers Texten oft
anklingt. Walser stammte selbst aus der Provinz, aus der Kleinstadt Biel
in der Schweiz. 1905 nahm er den weiten Weg nach Berlin auf sich, wo
er bis zu seiner Rückkehr in die Schweiz 1913 wohnhaft blieb.

Die Herkunft aus der Provinz dürfte dazu beigetragen haben, dass
Walser zeitlebens ein waches Gespür für die feinen Unterschiede
behielt, die das Leben in seinen unterschiedlichen kulturell geprägten
Artikulationsformen auch neben der Bühne mitbestimmen: vom per-

sönlichen Räsonnieren bis zum Benehmen in der Gesellschaft. Die Eleganz, die Walser dabei im Schreiben entwickelte, entspricht jener, die er zuweilen im Schreiben selbst zum Gegenstand erhob: „Was die Eleganz betrifft, so sucht und versteht man sie im allgemeinen darin, daß man vermeidet sie zu entfalten; in einer gewissen Vernachlässigung liegt ihr höchster Reiz, ungefähr wie die Noblesse des Denkens und Fühlens, die zu Ende ist, wenn sie sich Mühe gibt, nach Ausdruck zu ringen, oder ungefähr wie der Stil der Sprache, der da versagt, wo er sich zeigen will."

Robert Walser: *Fritz Kochers Aufsätze, Geschichten, Aufsätze* (= Das Gesamtwerk, Bd.1.). Hrsg. von Jochen Greven. Zürich und Frankfurt a.M. 1978) • Robert Walser: *Verstreute Prosa I* (1907-1919) (= Das Gesamtwerk, Bd. 8.). Hrsg. von Jochen Greven. Zürich, Frankfurt a.M. 1978 • Robert Walser: *Feuer. Unbekannte Prosa und Gedichte.* Hrsg. von Bernhard Echte. Frankfurt a.M. 2005 • Peter Utz: *Tanz auf den Rändern. Robert Walsers „Jetztzeitstil".* Frankfurt a.M. 1998 • Walter Benjamin: *Robert Walser.* In ders.: *Gesammelte Schriften.* Bd. II. Hrsg. von Rolf Tiedemann und Hermann Schweppenhäuser. Frankfurt a.M. 1994. S. 324-328.

Sandro Zanetti

SIEGFRIED JACOBSOHN

Die Schaubühne/Die Weltbühne (1905-1933)

Wozu brauchen wir das Theater? Wir brauchen es, lautete kurz und bündig die Antwort Siegfried Jacobsohns, als „Fest und Gericht unseres Lebens". Die allseits begehrte und erfolgreiche theatralische „Marktware" tauge dazu allerdings nicht. Deshalb müsse bei allen Beteiligten – und zu ihnen rechnete Jacobsohn auch das Publikum – für die „Ausbreitung des Gefühls" gesorgt werden, „auf dem jegliches Kunstempfinden" beruhe. Gemeint war das „Unterscheidungsgefühl".

Mit diesem Plädoyer für eine Vermehrung des Distinktionsvermögens endet Jacobsohns 1904 erschienenes Buch *Das Theater der Reichshauptstadt*, und mit gleichlautenden Worten wollte er ein Jahr später zunächst auch die erste Nummer seiner Zeitschrift *Die Schaubühne* einleiten; ein Plan, den er aus unbekannten Gründen wieder aufgab. Die in seinem Buch umrissene Aufgabe wurde jedoch nicht verworfen, nur kürzer gefasst und programmatisch zugespitzt. Es gelte, hieß es nun, „das Theater wieder zur Würde eines Kunstinstituts zu erheben". Dass damit auch wirkungspoetische Ziele verbunden waren, die weit über das literarische Feld hinausreichten, machte das vorangestellte Motto aus Schillers Vorlesung *Die Schaubühne als moralische Anstalt* deutlich: „So gewiß sichtbare Darstellung mächtiger wirkt als toter Buchstabe und kalte Erzählung, so gewiß wirkt die Schaubühne tiefer und dauernder als Moral und Gesetze."

Jacobsohns Programm hatte eine dreifache Stoßrichtung. Es wandte sich gegen den verzopften Inszenierungsstil der Hofbühne, gegen die Dominanz kommerzieller Gesichtspunkte in fast allen anderen Theatern und gegen jede Form von Naturalismus auf der Bühne. Das naturalistische Drama war ihm – wie er an Gerhart Hauptmanns *Vor Sonnenaufgang* kritisierte – „in seiner Tendenz zu deutlich, in seiner Kunstform zu primitiv", der Vermehrung des Unterscheidungsgefühls also abträglich. Das galt genauso für den naturalistischen Inszenierungsstil Otto Brahms, an dem er im Gegensatz zu seinem theaterkritischen Gegenspieler Alfred Kerr selten ein gutes Haar ließ.

An eine Reformierbarkeit des Königlichen Schauspielhauses war im Ernst nicht zu denken. Und dass die auf kommerzielle Erfolge angewiesenen Bühnen aus eigener Kraft zur Veränderung ihrer prekären Lage fähig seien, glaubte Jacobsohn ebenfalls nicht. Unabdingbar erschien ihm daher die Theaterkritik als Ferment eines Neuaufbruchs. Schon 1902 hatte er in einer Rezension für die Berliner Wochenzeitung *Die*

Welt am Montag festgestellt, dass Künstler, die „dem Kenner teuer und der Stolz der Wenigen" seien, „es bei der Menge nicht leicht über eine kühle und misstrauische Achtung des Verstandes" brächten. „Hier, wenn irgendwo", proklamierte er, „beginnt das Amt der Kritik, darin bestehend: diesen Künstlern eine Gasse zu bahnen mitten durch Vorurteil und Konvention". Wessen aber befleißige sich das Gros der Berliner Kritiker angesichts der Leistungen einer kleinen, engagierten Truppe junger Schauspieler und Regisseure am 1902 gegründeten Kleinen Theater? „Beckmesserhaft wird jeder Lobstrich abgewogen und eingeschränkt."

Als Jacobsohn dies beklagte, war er erst einundzwanzig Jahre alt, aber schon eineinhalb Jahre als Theaterkritiker tätig. Er hatte sich durch elegant geschriebene Artikel mit kompromisslosen Urteilen schnell einen Namen und ebenso rasant unbeliebt gemacht, selbst bei Kollegen. Den Mangel an Unterscheidungsgefühl attackierte er nämlich nicht nur, wenn er sich auf der Bühne zeigte, sondern auch dann, wenn er sich behaglich in der Theaterberichterstattung breit machte. Der Feuilletonredaktion des *Berliner Tageblatts* warf er etwa eine „sippenhafte Vervetterung mit Hinz und Kunz vor", als sie 1902 eine Artikelserie über *Die Verrohung in der Theaterkritik* des in seinen Augen völlig überschätzten Dramatikers Hermann Sudermann veröffentlichte.

Im *Berliner Tageblatt* sah man 1904 die Gelegenheit, sich dafür an Jacobsohn zu rächen, ja sich seiner ein für allemal zu entledigen, indem man ihn des Plagiats bezichtigte. Zwar sind wörtliche Übereinstimmungen mit einem Artikel des Wiener Kritikers Alfred Gold tatsächlich nicht zu leugnen, es erscheint aber zweifelhaft, ob sie Ergebnis eines vorsätzlichen „geistigen Diebstahls" waren. Denn Golds Formulierungen sind von derart gediegener Durchschnittlichkeit, dass Jacobsohns Erklärung für die Parallelen durchaus plausibel erscheint. Er habe, lautet sie, für sein Buch *Das Theater der Reichshauptstadt* alle ihm erreichbaren Theaterkritiken der zurückliegenden dreißig Jahre durchgearbeitet. Seitdem hätten in seinem Gedächtnis „von fremden Autoren Worte, Bilder, Sätze und ganze Satzfolgen" geschlummert, „die durch die geringste Assoziation" zu wecken gewesen seien. Der Mehrheit, wie er 1913 mit einer Anspielung auf Lessings *Nathan der Weise* rückblickend feststellte, „tat das alles nichts: Der Jude ward verbrannt".

Jacobsohn verließ Berlin und reiste ein halbes Jahr durch Europa. Im Sommer 1905 kehrte er mit weit gediehenen Plänen für eine eigene Theaterzeitschrift in die Reichshauptstadt zurück. Die erste Nummer erschien schon im September, zu Beginn jener Spielzeit, die für Max Reinhardt die erste als Direktor des Deutschen Theaters war. Dessen Bemühungen um die Gegenwartsdramatik und ein neues Verständnis der Klassiker galt nun vornehmlich Jacobsohns Aufmerksamkeit. 1910 veröffentlichte er einen Sammelband mit Kritiken zu Reinhardts dreißig besten Inszenierungen. Es war das erste Buch über ihn.

Kurioserweise genau in diesem Jahr begann Reinhardt mit Versuchen, durch Aufführungen in Zirkussen und Festhallen trotz aller technischen Grenzen, die einem solchen Vorhaben notwendig gesetzt waren, ein großes Publikum für seine Aufführungen gewinnen zu wollen. 1919 mündeten seine Bemühungen, mit denen er auf den fortschreitenden Wandel der bürgerlichen Gesellschaft zu einer Massengesellschaft reagierte, in den Umbau des Berliner Zirkus Schumann zum mehr als 5000 Zuschauer fassenden Großen Schauspielhaus. Diese Entwicklung missbilligte Jacobsohn von Beginn an entschieden, weil eine nuancierte Bühnendarstellung in einem zur Arena vergrößerten Theater unmöglich werde. Seine Einwände waren triftig, die Beispiele, mit denen er sie untermauerte, bestechend. Es bleibt freilich eine Crux: Wie sollte das Theater wirkungsästhetische Ziele verwirklichen, wenn es minoritär blieb? Und bot hier das neue, technisch reproduzierbare Medium Film, das sich in dieser Zeit von einer Jahrmarktsattraktion langsam zu einem Kulturfaktor entwickelte, nicht ungeheure Möglichkeiten? Aber vom Film wollte Jacobsohn so wenig wissen wie vom Theater und seinem Verständnis von Theater lassen. Seine Überlegungen richteten sich nicht auf die Frage, wie das Theater auf den gesellschaftlichen Wandlungsprozess reagieren müsse, sondern darauf, welcher gesellschaftliche Wandlungsprozess nötig sei, damit das Theater seinen Ansprüchen genüge.

„Kann sich das Theater bessern, ohne daß sich die Presse, die Verwaltung, die Wirtschaftsform bessert?", fragte er 1913, und leitete damit die Erweiterung des Themenspektrums seiner *Schaubühne* ein. Aus der Theaterzeitschrift wurde allmählich eine Wochenschrift für Politik, Kunst, Wirtschaft. Um dem auch im Titel Rechnung zu tragen, erhielt sie im April 1918, ein halbes Jahr vor Kriegsende, den Namen *Die Weltbühne*. Jacobsohn hatte damit einen Weg beschritten, der es ihm gestattete, die Widersprüche zwischen ursprünglichem Anspruch und schlechter Wirklichkeit ungelöst hinter sich zu lassen – auf den ersten Blick jedenfalls. Bei näherem Hinsehen zeigt sich, dass er die Aporien weiter mitschleppte, sie sich auch konzeptionell bemerkbar machten. Avancierte die Zeitschrift nach 1918 politisch zu einer der wichtigsten Stimmen der undogmatischen Linken, so blieb sie auf dem Gebiet der Kultur – mit Ausnahme der Filmkritik zu Beginn der 1920er Jahre – konservativ. Während Herbert Jhering sich längst sicher war, man könne das Theater nicht mehr „nach rein literarischen Gesichtspunkten" betrachten, weil das Publikum inzwischen aus einer „traditionslosen Generation" bestehe, schrieb Jacobsohn wie eh und je seine um Distinktion bemühten Theaterkritiken. Kurt Tucholsky, der wichtigste Mitarbeiter seiner Zeitschrift, kapitulierte vor den Romanen von Joyce und Döblin. „Ließe man mich", gestand er auch, „auf André Gide, auf Paul Claudel, auf Robert Musil los: das gäbe ein rechtschaffenes Unglück." In der Musik verurteilte der sozialdemokratische Wagnerianer Klaus Pringsheim, der Schwager Thomas Manns, Polytonalität als „Schweinerei", Atonalität als „Nihilismus" und Jazz als „Manier".

Jacobsohn war sich bewusst, auf kulturelle Phänomene des 20. Jahrhunderts mit einem Kulturbegriff aus dem 19. Jahrhundert zu reagieren. In einem Brief an Kurt Tucholsky stellte er 1925 fest, es sei „kein Zweifel, dass eine neue Welt" heraufziehe. „Aber sie wird wohl an mir vorbeiziehen müssen, da ich zu alt für sie bin." Welche Welt dann tatsächlich heraufzog, und wie wenig das von ihm 1904 proklamierte Unterscheidungsvermögen in ihr zählen würde, blieb ihm zu erleben erspart. Im Dezember 1926 starb er in Folge eines epileptischen Anfalls. Als Lebenswerk hinterließ er eine Zeitschrift, die heute eine unverzichtbare kulturhistorische Quelle für das erste Drittel des 20. Jahrhunderts darstellt. Ob Jacobsohn sie auch gegründet hätte, wenn er *Das Theater der Reichshauptstadt* nicht geschrieben und ihm der Plagiatsskandal dann vermutlich erspart geblieben wäre? Wahrscheinlich nicht, mit Sicherheit nicht so schnell. Wie sich die Zeit zwischen 1905 und 1933 uns dann heute darstellen würde? Man kann es sich kaum ausmalen.

Siegfried Jacobson (Hrsg.): *Die Schaubühne*. Vollständiger Nachdruck. Königstein/Ts. 1979-1980 • Siegfried Jacobsohn (Hrsg.): *Die Weltbühne*. Vollständiger Nachdruck. Königstein/Ts. 1978 • Siegfried Jacobsohn: *Gesammelte Schriften.* 5 Bde. Hrsg. von Gunther Nickel, Alexander Weigel unter Mitarbeit von Hanne Knickmann und Johanna Schrön. Göttingen 2005 • Gunther Nickel: *Die Schaubühne / Die Weltbühne. Siegfried Jacobsohns Wochenschrift und ihr ästhetisches Programm.* Opladen 1996.

Gunther Nickel

ALFRED KERR

Die Welt im Drama (1917)

Nicht nur den Zeitgenossen galt Alfred Kerr als glänzender Stilist des Weimarer Feuilletons, der es verstand, sich als sensibler Beobachter und scharfzüngiger Kritiker öffentlichkeitswirksam an den Leser (und später dann auch in der Berliner Funkstunde an den Hörer) zu wenden. Er war der erste moderne Medienstar der jungen deutschen Republik. Diese seine besondere Stellung im Kulturbetrieb zeitigte Nachhaltigkeit. Denn heute kann er wieder auf Hochschätzung zählen – besonders bei jenen, die als professionelle Feuilletonisten Kerrs sprachliche Prägnanz und intellektuelle Hellsichtigkeit bestätigen. So lässt Marcel Reich-Ranicki – völlig zu Recht – keine Gelegenheit aus, Kerrs Bedeutsamkeit als Theaterkritiker und Literat herauszustellen, während Gerhard Stadelmaier von der *Frankfurter Allgemeinen Zeitung* mit seinem Schreibstil, in seinen Kritiken das Kerrsche Erbe geradezu direkt anzutreten versucht. Indem er sich ganz offensichtlich, weil öffentlich den Kerrschen Sprachschöpfungen anverwandelt, findet der Großkritiker der Weimarer Republik in ihm erstaunlicherweise und über die Jahre hinweg einen Nachfolger. Das Vorbild Kerr wirkt nach.

Es ist allerdings nicht nur die sprachliche Raffinesse, sondern die Unbestechlichkeit des Kerrschen Urteils, die seine herausragende Rolle als Kritiker und Schriftsteller begründet. Dass Kerr jedoch überaus selbstbewusst die eigene Form zur vierten Gattung erklärt, verschlägt einem dann doch den Atem: „Fortan ist zu sagen: Dichtung zerfällt in Epik, Lyrik, Dramatik und Kritik." Allein diese Aufwertung entbehrte nicht ihrer poetologischen Begründung. Kerr findet sie während seiner Beschäftigung mit der deutschen Romantik, als er 1894 mit einer Schrift zu Clemens Brentanos *Godwi* zum Dr. phil. promoviert wird. Die Romantiker verstehen Kritik als „Poesie der Poesie". Alfred Kerr – ein Spätromantiker? Durchaus! Das poetologische Programm von der Kritik als Nachschöpfung hat nachhaltig Kerr geprägt und lebenslang beschäftigt. Als er im Angesicht des Todes 1948 seinem Sohn Michael die postume Veröffentlichung der Novelle *Der Dichter und die Meerschweinchen* (erstmals 2004), die das romantische Doppelgängermotiv umkreist, gleichsam als Testament für die literarisch-publizistische Nachwelt ans Herz legt, schließt sich der Kreis.

Und noch etwas wird Kerr durch das Studium der deutschen Romantik bewusst und steigt zum Leitsatz seiner Welterschließung auf: „Jeder geliebte Gegenstand", sagt Novalis, „ist der Mittelpunkt eines

Paradieses." Was immer Kerrs Interesse fürderhin weckt, immer entdeckt es sich ihm als Möglichkeit eines Glücksversprechens. Da wundert es nicht, dass er Goethe zum Ahnherrn seiner Lebensmaxime aufruft: „Verweile doch, es war so schön!" Es ist bis ins hohe Alter und trotz der Schrecknisse der Verfolgung und Vertreibung ab dem Jahr 1933 eine große Portion an Lebensfreude, die Kerr die Welt in ihren alltäglichen wie ästhetischen Ausformungen wahrnehmen und durchleben lässt. Selbst der heutige Leser spürt etwas von dieser Heiterkeit in den Briefen aus der Reichshauptstadt Berlin und ganz besonders in den zahlreichen Reisefeuilletons und -beschreibungen (z.B. *Die Allgier trieb nach Algier*, 1929).

Dem jungen Akademiker Dr. Alfred Kerr stehen alle Türen zu einer wissenschaftlichen Karriere offen; er entscheidet sich für die Schriftstellerei. Kritiker will er werden, und er wird der bekannteste und gefürchtetste seiner Zeit. „Kerr hat zweimal gelächelt", versucht Carl Zuckmayers Mutter ihren Sohn in der Pause der Uraufführung des *Fröhlichen Weinbergs* zu beruhigen. Kerrs Urteil entscheidet über Erfolg oder Misserfolg, befördert oder verhindert die künstlerische Zukunft. Nicht immer ist Kerr vor Fehleinschätzungen gefeit. Das allerdings schmälert sein Verdienst um das deutsche Theater keineswegs. Bertolt Brechts erste dramatische Versuche finden Kerrs Zustimmung nicht; Brecht hatte allerdings seinen Förderer in Herbert Jhering, dem erklärten Gegenspieler zu Kerr. Aber was wäre aus der Dramatik eines Gerhart Hauptmann geworden, hätte nicht Kerr seine ganze Autorität, seinen Enthusiasmus für den Naturalismus in die Waagschale geworfen? Doch Kerr ist nicht allein. Er hat Mitstreiter, die sich des neuen Theaters annehmen. Der Freien Bühne mit Otto Brahm, dem stummen Gast in der Loge, gilt Kerrs Bewunderung: Die Aufführungen von Ibsen, Hauptmann und Schnitzler markieren Kerrs Initiation für das moderne Theater und erziehen ihn zum Verfechter der Moderne auf dem Theater.

Seit früher Zeit geht Kerr mit Hauptmann „auf einem Doppelweg: mit innigem Gefühl – und bedenkenloser Härte. Aber das betraf nur sein Arbeiten nicht sein Verhalten". Kerr spielt hier 1948 in der Rückschau auf Hauptmanns Kniefall vor den Nationalsozialisten an, den Kerr, der deutsche Jude, im Exil aus der Ferne erleben muss. Sein Bannfluch lässt nicht lange auf sich warten: „Sein Andenken soll verscharrt sein unter Disteln; sein Bild begraben im Staub." (1934) Kerr kennt keine Rücksichtnahme, unbestechlich diagnostiziert er die Zeitläufte. Er warnt vergeblich vor dem Erstarken des Nationalsozialismus und geißelt die politische Tatenlosigkeit. „Statt alle Kräfte von links geschmeidigrasch und geistesgegenwärtig zusammenzufassen, eine

Lähmung [...] durch tausend Spaltungen und Sektierereien" (1920) –
mit der Folge, dass Hitler ohne jeden Widerstand ins Amt des Reichs-
kanzlers eingesetzt wird. Dieses Kerrsche, politisch so vehemente Ein-
treten für die Weimarer Republik mag seiner kurzen nationalistischen
Begeisterung, besser: Verirrung, während des Ersten Weltkriegs
geschuldet sein, die auch vor chauvinistischen Anwürfen gegen die
Kriegsgegner nicht halt machte. Ab sofort zählt Kerr zu den unbeirrba-
ren Verfechtern der jungen Demokratie.

Und das natürlich insbesondere in der Zeit ab 1933. Aus Deutschland vertrieben, getrennt von den Freunden und Mitstreitern, vom Berliner Theater zumal, versucht er, zuerst eine finanzielle Grundlage für
sich und die Familie aufzubauen. Da Kerr des Französischen mächtig
ist, gelingt der Einstieg in Frankreich leichter als im späteren englischen
Exil. Die veröffentlichten Artikel können allerdings die bescheidene
Existenz nicht sichern. Eingedenk dieser Schwierigkeiten verlegt sich
Kerr auf das biographische Schreiben aus der Erinnerung. Sein Rathe-
nau-Buch (*Walther Rathenau: Erinnerung eines Freundes*, 1935) reiht
sich ein in die Liste bedeutender Mnemosyne-Texte des Exils.

Kerrs Hauptgeschäft jedoch ist und bleibt die Theaterkritik. Er ist
ein Glücksfall für die deutsche Theatergeschichtsschreibung. Auf diesem Gebiet entfaltet er eine Meisterschaft, die ihresgleichen sucht.
Seine Aufmerksamkeit richtet sich auf das Erleben von Theater, er spürt
dem Funken nach, der in der theatralen Aktion zum gemeinsamen
Erlebnis von Bühne und Publikum wird. Nicht die kleinteilige Beschreibung des Gesehenen und Gehörten steht dabei im Vordergrund (wenngleich Kerr auch hier, z.B. in seinem Schauspielerportraits, Maßstäbe
setzt), sondern der ihm eingebrannte Eindruck, die Impression.

Immer zwingt sich der feinnervige Sprachschöpfer Kerr, auf Augen-
höhe mit dem Dramatiker zu schreiben und damit das Ästhetische der
Inszenierung herauszuarbeiten. Er will das Gesamtkunstwerk Theater
auch an diejenigen vermitteln, die nicht Zeuge der Aufführung waren.
Dabei sieht er sich durchaus als Sprachreformer: Er verknappt die
Sätze, drängt das Theatererlebnis in wenige, aber ausdruckstarke
Worte und Verknüpfungen, die vor dem inneren Auge des Lesers, in
dessen Kopf, den Theaterabend wiedererstehen lassen. Damit ringt
Kerr dem transitorischen Charakter dieser Kunstgattung (Theater ist
immer live!) eine Form der Nachhaltigkeit ab, indem er ihr ein Moment
von Dauer über das kurze Hier und Jetzt der theatralen Interaktion hinaus einschreibt. Denn das ist das Grundproblem jeder Theatergeschichtsschreibung: Wie der Flüchtigkeit des Mediums beikommen,
um wenigstens eine Anmutung von dem zu geben, was auf der Bühne,
zwischen den Schauspielern und den Zuschauern verhandelt wird in

dem Augenblick, da Theater exekutiert wird? Die dramatische Vorgabe, die Lesart des Regisseurs und seines Teams, die Realisierung als Theater – das alles spielt zu Ende in der immer einzigartigen Aufführung, die im Vorführen sogleich vergeht. Während andere Kritiker sich in der Rolle des Chronisten sehen, der getreulich rekapituliert, schwingt Kerr sich zum Kunstrichter auf, der sich als Nachschöpfer in der Pflicht sieht. Was vom Theaterabend bleibt, ist der durch Kerrs Wahrnehmung hindurchgegangene, analytisch gefilterte und sprachvirtuos umgesetzte Eindruck eines ästhetischen Festes (oder Desasters).

Was nun nützt diese Einzigartigkeit, wenn mit dem Aufkommen der publizistischen Massenkommunikation jeder Text durch Standardisierung und Rotation im Immer-Gleichen unterzugehen droht? Hier weiß Kerr sich sozusagen instinktiv zu helfen. Um in der Bleiwüste der Zeitung nicht zu ertrinken, findet Kerr ein probates Mittel, das der Zeitgenosse Robert Musil 1927 sehr treffend beschreibt: „Eine Kritik von Kerr ist auf zwanzig Schritte Entfernung von der Kritik jedes anderen Menschen zu unterscheiden. Das macht die Packung in die bekannten kleinen Pakete Textes mit der römischen Bezifferung darauf."

Hier ist Kerr absolut modern. Gleichsam neusachlich die Ökonomie des Taylor-Systems übernehmend, revolutioniert Kerr typographisch sein Schreibsystem, was ob des eigentlich überkommenen dezidierten Impressionismus des Kerrschen Stils um so erstaunlicher ist. Sein Sprach- und Schreibduktus hält Kerr noch heute auf einer journalistischen Höhe, die durch Lebendigkeit, Frische und gelegentlich auch durch Manieriertheit auffällt.

Alfred Kerr: *Godwi – ein Kapitel deutscher Romantiker*, 1898 • Alfred Kerr: *Die Welt im Drama*. 5 Bde., 1917 • Alfred Kerr: *Gesammelte Schriften* (zum 60. Geburtstag) 1928 • Alfred Kerr: *Werke in Einzelbänden*. Hrsg. von Hermann Haarmann und Günther Rühle, 1989 ff. • Marcel Reich-Ranicki: *Der kämpfende Ästhet*. In: Marcel Reich Ranicki: *Die Anwälte der Literatur*. 2. Aufl., München 1999, S. 130-143.

Hermann Haarmann

JOSEPH ROTH

Feuilletons (1919-1922)

Auch wenn Joseph Roth lange Zeit vor allem als Romanautor der Habsburger Doppelmonarchie wahrgenommen wurde, so übertrifft doch der Umfang seiner Feuilletons den Umfang der rein literarischen Produktion bei weitem. Ein Korpus von mehr als 1700 Texten hat man bisher in den Archiven erschlossen. Dass er mit ihnen „das Anlitz der Zeit" zeichnen wolle, lautet die Selbstauskunft, die Joseph Roth 1920 im Neujahrsfeuilleton der Wiener Tageszeitung *Der Neue Tag* gegeben und die er in späteren Jahren leicht variiert wiederholt hat. Er liefert damit nicht nur die bekannteste und wohl treffendste Beschreibung seines journalistischen Œuvres; er hat damit auch eine Grunddefinition für das feuilletonistische Schreiben überhaupt ins Spiel gebracht.

Roth beginnt seine Arbeit für die Zeitung – nachdem er als Soldat zunächst hin und wieder Lyrik im pazifistischem Blatt *Der Frieden* veröffentlichen konnte – im Nachkriegswien, wo Benno Karpeles im Jahr 1919 die Zeitung *Der Neue Tag* gründet. Roth lernt hier nicht nur Alfred Polgar, sondern auch Egon Erwin Kisch kennen, der bald in Berlin mit seinen sozialkritischen Reportagen von sich Reden machen wird. In den knapp fünfzehn Monaten, in denen sich Der Neue Tag finanziell über Wasser halten kann, schreibt Roth im Stile eines Lokalreporters über ein Themenspektrum, das von Veranstaltungsnotizen, Berichten über Tagesereignisse bis hin zur Beobachtungen städtischer Szenerien reicht. Immer geht es dabei um das prekäre, von Mangel und Elend bestimmte Leben in einer vom Krieg demontierten Stadt. Das Antlitz der Zeit, das Roth zeichnet, ist eines von sozialer Not, Versorgungsknappheit und täglicher Improvisation.

Wiener Symptome nennt sich denn auch eine Reihe von 33 Texten, die in *Der Neue Tag* zwischen Frühjahr 1919 und Frühjahr 1920 erscheint und in der Roth am Kleinen vorführt, woran das Leben dieser Nachkriegsgesellschaft im Großen und Ganzen krankt. Nie ist es die überschauende Perspektive, die Roth einnimmt, nie sind es die politischen Fragen der Zeit, die er diskutiert. Stattdessen interessiert ihn der konkrete Lebens- und Erlebnishorizont der Menschen, die gemeinhin kaum in den Fokus seiner schreibenden Zeitgenossen geraten.

Die Beobachtungs- und Schreibstrategie folgt dabei immer dem gleichen Muster. „Das Diminuitiv der Teile ist eindrucksvoller, als die Monumentalität des Ganzen. Ich habe keinen Sinn mehr für die weite, allumfassende Armbewegung des Weltbühnenhelden. Ich bin ein

Spaziergänger." (*Berliner Börsen Courier*, 24. Mai 1921) Was Roth als Spaziergänger an Symptomen, Eindrücken und Erlebnissen sammelt, verarbeitet er in seinen Artikeln und Feuilletons zu Beiträgen, die sich zur Alltagskultur einer Übergangsgesellschaft in einer Zeit des sozialen und kulturellen Wandels zusammensetzen lassen.

Formal lassen Roths Blick auf das vermeintlich Nebensächliche, seine Subjektivität und sein sprachlicher Witz und Esprit durchaus noch die Tradition des Wiener Feuilletons erkennen. Diese Tradition allerdings, die gemeinhin der bloßen impressionistischen Plauderei verdächtigt wird, verbindet Roth mit einer kritischen, auf Recherche, zunächst auch auf Interviews aufbauenden Gegenwartsdiagnostik. Wichtigste rhetorische Figur wird dabei das Paradox, das für ihn die typische Lebensform der Nachkriegsmoderne spiegelt. Bewusst lässt er die sozialen Widersprüche, die er auf seinen Streifzügen durch die Wirklichkeit ausmacht, unaufgelöst. Mehr noch: Er verstärkt die Paradoxien des Alltags durch das unkommentierte Nebeneinanderstellen des Gegensätzlichen. Auf diese Weise verleiht er seinen Beschreibungen ein Moment von Irritation, das den Leser für jene Symptome sensibilisieren soll, die Roth aus seinen Beobachtungen auf den Straßen als wesentlich herausliest.

Dieses ästhetische Verfahren – aus dem Konkreten und Äußerlichen auf das Wesen und die innere Verfasstheit der Gesellschaft zurück zu schließen – haben Roths Feuilletons mit den Großstadtbetrachtungen von Georg Simmel oder Siegfried Kracauer gemeinsam, die zeitgleich das Prinzip der Verknüpfung von Oberflächen- und Gesellschaftsanalysen als erkenntniskritische Methode etablieren. Der Reportage indes, wie sie in dieser Zeit in Mode kommt, steht Roth übereinstimmend mit Kracauer kritisch gegenüber und lehnt sie wie jener als das bloße Nacherzählen kontingenter Fakten und Vorkommnisse ab. „Das Ereignis ‚wiederzugeben' vermag erst der geformte, künstlerische Ausdruck, in dem das Rohmaterial enthalten ist wie Erz im Stahl, wie Quecksilber im Spiegel", wird Roth 1930 unter dem Titel *Schluß mit der ‚Neuen Sachlichkeit'!* überzeugt von der Notwendigkeit der ästhetischen Bearbeitung, des Arrangements des Materials schreiben.

Roth wird sich Kracauer bald auch räumlich annähern. Als *Der Neue Tag* 1920 sein Erscheinen einstellen muss, übersiedelt er nach Berlin. Hier nimmt seine Karriere als Journalist einen raschen Aufstieg. Nach ersten Texten für die *Neue Berliner Zeitung*, die sich 1922 in *12-Uhr-Blatt* umbenennt, schreibt Roth schon bald für den *Berliner Börsen Courier*, aber auch für den *Vorwärts* oder das Satireblatt *Lachen links*. 1923 schließlich erreicht seine journalistische Laufbahn ihren Höhepunkt, als er Korrespondent der *Frankfurter Zeitung* wird.

Auch wenn Roth hin und wieder seine Artikel mit „der rote Joseph"
signieren wird, zeigt doch schon die Auswahl der Zeitungen, für die er
in Berlin schreibt, dass Roth sich auch hier nicht zum Parteigänger im
engeren Sinne entwickelt. Dezidiert politische Themen und Anlässe wie
die Sonderberichterstattung von der österreichisch-ungarischen Grenze im Jahr 1919 oder von der deutsch-polnischen Grenze, wo es 1920
zu Unruhen kommt, bilden deshalb genauso wie seine Reportagen vom
Leipziger Prozess gegen den Rathenau-Mörder oder seine Berichte aus
dem besetzten Ruhrgebiet im Jahr 1923 eine Ausnahme.

Wenn sich Roth trotzdem als politischer Autor verstanden wissen
will und 1922 in einem wütendem Brief an Herbert Jhering, den Feuil-
leton-Chef des *Berliner Börsen Couriers* gar das Elend der „Sonntags-
plauderei" beklagt, das ihn zur Verleugnung seines „Sozialismus" nötige, dann trifft sich dieser Anspruch durchaus mit Roths publizistischer
Produktion seiner Berliner Zeit.

Wie in Wien, so ist es auch hier das Abseitige, Kleine, die Versehrt-
heit der Gesellschaft, die Roth umtreibt und antreibt. Roths Wahrnehmung Berlins bleibt dabei stets zwiespältig. Der reichere Westen der
Stadt – obwohl er hier selbst Quartier bezieht – bleibt ihm überwiegend
suspekt. Seine Schilderungen, gerade die rund um die Konsumier- und
Flaniermeile Kurfürstendamm, versieht er mit distanzierter, zuweilen
süffisanter Ironie. Die Ostberliner Arbeiterviertel hingegen, die Armen-
oder Waisenhäuser ziehen Roth an und lassen einen großen Teil seiner
Berlin-Feuilletons zu Sozialreportagen werden, die von einem schmerz-
haften Mitleiden geprägt sind. Er schreibt über das städtische Obdach-
losenasyl im Prenzlauer Berg, über das Vormundschaftsamt in der
Landsberger Allee, über ein Asyl für Künstler oder das Polizeipräsidi-
um am Alexanderplatz.

Vor allem das Scheunenviertel, das sich nördlich des Alexanderplat-
zes über ein paar Straßen erstreckt und in dem sich jüdische Einwande-
rer, Flüchtlinge und eine Halbweltgesellschaft aus Schiebern, Zuhäl-
tern und kleinen Gaunern eingerichtet haben, zieht den im galizischen
Brody geborenen Juden Roth geradezu magisch an. Hier, in den Asylen
und in den Notunterkünften von Reisenden, mag er die Heimatlosig-
keit wiedergefunden haben, die seine eigene Biographie geprägt hat
und die der ständig zwischen seinen Unterkünften wechselnden Roth
seinem Leben selbst noch einmal beigibt. So ist es keine Sensationsgier,
die Roth in den Elendsquartieren seinen Stoff suchen lässt. Es ist wie in
seinen Wiener Anfängen die Überzeugung, in den äußeren Verhältnissen und ihren offensichtlichen Unverhältnismäßigkeiten Symptomati-
sches über das Innere der Zeit abgebildet zu finden. Allerdings fehlen
auch solche Texte nicht, die sich den Modethemen der Zeit widmen:

Dem technischen Fortschritt, dem großstädtischen Verkehr, der Unterhaltungsindustrie. Kann Roth auch an ihnen und an den mit ihnen verknüpften Diskursen etwas über Verfasstheit und Lebensgefühl der Gesellschaft ablesen, dann passt es ins Bild, dass die Theaterkritiken, die sich ebenfalls unter seinen Feuilletons finden, eigenartig nichtssagende, uninspirierte und lustlose Pflichtübungen bleiben. Was auf der Bühne in künstlichem Arrangement dargeboten wird, kann für Roth nichts über die Wirklichkeit da draußen erzählen. Nur an seinen Rezensionen zeigt sich, was Roths Feuilletons zuweilen auch insgesamt unterstellt wird: Dass sie lediglich dazu dienen, ihm „bread and butter" zu finanzieren.

Wäre das so gewesen, ließe sich schwerlich die Emphase erklären, mit der Roths Feuilletons mit ihrem Für und Wider, ihrer Zerrissenheit zwischen Ost und West, ihrer Ambivalenz dem technischen Fortschritt und dem modernen Leben gegenüber die Gegenwart durchdringen und entzifferbar machen wollen. „Gesetzt, es käme [...] auf dem Mars einem lieben Leser der Einfall, eine *Berliner Illustrierte Zeitung* zu abonnieren, was erführe er da von der Erde?" fragt Roth am 1. April 1923 in *Das Lächeln der Welt*. Leidenschaftlich – davon zeugt allein der ungeheure Umfang seiner feuilletonistischen Produktion – arbeitet Roth daran, für diese Eventualität jeden Tag aufs Neue, aus je einer halben Seite Text Bausteine für ein möglichst vollständiges Antlitz dieser Zeit zu liefern: für die Leser auf dem Mars, genauso wie alle nachfolgenden Generationen.

Joseph Roth: *Das journalistische Werk 1915–1923*. Gesammelte Werke Bd. 1. Hrsg. Von Klaus Westermann. Mit einem Vorwort zur Werkausgabe von Klaus Hackert. Frankfurt a.M. 1994 • Michael Bienert (Hrsg.): *Joseph Roth in Berlin. Ein Lesebuch für Spaziergänger*. Köln 1996 • Klaus Westermann: *Joseph Roth, Journalist*. Bonn 1987 • Irmgard Wirtz: *Joseph Roths Fiktionen des Faktischen. Das Feuilleton der zwanziger Jahre und die „Geschichte von der 1002. Nacht im historischen Kontext"*. Berlin 1997.

Wiebke Porombka

EGON ERWIN KISCH

Der rasende Reporter (1925)

Egon Erwin Kischs vielleicht berühmteste Sammlung von Reportagen beginnt mit einem doppelt programmatischen Paukenschlag, in dem sich kalkuliertes Marketing und engagierte Literatur-Politik vermischen: Der Titel der Sammlung entwirft nicht nur ein Bild, sondern gleich einen ganzen Vorstellungskomplex, der das Image des Autors (und allgemeiner das des Reporters) auf Jahre hin prägen sollte. Tempo, Abenteuer und Unterhaltung verspricht dieser Titel, und eine Vielzahl von sorgfältig inszenierten Autorenporträts sorgte in den späten zwanziger und frühen dreißiger Jahren dafür, dass das Publikum in dem Reporter Kisch den zuverlässigsten Lieferanten solcher Reize sah. In offenbarem, aber vom zeitgenössischen Publikum grundsätzlich ignoriertem Widerspruch zu diesem Markenzeichen erklärte dann das Vorwort, mit dem die Sammlung eingeleitet wurde, den Autor zum zweitrangigen Medium einer ganz anderen Botschaft. Wichtig sei nicht der Reporter, sondern sein Stoff, „die Zeit, in der man lebt!" Ein guter Reporter benötige „Erlebnisfähigkeit" und die Bereitschaft zu „unbefangene[r] Zeugenschaft", doch sein Ziel sei es, hinter seinen quasi fotografischen „Zeitaufnahmen" zurückzutreten und ganz allein der „Sachlichkeit" und der „Wahrheit" zu dienen. Damit rief Kisch die Schlagworte der neuesten literarischen Mode auf und positionierte sich zugleich als Kritiker seiner Zeit, der er nämlich unterstellte, sie sei „von der Lüge unermesslich überschwemmt".

Kischs Programm ist von der späteren literaturwissenschaftlichen Forschung gründlich dekonstruiert worden: Der Widerspruch zwischen seiner Tempo-Rhetorik und seiner sorgfältig-langsamen Arbeitsweise wurde ebenso demonstriert wie die gezielte politische Funktionalisierung angeblich tendenzloser Reportagen. Und an die Stelle des neutralen, in Sachfragen grundsätzlich zuverlässigen Dokumentaristen ist inzwischen das Bild eines passionierten Geschichtenerzählers – vielleicht gar notorischen Schwindlers – getreten, dem Wirkungen grundsätzlich wichtiger waren als Fakten.

„Die Zeit, in der man lebt" – das war im Diskurs der neusachlichen zwanziger Jahre eigentlich die Gegenwart der Nachkriegsgesellschaft, die Welt der Großstadt, der wirtschaftlichen und kulturellen Krisen, der Neuen Medien und der alten Industrien. Repräsentiert wird diese Welt in Kischs Sammlung beispielsweise von Reportagen aus der Kohle- und Stahlindustrie im Ruhrgebiet, von Heringsfischern und

Hopfenpflückern, von Berliner Sportereignissen, Londoner Kriminellen und tschechischen Auswanderern. Die Welt der Arbeit und soziale Fragen stehen gleichberechtigt neben (genauer: zwischen) Medienkritik, Kulturberichterstattung und historischen Recherchen. Nur im engeren Sinne Politisches bleibt – trotz Kischs Engagement für die KPD – ausgespart. Zudem weist der Reporter im Vorwort darauf hin, dass seine „Zeitaufnahmen [...] nicht auf einmal gemacht worden" sind, und tatsächlich stammt ein Teil dieser Reportagen bereits aus der Vorkriegszeit. Im Unterschied zur Zeitungsreportage finden Kischs Texte ihr Fundament nicht in einem klar fixierten, aktuellen Datum, sondern zielen auf die Zeitlosigkeit der Literatur. Ob die Situationen und Zustände, die sie beschreiben, zum Zeitpunkt der Veröffentlichung noch der Wirklichkeit entsprechen oder vom raschen Wandel der Zeit verändert worden sind, wird nicht gefragt. Vielleicht ist das auch deshalb nicht nötig, weil Kisch das Tempo der Zeit für eine Oberflächenillusion hielt, die deren wahren Charakter, ihr Wesen, nicht wirklich veränderte. In einer zur Allegorie stilisierten Reportage vom Berliner Sechstagerennen heißt es programmatisch: „So bleiben alle auf demselben Platz, während sie vorwärts hasten".

Offenbar liefert nicht die Aktualität das Auswahlkriterium für Kischs Themen. Das belegen auch Kischs historische Recherchen nach den ungarischen Ahnen Albrecht Dürers oder im Pariser Haus von Balzac, denen man kaum zeitgemäße Relevanz bescheinigen kann. Folgt man dem Vorwort, ist vielmehr die „Sensation", oder wie Kisch es nennt: die „Exotik" der Themen entscheidend für ihre Auswahl. Dementsprechend beginnt die Sammlung mit einem Besuch bei den Londoner Obdachlosen, inszeniert als Rollenreportage, in der Kisch selbst einen Obdachlosen spielt. Es folgen eine Taucherpartie und eine Kriminalreportage über den Tod eines Einbrechers, später dann unter anderem ein Rundflug in einem Aufklärungsflugzeug, Recherchen auf dem Pariser Flohmarkt oder eine Beschreibungen der zahlreichen Tätowierungen auf dem Körper des Reporters. Doch dazwischen findet man – wie eine Parodie auf den atemlosen Exotismus des „rasenden Reporters" – die Besichtigung eines Porzellanmuseums oder den Bericht über eine ironisch als „Weltumseglung" titulierte Bootspartie, die sich vor allem dadurch auszeichnet, dass nichts Bemerkenswertes geschieht.

Nicht immer liegt also die Sensation im Gegenstand. Mindestens ebenso wichtig für den Effekt ist Kischs Darstellung und Anordnung seiner Themen. Wenn er über die Besichtigung eines Hochofens schreibt: „Jeder neue Eindruck lässt den vorhergehenden verblassen", so benennt er zugleich Struktur und Wirkungsweise seines Buches. Die

Anordnung seiner insgesamt 53 Texte folgt offenbar keiner zeitlichen oder thematischen Logik, sondern dem Prinzip des Kontrasts, der erst den für Kischs Image so entscheidenden Eindruck von rasendem Tempo hervorbringt. Von einem Ort und Thema springt der Reporter scheinbar willkürlich zum nächsten, die Zeiten und die Länder rascher wechselnd als die Schuhe. Das Prinzip Abwechslung ist für Kischs Sammlung ebenso konstitutiv wie für die Kultur, die der Reporter porträtieren will.

Abwechslung und Variation charakterisieren schließlich auch Kischs Schreib- und Darstellungsweise. Szenische Beschreibungen, historische Erzählungen, dramatische und komische Dialoge, Interviews, fingierte Reden, Originalquellen und sogar einige Illustrationen wechseln sich in ebenso rascher Folge ab wie die Themen der Reportagen. Manchmal scheint der Reporter mit sich selbst zu sprechen: „Aha, das ist die Vorstadt." Dann wieder redet er seine Leser an: „Freunde, ich bin euch so nahe!" Gerne weist er die Leser auf die „raffiniert[en]" dramaturgischen Kniffe hin, mit denen er seine Reportagen inszeniert. So steht die Form der Texte mindestens gleichberechtigt neben ihrer Thematik, ja: sie ermöglicht es erst, die verschiedenen Themen und deren „Wahrheit" kenntlich zu machen. Kischs Reportagen inszenieren den Prozess ihrer Entstehung als unabdingbares Element der Wahrheitsfindung.

Als ein „Album" mit „Zeitaufnahmen" charakterisiert Kisch sein Buch im Vorwort. Als Ganzes betrachtet wirkt die Sammlung vielleicht beliebig und chaotisch. Betrachtet man einzelne dieser Aufnahmen oder Texte für sich, so kann man zeitkritische Sinnbilder, Sprach- und Ideologiekritik und sogar eine „Tendenz" ausmachen. Ganz im Sinne des zeitgenössischen Feuilletons entdeckt Kisch in scheinbar abgelegenen, exotischen oder unscheinbaren Gegenständen eine symptomatische Bedeutsamkeit. Gelegentlich stellt er auch Zusammenhänge her. Wenn er die Schinderei im Kesselraum eines „Riesendampfers" beschreibt, erinnert er seine Leser an einen anderen Text der Sammlung: „Nach je vier Stunden dürfen die Feuermänner aus der Arena treten, von der anderen Schicht abgelöst. Vier Stunden später geht es wieder los. Wie beim Sechstagerennen. Auch die Überfahrt dauert sechs Tage." Die Monotonie solcher Arbeitsprozesse, die nur für ein unbeteiligtes Publikum vorübergehend aufregend wirken, bildet einen geheimen Kontrapunkt zur hektischen Abwechslung, die die Oberfläche des „Albums" kennzeichnet. Nach einer Unterbrechung, die die „Tretmühle" zerstören würde, sucht der Reporter allerdings vergeblich: „In der Arbeitspause duschen oben in den Badesälen die Abgelösten und legen ihre Wäsche an. Dann trinken sie ein Glas Bier und klettern auf ihre Lager. [...] Erfüllt die Glut der Kessel sie mit Glut? Erregt sie der Takt der Bewegung zur Bewegung? [...] Sie spülen den Kohlenstaub mit einem Glase Bier hinunter und schlafen."

Die hier artikulierte Enttäuschung kennzeichnet Kischs letztlich melancholische Haltung, denn so dringlich er gelegentlich nach Revolte und Empörung suchen mag, stärker fasziniert ist er am Ende immer von den zweckfreien, ästhetischen Reizen des Exotischen, deren „Intensität" jede soziale Wahrnehmung übertrifft. In Zeiten des rasenden Stillstands liefert der Reporter seinem Publikum und sich selbst zumindest Abwechslung durch die Beschreibung „zauberischer Vorgänge, deren staunender Zeuge man ist".

Egon Erwin Kisch: *Der rasende Reporter.* Berlin, Weimar 1990 • Markus Patka: *Egon Erwin Kisch. Stationen im Leben eines streitbaren Autors.* Wien, Köln, Weimar 1997 • Dieter Schlenstedt: *Egon Erwin Kisch.* Berlin 1985.

Matthias Uecker

ALFRED POLGAR

Orchester von oben (1926)

Alfred Polgar hätte seinen 1926 bei Rowohlt erschienenen Band *An den Rand geschrieben* besser mit „Silpelith rudert über die Erlen" oder „Gewölk im Südsüdnord" betitelt. Weniger missverständlich wäre dann nämlich – so der Autor – die Rezeption der „Erzählungen und Studien" ausgefallen, weniger kränkend die mit dem Titel einhergehenden Assoziationen, die das Geschriebene als „unscheinbar, nebensächlich, fern vom Kern, Notizen, Notizchen, Brosamen (süddeutsch: Brösel), Randleisten, Randschnörkel" abzutun erlaubten. Den noch im selben Jahr erscheinenden Folgeband versieht Polgar denn auch mit dem Titel *Orchester von oben*. Nicht augenfällig programmatisch, soll dieser den Blick der Kritik weg von der Randständigkeit der kleinen Form im literaturgeschichtlichen Kanon und hin zu den im Band versammelten Texten selbst lenken.

Für das ‚genre mineur' tritt Polgar nichtsdestotrotz in dem kurzen Aufsatz *Die kleine Form* ein, das er der Sammlung quasi als Vorwort voranstellt. Nicht „mit sehr großen Worten", hierzu fehle „das nötige Pathos", aber doch in der Form eines kleinen ästhetischen Manifests, klagt er den Rang des Feuilletons innerhalb des Kanons der modernen Literatur ein. Die Wahl der kleinen Form nämlich sei nicht zwingend „ein Not-Effekt des kurzen Atems" ihres Autors. Vielmehr sei diese „der Spannung und dem Bedürfnis der Zeit gemäß", die episodische Kürze sei der Rolle angemessen, „die heute der Schriftstellerei" zukomme. „Das Leben ist zu kurz für lange Literatur, zu flüchtig für verweilendes Schildern und Betrachten, [...] zu rasch verfallen der Gärung und Zersetzung, als daß es sich in langen und breiten Büchern lang und breit bewahren ließe", pariert Polgar indirekt eine Invektive Thomas Manns gegen den „lyrischen Journalismus" Peter Altenbergs.

Die Auflösung des Koordinatensystems des physikalischen, leiblichen, sozialen, moralischen und zeitlichen Raums – eine der zentralen Erfahrungen der Moderne – findet Polgar zufolge nur noch in der kleinen Form ihre ästhetische Entsprechung. „Ein großes Beben rüttelt die geistige Welt, wirft um, was steht, versenkt das sicher Gegründete, treibt neuen Erdengrund hoch: wie vermessen, auf solchem Boden schwer und massiv zu bauen! Ewigkeiten erweisen sich als zeitlich, die solidesten Götter als Götzen, alle Anker sind gelichtet, kein Mensch weiß, wohin die Reise geht, aber daß sie geht und wie sausend rasch sie geht, spüren wir am Schwindel: wer wollte da mit überflüssigem

Gepäck beladen sein? Ballast ist auszuwerfen – [...] kürzeste Linie von Punkt zu Punkt heißt das Gebot der fliehenden Stunde. Auch das ästhetische. "

Diesem ästhetischen Gebot folgt Polgar selbst in allen Texten seiner Sammlung. Der ‚Meister der kleinen Form', wie ihn die Kritik nennt, ist gleichzeitig ein Meister der Reduktion. Er entwirft seine Bilder der Gegenwart nicht in ausschweifenden Erzählungen und Schilderungen, er bietet auch keine letztgültigen Interpretationen des Beobachteten. Die ästhetische Wirkung, aber auch die Erkenntnisleistung seiner Texte dankt sich vielmehr einer Verdichtung, die etwa durch die semantische Aufladung einzelner Wörter, aber auch durch das Nebeneinanderordnen einer Vielzahl von vordergründig nicht zusammengehörenden semantischen Feldern entsteht. Polgar bediene sich – so Robert Musil in seinem Interview mit dem Autor – der Technik der Simultaneität, indem er still nebeneinandersetze, „was im Leben vereint [sei], aber sich gar nicht [vertrage], sobald die atmosphärische Soße der Gewohnheit davon genommen" werde. Deutlich wird Polgars ‚Montagetechnik' etwa in seinem Antikriegsfeuilleton *Theaterabend 1915*, das im titelgebenden Jahr in der *Schaubühne* erscheint. Hier verschränkt Polgar zwei Wirklichkeitsebenen: die der Schützengräben und die eines in seiner selbstinszenatorischen Routine verharrenden Theaterpublikums, das sich „[h]undert Milliarden Meilen" von diesem Krieg entfernt dünkt. Bilder von kostbar geschmückten Frauen in „zärtlich angeschmiegten Schuhen" vermischen sich im Text mit Bildern von in Erdlöchern hockenden verlausten und nach Urin stinkenden Soldaten. Dabei entsteht der Bedeutungsraum des Krieges assoziativ aus den Impressionen eines Theaterbesuchers, in dessen Sätze über das Geschehen im Theater Bilder von Gewalt und Tod förmlich eindringen. „Das Parterre sitzt wohlgeordnet, in den ersten Reihen der Ränge liegt es wie Linien abgeschlagener Köpfe hinter der samtenen Brüstung." Die Kritik am Krieg bzw. an dessen Verdrängung rückt damit nach und nach ins Zentrum des Textes, ohne dass sie explizit gemacht wird.

Kritik an sozialen Schieflagen, an der Willkür einer voreingenommenen Gerichtsbarkeit, an bürgerlicher Doppelmoral und immer wieder an der verlogenen Glorifizierung des Ersten Weltkriegs äußert sich in Polgars Feuilletons tatsächlich meist implizit. Der „Oberste der Saboteure", wie Walter Benjamin den Autor nennt, unterläuft herkömmliche Ordnungen subtil, durch ironische Brechung, durch Konzentration auf das scheinbar Nebensächliche eines Geschehens, durch ein Spiel mit Perspektiven, mitunter auch durch Wortspiele. Vor dem Denkmal für den Unbekannten Soldaten unter dem Pariser Triumphbogen reflektiert er etwa über eine Korrektur der Inschrift „Mort pour la patrie" in „Mort par la patrie". In der siebenzeiligen Skizze mit dem Titel *Soziale Unordnung* wiederum lässt er einen zum Tode Verurteilten auf die Frage „Was wünschen Sie zum Abendbrot? [...] Sie dürfen essen und trinken, was und wieviel sie wollen", antworten: „Schade!! Wenn Sie mich das drei Monate früher gefragt hätten, wär' der ganze Raubmord nicht passiert." Den Selbstmord einer Sechzehnjährigen, „die vom Pfade ihrer vorbestimmten Entwicklung" zur Dienstbotin oder Abortfrau abweichen wollte, der jedoch die Genehmigung, als Prostituierte zu arbeiten, verweigert wurde, kommentiert Polgar ironisch: „Mit vierzehn dürfen sie in die Fabrik, mit siebzehn erst bekommen sie das Prostitutions-, mit zwanzig das Wahlrecht."

Einer „Von-draußen-Logik" gehorchend, platziert Polgar seine Aussagesubjekte und Figuren häufig in einem räumlichen Abstand zu den von ihnen wahrgenommenen Gegenständen – etwa oben „in einer ersten Rangloge" der Oper, wie im titelgebenden Feuilleton *Orchester von oben*, vor der Logentür, vor dem Restaurant oder vor den Gärten der Reichen, die ihrerseits über den schmutzigen Bezirken liegen, „wo die armen Leute wohnen". Das Wahrnehmen aus der Distanz wird dabei häufig selbst zum Thema der Texte. „Sollte man am Ende nicht so das ganze Leben leben? Von draußen? Sicher vor Enttäuschungen in einem verklärenden Beiläufig des sinnlichen Bemerkens?", reflektiert der Dandy Leonhard über die Vorteile, die eine durch die Distanzierung vom ‚eigentlichen' Geschehen eingeschränkte Wahrnehmung mit sich bringt. Dessen eskapistische Überlegungen wendet Polgar jedoch ironisch in Sozialkritik. Eingeschränkte Wahrnehmung, die im fraglichen Text (Leonhard hat ein Erlebnis) eine Folge der ungerechten Verteilung der Mittel ist, bedeutet auch nur eingeschränkte Teilhabe an den Möglichkeiten der Sinnlichkeit. Das mittellose Mädchen, das sich Opernkarten nicht leisten kann, verfolgt die (nun freilich bruchstückhafte) Oper vor der Logentür und ergänzt sie in ihrer Phantasie zum Gesamtkunstwerk. Ihr bleibt – so der blasierte Dandy und Inhaber eines Parkettfauteuils – der Anblick der unvollkommenen Inszenierung erspart. Den Mädchen, die neidisch durch das Fenster des Nobelrestaurants auf den dort ausgestellten Fasan blicken, bleibt der Weg zum Würstelmann.

Orchester von oben versammelt Texte aus den Jahren 1907 bis 1926. Zum Teil bereits in früheren Sammlungen des Autors abgedruckt, sind die Feuilletons jedoch fast sämtlich zuerst in Zeitungen und Zeitschriften erschienen, etwa im *Simplicissimus*, in *Der Friede*, im *Berliner Tageblatt*, im *Prager Tagblatt*, im *Tag*, im *Tage-Buch* oder auch in der *Schaubühne*. Dem Band kommt im Schaffen des Autors in mehrerlei Hinsicht eine Schlüsselrolle zu. In ihm formuliert Polgar

nicht nur seine Poetik der kleinen Form, sondern legt auch einen reprä-
sentativen Querschnitt aus fast zwei Jahrzehnten feuilletonistischer
Produktion vor. Das thematische Spektrum der Arbeiten reicht denn
auch von den Antikriegsfeuilletons, über die Justizfeuilletons, die theaterkritischen Feuilletons bis hin zu jenen Stimmungsskizzen, die in
einem deutlichen Dialogverhältnis zu den frühen impressionistischen
Prosaskizzen Peter Altenbergs stehen. Gemeinsam mit *An den Rand
geschrieben* markiert der Band zudem den Beginn der Zusammenarbeit
mit dem Berliner Rowohlt-Verlag. Den beiden Anthologien lässt der
Verlag bis 1933 noch zehn weitere folgen. Insgesamt umfasst die vom
Autor selbst vorgenommene Auswahl seines feuilletonistischen Werks
27 Bände, eine Auswahl, die – freilich systematisiert, gestrafft und
umgekehrt um bis dahin lediglich als Zeitungstext Vorliegendes
ergänzt – seit den achtziger Jahren als sechsbändige Werkausgabe auf
etwa 3000 Seiten vorliegt. Die Literaturwissenschaft hat sich mit dem
Werk des ‚Meisters der kleinen Form‘ bislang nur ‚am Rande‘ befasst.
Polgar wäre diese Tatsache wohl allenfalls Anlass zu einer kleinen
Glosse gewesen.

Alfred Polgar: *Kleine Schriften*. 6 Bde.. Hrsg. von Marcel Reich-Ranicki in
Zusammenarbeit mit Ulrich Weinzierl. Reinbek bei Hamburg 1982-1986
[Neuausgabe der Bde 1 (= Musterung), 2 (= Kreislauf), 3 (= Irrlicht) 2004] •
Alfred Polgar: *Orchester von oben*. Berlin 1926 • Ulrich Weinzierl: *Alfred Pol-
gar. Eine Biographie*. Wien, München 1985.

Hildegard Kernmayer

KURT TUCHOLSKY

Mit 5 PS (1928)

„Man möchte", heißt es im Refrain von Tucholskys Gedicht *Ideal und Wirklichkeit*, „immer eine große Lange, / und dann bekommt man eine kleine Dicke – / Ssälawih -!" Was der 1890 geborene Kurt Tucholsky hier als abgeklärte Haltung wenn nicht empfiehlt, so doch vorführt, bezeichnet auch einen Grundkonflikt in seiner eigenen Arbeit. Denn zu seiner Tagesproduktion als literarischer Publizist, für die er heute immer noch vorrangig wahrgenommen wird, hatte er ein gespaltenes und wachsend instrumentelles Verhältnis. Sogar einen längeren Prosatext wie seine 1931 erschienenen Sommergeschichte *Schloß Gripsholm* betrachtete er lediglich als ein Test, um zu erkunden, ob er „überhaupt ein kleines Buch durchhalten" könne.

Sein lang gehegter Wunsch nach einer unabhängigen Existenz als Schriftsteller herkömmlicher Prägung erfüllte sich nicht. Als er sich nach langer Vorbereitungszeit 1931 den äußerlichen Rahmen geschaffen hatte, der ihm vorschwebte, scheiterte er an dem Widerspruch zwischen seinen traditionellen Vorstellungen von dem, was ein Roman zu sein habe, und den Erfordernissen, die ihm ein Romanstoff, der Gegenwärtigkeit beanspruchen durfte, abverlangte.

Der Sammlung seiner verstreut erschienenen Feuilletonbeiträge, die er 1928 unter dem Titel *Mit 5 PS* veröffentlichte, lagen vor allem marktstrategische Überlegungen zugrunde. Zum einen wollte er mit der erneuten Verwertung der rund hundert Texte nochmals Geld verdienen; zum anderen versuchte er sich mit dem Rowohlt Verlag im Hinblick auf eine dauerhaft gesicherte Verlagsbeziehung zu akkommodieren, die ihm für die Konzentration auf ein größeres Buchprojekt unerlässlich erschien; und schließlich setzte er bei der Auswahl den Akzent bewusst auf seine literarische und nicht seine politische Publizistik, um das Publikum schon vorsichtig auf den geplanten Rollenwechsel vom Feuilletonisten zum Schriftsteller vorzubereiten.

1925 hatte Tucholsky noch als Alternative zum verbreiteten „horizontalen" für einen „vertikalen" Journalismus plädiert, der die soziale Fragmentierung überwinden solle: „Wüßte die herrschende Klasse wirklich, wie es in den Arbeiterherzen aussieht, könnte der Städter die wahren Sorgen eines Bauern fühlen, der Bauer die untiefe Masse städtischer Vorstellungen – sie würden sich vielleicht gegenseitig helfen." Aber nicht diesen Text nahm er in *Mit 5 PS* auf, sondern eine Kritik am „Talmikram" des Feuilletonisten, dessen „Rezepte" er schonungslos aufs Korn nahm: „Fürs erste: Protze. Du mußt protzen mit allem, was es gibt, und mit allem, was es nicht gibt: mit Landschaften, Frauen, Getränken, teuern Sachen aller Kaliber, noch einmal mit Frauen, mit Autos, Briefen, Reisen und der Kraft der anderen, die du müde kennst. Es ist eine eigene Art der Lüge [...]." Seine schon zu Beginn der 1920er Jahre zu beobachtende Skepsis gegenüber dem Kulturjournalismus wich immer mehr der Resignation, die auch eine Folge der zunehmend schwindenden publizistischen Möglichkeiten in der Weimarer Republik war: „Im Rundfunk dürfen wir nicht, in der Presse sollen wir nicht, im Kino können wir nicht – bleibt das Buch", schrieb er 1929 in einem Brief an den Theaterkritiker Herbert Jhering. Die versuchte Neubestimmung seiner Rolle im literarischen Feld war auch eine Folge des plötzlichen Tods seines langjährigen Mentors Siegfried Jacobsohn, zu dessen Andenken er dem Band *Mit 5 PS* ihm gewidmete Gedichte voran- und nachstellte.

Nach einem Jurastudium, das er mit Promotion zum Dr. jur. beendet hatte, und der Veröffentlichung des ersten längeren Prosatextes *Rheinsberg* im Jahr 1912, hatte er im Januar 1913 begonnen, regelmäßig für Jacobsohns Blatt zu schreiben. Der gab seinem neuen Mitarbeiter sofort allen Raum, den er zur Entfaltung brauchte. Um den großen Umfang seiner Mitarbeit zu verschleiern, legte sich Tucholsky die Pseudonyme Ignaz Wrobel, Theobald Tiger und Peter Panter zu. Nach dem Ersten Weltkrieg, der seine publizistische Tätigkeit unterbrach, verstärkte er dieses Gespann um Kaspar Hauser, weil er den Namen Theobald Tiger exklusiv verkauft hatte: an den *Ulk*, eine humoristische Wochenbeilage, die im Mosse Verlag erschienen und für die er von 1918 bis 1920 neben der *Weltbühne* (wie die *Schaubühne* von April 1918 an hieß) tätig war.

Woher die Namen stammten? Tucholsky verriet es gleich zu Beginn von *Mit 5 PS*: „Die alliterierenden Geschwister sind Kinder eines juristischen Repetitors aus Berlin. [...] Die Personen, an denen er das Bürgerliche Gesetzbuch und die Pfändungsbeschlüsse und die Strafprozeßordnung demonstrierte, hießen nicht A und B, nicht: Erbe und nicht Erblasser. Sie hießen Benno Büffel und Theobald Tiger; Peter Panter und Isidor Iltis und Leopold Löwe und so durchs ganze Alphabet. [...] Zwei dieser Vorbestraften nahm ich mit nach Hause – und, statt Amtsrichter zu werden, zog ich sie auf. Wrobel – so hieß unser Rechenbuch; und weil mir der Name Ignaz besonders häßlich erschien, kratzbürstig und ganz und gar abscheulich, beging ich diesen kleinen Akt der Selbstzerstörung und taufte so einen Bezirk meines Wesens. Kaspar Hauser braucht nicht vorgestellt zu werden." Jede seiner Signaturen stand für ein eigenständiges Autorschaftskonzept, einem Markenartikel nicht

unähnlich: Wrobel, den sich Tucholsky als „einen essigsauren, bebrill-
ten, blaurasierten Kerl" vorstellte, bearbeite politische Themen, vor
allem die Komplexe „Militaria" und „Politische Justiz"; Peter Panter,
der für ihn „einen beweglichen, kugelrunden, kleinen Mann" abgab,
machte sich als literarischer Connaisseur und Frankreichkenner einen
Namen; Theobald Tigers Domäne waren das Gedicht, das Chanson und
das Couplet. Kaspar Hauser wurde vor allem als Erfinder der Wendri-
ner-Geschichten bekannt, deren nörgelnd-geschwätziger Protagonist
einen typischen Vertreter der Berliner jüdischen Mittelschicht vorführte.

Seine „humunculi" ließ Tucholsky zuweilen sogar öffentlich eine
Fehde miteinander ausfechten. In der Praxis wurde die trennscharfe
Kontur der pseudonymen Identitäten allerdings nicht immer konsequent durchgehalten. Manchmal wechselten Peter Panter und Ignaz
Wrobel sogar ihre Rollen. Spätestens von 1921 an war das Geheimnis
der Pseudonyme gelüftet, wie ein überliefertes Plakat beweist, mit dem
eine Lesung Tucholskys beworben wurde. Auf ihm sind alle Decknamen
annonciert. Mit der Veröffentlichung des Sammelbands *Mit 5 PS*
führte er 1928 die spielerische Ausdifferenzierung seiner verschiedenen
„Ichs" dann ohnehin wieder zu einer integralen Figur zusammen, auch
wenn sie nun ebenfalls als „PS" firmierte. Diese Kumulierung war nicht
nur eine Anpassung an die Usancen des Buchmarkts, sie steht auch am
Anfang von Tucholskys Versuch, sich der Herrschaft des journalistischen Geschäftsbetriebs soweit zu entziehen, dass er autonom über
seine Autorschaft verfügen konnte. Die hinter diesem Bestreben verborgene Vorstellung von einem freien Schriftsteller, der souverän über
seine Produktionsmittel herrscht, hatte Bertolt Brecht dagegen längst
als illusionär verworfen: „Ihre Produktion", schrieb er über die Lage
der Schriftsteller nach Erstem Weltkrieg und Inflation„, gewinnt Liefe-
rantencharakter. Es entsteht ein Wertbegriff, der die Verwertung zur
Grundlage hat." Tucholsky gab Brecht in der Analyse zwar recht, in der
Konsequenz, sich von der Vorstellung vom Schriftsteller als einem
unverwechselbaren Verfasser wertbeständige Kulturgüter zu verab-
schieden und stattdessen eben als „Produzent" zu begreifen, folgte er
ihm aber nicht – im Gegenteil.

Tucholsky Verständnis von Autorschaft war unmittelbar verknüpft
mit seinen traditionellen Ansichten von dem, was ein Roman zu sein
und zu leisten habe. „Was einen höchst mäßigen Essay abgäbe",
schrieb er 1931, „das gibt noch lange keinen Roman. Wie überhaupt
bei uns jede kleine Geschichte gern ‚Roman' genannt wird – die Kerle
sind ja größenwahnsinnig. ‚Krieg und Frieden' ist ein Roman." Nicht
von ungefähr beginnt sein Sammelband *Mit 5 PS* mit der Widmung
„Jakob Wassermann in Verehrung", denn Wassermann verkörperte für

Tucholsky neben Heinrich Mann genau jenen Schriftstellertypus, der ihm mit traditionell romanhaft erzählten Stoffen von zeitgenössischer Bedeutung wie in *Der Fall Maurizius* (1928) vorbildhaft erschien, dem er aber selbst nicht zu entsprechen vermochte. Von Tucholskys 1931 geplantem Roman, der den Titel *Die geschiedene Frau* tragen sollte, sind lediglich Notizen überliefert, die er in seinem Sudelbuch festgehalten hat, ein Feuilleton mit dem Titel *Romanwürfel*, das auf etwas mehr als zwei Druckseiten den wie ein Brühwürfel konzentrierten Extrakt enthält, und ein Verlagsvertrag. Aus seinen Notaten lassen sich noch zwei weitere Romanvorhaben destillieren: ein früheres mit dem Arbeitsstitel *Kolumbus* (1926-28) und ein späteres (*economical insanity*, um 1934). Aber auch aus diesen Plänen wurde nichts.

Obwohl er als Romancier scheiterte, wollte Tucholsky auf keinen Fall wieder ein Lieferant des Feuilletonbetriebs werden. Dass er am 17. Januar 1933 von den Lesern der inzwischen von Carl von Ossietzky geleiteten *Weltbühne* endgültig Abschied nahm, war daher nicht nur der politischen Entwicklung in Deutschland geschuldet, noch nicht einmal in erster Linie. Er wollte ein „richtiger" Schriftsteller sein, konnte es nicht, hatte es in seinen Augen lediglich zu einem beliebten und deshalb bestens bezahlten Kulturjournalisten gebracht – und er zerbrach nicht nur, aber auch an diesem Widerspruch zwischen Ideal und Wirklichkeit. Am 21. Dezember 1935 nahm er sich im schwedischen Exil das Leben.

Kurt Tucholsky: *Mit 5 PS*. Berlin 1928 • Renke Siems: *Die Autorschaft des Publizisten. Schreib- und Schweigeprozesse in den Texten Kurt Tucholskys.* Heidelberg 2004.

Gunther Nickel

WALTER BENJAMIN

Einbahnstraße (1928)

Benjamins *Einbahnstraße* ist kein journalistischer Text. Ihn als solchen zu verstehen, hieße ihn in die Einzelteile zu zerlegen, als die zahlreiche seiner Abschnitte vorab in Zeitungen und Zeitschriften erschienen. Dabei hat Benjamin die *Einbahnstraße* von Beginn an, und schon lange bevor ihr Titel feststand, als Buch konzipiert. In den aus der Zeit der Entstehung überlieferten Äußerungen und Briefen spricht er von einer Plaquette für Freunde oder seinem Aphorismenband oder Aphorismenbüchlein. Der broschierte Band, für den Benjamin seit 1923 Texte verfasst und gesammelt hat, erscheint 1928 im Ernst Rowohlt Verlag, Berlin. Er fällt auf durch seine eigenwillige Typographie und die Photomontage aus Einbahnstraßenschildern von Sascha Stone, die er auf dem Titel trägt. Die *Einbahnstraße* ist Benjamins erstes nicht-akademisches Buch und mit dem als Habilitationsschrift abgelehnten *Trauerspiel*buch, das im gleichen Jahr erscheint, die erste Buchpublikation seit seiner Dissertation im Jahr 1920.

Die *Einbahnstraße* unter die Klassiker des Kulturjournalismus zu zählen, hat gleichwohl seine Berechtigung. Denn das Zusammenspiel von einer aufs Buch ausgerichteten Gesamtstruktur und einer beweglichen, auf Teilbarkeit hin geradezu angelegten Einzeltextlichkeit, derer die Zeitung bedarf, ist für die Form des Textes konstitutiv: Denn während Benjamin selbst zum Buche drängt, stellt er in dem Stück Vereidigter Bücherrevisor unmissverständlich fest, alles deute „darauf hin, dass das Buch in dieser überkommenen Gestalt seinem Ende entgegengeh[e]". Besser als „die anspruchsvolle universale Geste des Buches" entsprächen dem Einfluss literarischer Wirksamkeit in tätigen Gemeinschaften „die unscheinbaren Formen, [...] Flugblätter, Zeitschriftenartikel und Plakate".

Und so findet sich die Kurzprosa der Einbahnstraße – Fragmente und in sich zur Perfektion geschlossene Aphorismen, Essayistisches und Literarisches, philosophische Erörterung und theoretisches Fragment – kombiniert mit den scheinbar belanglosen Dingen und Bildern des Alltags in ihren Titeln: Ladenschilder wie Galanteriewaren oder Wettannahmen wechseln ab mit Gebots- und Verbotsschildern wie *Vorsicht, Stufe* und *Ankleben verboten* oder den Bezeichnungen für die öffentlichen und privaten Orte der Moderne. An Gershom Sholem schreibt Benjamin, es sei „eine merkwürdige Organisation oder Konstruktion aus meinen ‚Aphorismen' geworden, eine Straße, die einen

Prospekt von [...] jäher Tiefe – das Wort nicht metaphorisch zu verstehen! – erschließen soll.". Form und Verständnis des Textes vermittelt also sein zunächst befremdlicher Titel: Wie die Häuser, die Schilder und die Auslagen einer Straße reihen sich in der *Einbahnstraße* die verschiedenen Textformen aneinander. Jede Einzelne einzigartig und in sich geschlossen, bilden sie zusammen die Straße als einen philosophischen Leitfaden, der – nur in eine Richtung zu befahren – unvermeidlich in die Tiefe führt.

Ernst Bloch, der frühe Rezensent der *Einbahnstraße*, sieht Benjamins Projekt konsequent in der Tradition der avantgardistischen, und das meint: der surrealistischen Montage. Benjamin selbst wird ein Jahr nach dem Erscheinen seiner *Einbahnstraße* an Alfred Döblins Roman *Berlin Alexanderplatz* die romansprengende Energie eines Montageverfahrens loben, das auf dem Dokument beruht. Obwohl er selbst nicht wie Döblin größere Fragmente fertiger Texte aus dem öffentlichen Sprachraum benutzt, ist die Stoßrichtung die gleiche: Die Montage sprengt mit dem Roman das Buch als den Inbegriff selbstbezüglicher Fiktionalität hin auf eine neue Form. Sie übernimmt, wo das Buch den rasanten Entwicklungen einer massenmedial organisierten Moderne anders nicht standzuhalten vermag, ein Strukturprinzip das bislang der Zeitung vorbehalten war: Die Integration heterogenster, voneinander unabhängiger und doch sich gegenseitig ergänzender, beleuchtender und kommentierender Texte in gemeinsamer Form und im gemeinsamen Medium, so fragmentarisch und instabil beide auf den ersten Blick erscheinen mögen.

Dem auf den ersten Blick sinnlos erscheinenden Nebeneinander unterschiedlichster Textformen, das die *Einbahnstraße* wie eine Zeitung sicht- und lesbar ausstellt, korrespondieren die „Heuschreckenschwärme von Schrift", die die Großstädte verfinstern und die Chancen des Lesers auf ein „Eindringen in die archaische Stille des Buches gering" haben werden lassen. Denn die „Schrift, die im gedruckten Buche ein Asyl gefunden hatte, wo sie ihr autonomes Dasein führte, wird unerbittlich von Reklamen auf die Straße hinausgezerrt und den brutalen Heteronomien des wirtschaftlichen Chaos unterstellt. Das ist der strenge Schulgang ihrer neuen Form". In der Konsequenz schließt die *Einbahnstraße* die Semantik ihrer Botschaften konsequent mit einer bildlichen und symbolischen Qualität zusammen: „Was macht", so fragt Benjamin in *Diese Flächen sind zu vermieten*, „Reklame der Kritik so überlegen? Nicht was die rote elektrische Laufschrift sagt – die Feuerlache, die auf dem Asphalt sie spiegelt." Aus der Einheit von sinnlichem und intellektuellem Reiz schöpft die Leuchtschrift eine spezifische Macht über den Leser, der im Jenseits emphatisch-identifikatori-

scher Lektüre, für das die Moderne steht, längst Teil eines die Zerstreuung suchenden Kollektivs geworden ist.

Zum Erfahrungshorizont von Benjamins Prosa der Zwanziger
Jahre wird so die Gegenwärtigkeit einer an einer „exzentrischen Bild-
lichkeit" orientierten und als Zeichensystem organisierten Sprache,
wie sie in Reklame und Journalismus vorherrscht. Mit dieser genuin
allegorischen Auffassungs- und Darstellungsart – „das von der allegorischen Intention betroffene", so definiert Benjamin an anderer Stelle,
„wird aus den Zusammenhängen des Lebens ausgesondert: es wird zerschlagen und konserviert zugleich" – erhebt die *Einbahnstraße* nun
Anspruch auf einen entschieden philosophischen Gehalt: Deshalb titelt
Ernst Bloch *Revueform in der Philosophie*, Siegfried Kracauer verkündet 1928 in der *Frankfurter Zeitung*, mit Benjamin sei „der Philosoph
in die ‚erhobene Mitte zwischen dem Forscher und dem Künstler
gerückt'". Und als Theodor W. Adorno 1955 in *Texte und Zeichen* mit
einer Rezension an den nach dem Krieg vergessenen Autor der *Einbahnstraße* erinnert, nutzt er den – diese Dialektik verkörpernden und
von Benjamin an anderer Stelle selbst genutzten – Begriff des Denkbilds
für dessen Prosa. Gegen ein subsumierendes begriffliches Denken, dem
das Einzelne nur Beispiel oder didaktische Illustration sein kann, setzt
Benjamin in einem Verfahren, das er monadologisch nennt, auf das
Wechselspiel mit dem Bild. Mit Hilfe seiner „gekritzelten Vexierbilder"
verzichtet Benjamins Denken, so beschreibt es Adorno, „auf allen
Schein der Sicherheit geistiger Organisation [...] und gibt sich ganz dem
Glück und Risiko anheim, auf die Erfahrung zu setzen und ein Wesent-
liches zu treffen". Eine solche subjektive und zufällige Erfahrung
erkennt diese Prosa als die wahrhafte und einzig noch mögliche Objektivität der Moderne.

Die Aneignung von visuellen Gegenständen in Prozessen konkret-
praktischer Erfahrung bestimmt folgerichtig die Texte der *Einbahnstraße*. Durchaus selbstreflexiv auch auf die eigene Form bezogen heißt
es unter der Überschrift *Baustelle*, Kinder bildeten sich aus Abfallpro-
dukten „ihre Dingwelt, eine Kleine in der Großen" indem sie „Stoffe
sehr verschiedener Art durch das, was sie im Spiel daraus verfertigen, in
eine neue, sprunghafte Beziehung zueinander setzen". Den ungenutzt
brachliegenden Überbleibseln der Gesellschaft korrespondieren die nur
halb erwachten Bewusstseinszustände, der intuitive und archaisch
unkontrollierte Umgang mit denjenigen Dingen, die den Großen und
den Wachen längst gewöhnlich und damit unfraglich geworden sind.
Für diese Form der Weltaneignung steht in der *Einbahnstraße* neben
dem kindlich-spielerischen Erleben und dem Sammeln auch der Traum.
Als Medien einer unreglementierten Erkenntnis versprechen sie den

Einspruch gegen die unvermeidlich erscheinende Verdinglichung insbesondere dort, wo sie sich in Sprache übersetzen: „Die Volksüberlieferung warnt", so heißt es unter der Überschrift *Frühstücksstube*, „Träume am Morgen nüchtern zu erzählen. [Denn] der Erwachte verbleibt in diesem Zustand in der Tat noch im Bannkreis des Traumes". Den Gegenständen nun, auf die sich dieses Erkennen richtet, eignet neben ihrer materiellen Dauer die Autorität einer geschichtlichen Zeugenschaft. So ähneln in *Briefmarken-Handlung* die einfachen Marken, die nur eine Ziffer tragen, jenen „Photos, aus denen in den schwarz lackierten Rahmen Verwandte, die wir niemals kannten, auf uns herabsehen: Verzifferte Großtanten oder Voreltern [...]. Man würde sich nicht wundern, wenn eines Abends das Licht einer Kerze durch sie hindurchscheint." In der melancholischen Bilanz seines Mitte der dreißiger Jahre im Exil entstehenden *Kunstwerk*-Aufsatzes wird Benjamin solche Fotos als letzte noch umgeben sehen von dem, was er ihre Aura nennt: der „einmalige[n] Erscheinung einer Ferne, so nah sie sein mag". – Sie verschwindet, sobald die beliebig mögliche Reproduktion dem Original entgegentritt.

Der Ausdruck Aura, der in Benjamins Frühwerk noch eine untergeordnete Rolle spielt, erscheint in der *Einbahnstraße* bereits im Zusammenhang einer authentischen Aktualität: Schon 1925 hatte Benjamin in der Glosse *Nichts gegen die Illustrierte* den dokumentarischen Charakter der Berliner Illustrierten mit den Worten verteidigt: „Die Dinge in der Aura ihrer Aktualität zu zeigen, ist mehr wert, ist weit, wenn auch indirekt, fruchtbarer, als mit den letzten Endes sehr kleinbürgerlichen Ideen der Volksbildung aufzutrumpfen." Das ist die Grundlage für die spezifische Aktualität und Gegenwärtigkeit, die die *Einbahnstraße* als journalistischer Text verfolgt. Gegenüber Hugo von Hofmannsthal bezeichnet Benjamin sein Buch als „Dokument eines inneren Kampfes", dessen Gegenstand sich in die Worte fassen ließe: „Die Aktualität als des Revers des Ewigen in der Geschichte zu erfassen und von dieser verdeckten Seite der Medaille den Abdruck zu nehmen." Geschichtserkenntnis artikuliert sich bei Benjamin so als Gegenwartserkenntnis: Als anthropologische Frage nach dem Verhältnis von Wahrnehmung und Geschichte und als ephemere Zeitkritik einer materialistischen Geschichtsphilosophie.

Denn die *Einbahnstraße* steht im Zusammenhang von Benjamins Werk am Übergang des sprachgeschichtlich ausgerichteten Frühwerks zur Idee einer „Urgeschichte des XIX. Jahrhunderts". Auf die umfassenden Wandlungen und Widersprüche während der politischen und wirtschaftlichen Krise Weimars reagiert sie, indem sie die vernachlässigten Marginalien der Gesellschaft – die nach Benjamins Überzeugung allein noch frei von ideologischer Beschränkung sind – in den Mittelpunkt ihres Interesses stellt. Weil die literarisch-philosophischen Denkbilder den in der Moderne veränderten Seh-, Wahrnehmungs- und Lesevorgängen korrespondieren, ist ihnen die geschichtliche Erkenntnis möglich, an die sich die Erkenntnis des Gegenwärtigen knüpft. Benjamins *Einbahnstraße* trifft keine Entscheidung zwischen Literatur und Journalistik, sondern ist als ästhetisches und philosophisches Programm Teil einer kritischen Praxis, die Benjamins Werk insgesamt prägt. Von den sozialen Funktionsveränderungen der Kunst her und der Hoffnung, dass das geschichtlich Unumkehrbare, auf das der Titel *Einbahnstraße* verweist, zum Ausgang eines revolutionären Umschlags werden möge, ist Benjamins politisches Engagement zu verstehen. Sie machen den Kritiker zum „Stratege[n] im Literaturkampf" der Weimarer Republik und zum politisch eingreifenden Prosaisten.

Ob sich diese Kritik nun – wie in den Vorabdrucken – in der Zeitung artikuliert oder die Verfahren der Zeitung übernimmt, wenn sie dem Leser in Buchform gegenübertritt: Der in der *Einbahnstraße* erprobte Konstruktionsmodus des Nebeneinander von momenthafter Vorläufigkeit und Anspruch auf das Manifeste wird zur Voraussetzung für die Expansion von Benjamins Arbeit in das Feld von Presse und Tageskritik, wenn er sich nach dem endgültigen Scheitern seiner Habilitationspläne 1930 das Ziel setzt: „d'être considéré comme le premier critique de la litterature allemande."

Walter Benjamin: *Gesammelte Schriften*. Hrsg. von Rolf Tiedemann und Hermann Schweppenhäuser. Frankfurt a.M. 1972 • Walter Benjamin: *Briefe*. Hrsg. von Gershom Sholem und Theodor W. Adorno. Frankfurt a.M. 1966 • Theodor W. Adorno: *Benjamins ‚Einbahnstraße'*. In: *Noten zur Literatur*. Hrsg. von Rolf Tiedemann. Frankfurt a.M. 1981 • Ernst Bloch: *Revueform in der Philosophie*. In: *Gesamtausgabe*, Bd. 4. Frankfurt a.M. 1962 • Josef Fürnkäs: *Surrealismus als Erkenntnis. Walter Benjamin – Weimarer Einbahnstraße und Pariser Passagen*. Stuttgart 1988 • Siegfried Kracauer: *Zu den Schriften Walter Benjamins*. In ders.: *Das Ornament der Masse*. Frankfurt a.M. 1977.

Barbara Wildenhahn

Siegfried Kracauer

Die Angestellten (1929)

Im Frühjahr 1929 reist Siegfried Kracauer zu ausführlichen Recherchen nach Berlin. Er ist fester Redakteur der *Frankfurter Zeitung* – und zwar nicht irgendein Redakteur, sondern einer der führenden Kritiker der späten zwanziger Jahre, bekannt vor allem für seine luziden Filmanalysen. Kracauer, der sich aller Bekanntheit zum Trotz keinesfalls auf die Filmkritik beschränken will, sich bei Gelegenheit lieber als „Kulturphilosophen oder auch Soziologen, und als einen Poet dazu" bezeichnet, will in Berlin eine Untersuchung durchführen, deren Inhalt weit über das journalistische Tagesgeschäft hinausweisen soll. Seine Reise gilt den „Angestellten"; in handfesten Recherchen vor Ort will er ihre Position auf der Karte der sozialen Schichten der Weimarer Republik erstmals bestimmen.

Damit wendet sich Kracauer endgültig dem zu, was ihn von nun an lebenslänglich bei methodisch und thematisch weit auseinanderstrebenden Arbeiten beschäftigen wird. Über die Wegetappen seiner beiden anderen großen Untersuchungen der zwanziger Jahre, *Soziologie als Wissenschaft* (1922) und *Der Detektiv-Roman* (1925), ist er endgültig zu der Problemstellung gelangt, von der aus man sein Werk beschreiben könnte: Der Entschlüsselung der äußeren Wirklichkeit.

Von April bis Juli 1929 hält sich Kracauer in Berlin auf. Auf seiner Spurensuche durchforstet er wissenschaftliche Fachliteratur, Verbandszeitschriften, Angestelltenzeitungen und Annoncenblätter. Er spricht mit Angestellten, Gewerkschaftern, Unternehmern und Politikern. Er besucht Büros, Betriebe, Arbeitsämter und Gerichte. Er geht in Kneipen, Unterhaltungspaläste und auf Sportveranstaltungen. Er ist dort, wo die Angestellten sind, aber er will nicht einfach nur ihr Zeuge oder Beobachter sein. Aus den mehreren hundert Notizblättern, auf denen er seine Erkenntnisse protokolliert, entstehen nämlich erst nach der Berliner Zeit die konkreten Umrisse seiner Studie. Kracauer kompiliert sein Material im Nachhinein, sucht es aus, passt es einander an und schreibt es durchaus auch zu rhetorisch stimmigeren Figuren um.

Die Studie *Die Angestellten*, die ab Dezember 1929 als Vorabdruck in zwölf Teilen in der *Frankfurter Zeitung* erscheint und große Kontroversen auslöst, ist, in Kracauers Worten, ein „Mosaik". Das aber ist für ihn weit mehr als bloß eine einfache Mitschrift von Fakten und Begebenheiten: „Das Dasein ist nicht dadurch gebannt, dass man es in einer Reportage noch einmal hat. [...] Hundert Berichte aus einer Fabrik lassen sich nicht zur Wirklichkeit der Fabrik addieren, sondern bleiben bis in alle Ewigkeit hundert Fabrikansichten. Die Wirklichkeit ist eine Konstruktion."

Diese Sätze sind natürlich als Affront gegen die Reportage als kulturjournalistische Königsdisziplin der Weimarer Republik gerichtet. Ihre Stoßrichtung geht aber noch viel weiter. Kracauer postuliert, dass die Wirklichkeit durch unverstelltes Berichten noch nicht einmal ansatzweise gestreift wird. Erst der konstruierende und selektierende Zugriff auf das vorliegende Material dringt zu ihr vor. Die Wirklichkeit der Angestellten kann also ausschließlich durch die Zusammenfügung verschiedener Blickwinkel, Beobachtungen und Annahmen konstruiert werden, dem einfachen Zugriff ist sie bislang komplett verborgen geblieben: „Hunderttausende von Angestellten bevölkern täglich die Straßen Berlins, und doch ist ihr Leben unbekannter als das der primitiven Völkerstämme, deren Sitten die Angestellten in den Filmen bewundern."

Kracauer betätigt sich also als Ethnologe eines „inneren Auslands". Er versucht, die scheinbar offensichtlichen Dinge neu und wie fremd zu sehen. Dabei aber bleibt er nicht stehen. Über die Methodik eines dicht beschreibenden Ethnologen hinausgehend, lässt sich seine Erkenntnismethode mit den Verfahrensweisen eines Detektivs vergleichen: Er sammelt Indizien und verwendet seine kompilierten Fundstücke, um die Gesellschaft überführen zu können. Denn der Kriminalfall, in dem er seinem kulturjournalistischen Verständnis nach den Ermittler gibt, ist das falsche Bewusstsein der Gesellschaft über ihr eigenes Gefüge. Die Angestellten der Weimarer Republik sind zwar zu einer die gesamte Gesellschaft prägenden sozialen Schicht geworden, doch wissen sie das nicht. Über ihr Dasein schreibt Kracauer dementsprechend: „Durch seine Öffentlichkeit ist es, dem ‚Brief ihrer Majestät' in E. A. Poes Erzählung gleich, erst recht vor Entdeckung geschützt. Niemand bemerkt den Brief, weil er obenauf liegt." Und er fährt ideologiekritisch fort: „Freilich sind gewaltige Kräfte im Spiel, die es hintertreiben möchten, dass einer hier etwas bemerkt."

Kulturjournalismus, wie Kracauer ihn betreibt, ist also Detektivarbeit am Offensichtlichen. Der Moderne wird anhand ihrer profanen Oberflächenerscheinungen ihr wahres Gesicht gezeigt. Der ständige gleitende Wechsel von Oberflächenindiz und detektivischer Einordnung durchzieht die gesamte Untersuchung auf allen Ebenen. Illustrieren lässt sich das Verfahren an der wohl berühmtesten Stelle der Studie, der Analyse der Wendung von der „moralisch-rosa Hautfarbe". Einmal nämlich zitiert Kracauer aus einem von ihm geführten Gespräch mit einem „maßgebenden Herrn der Personalabteilung", in dem dieser definiert, welche Eigenschaften Angestellte möglichst haben sollten. „Entscheidend ist", sagt dieser, „vielmehr die moralisch-rosa Hautfarbe, Sie wissen doch ..." Kracauer lässt die seltsame Wortverbindung in Zitatform gern gelten, um dann aber im nächsten Absatz zu kontern: „Ich weiß. Eine moralisch-rosa Hautfarbe – diese Begriffskombination macht mit einem Schlag den Alltag transparent, der von Schaufensterdekorationen, Angestellten und illustrierten Zeitungen ausgefüllt ist. Seine Moral soll rosa gefärbt sein, sein Rosa moralisch untermalt. [...] Die Behauptung ist kaum zu gewagt, dass sich in Berlin ein Angestelltentypus herausbildet, der sich in Richtung auf die erstrebte Hautfarbe hin uniformiert. Sprache, Kleider, Gebärden und Physiognomien gleichen sich an, und das Ergebnis des Prozesses ist eben jenes angenehme Aussehen, das mit Hilfe von Photographien umfassend wiedergegeben werden kann."

Eine auffällige Redewendung, in der Moral mit Dekor verknüpft wird – für seine detektivische Ermittlung hat Kracauer hier nicht einfach eine beliebige Oberflächenerscheinung gewählt. Vielmehr thematisiert er mit seiner Ausdeutung die Oberfläche als Oberfläche selbst; Kracauer hat diesen Effekt an anderer Stelle das „Ornament der Masse" genannt. So kann er nachweisen, wie weitgehend die Angestellten eine historisch neue Klasse bilden, die der kapitalistischen Rationalität auf bislang ungeahnte Weise unterliegt. In ihrem Habitus suggerieren die Angestellten das Vorhandensein einer Mitte zwischen Arbeiterschaft und Bürgertum, ihr Äußeres erzählt von der durch den Arbeitsmarkt erzwungenen scheinbaren Versöhnung zwischen den Extremen. Indem Kracauer ihre Existenz im Detail nachvollzieht, schafft er ein Referenzwerk der modernen Soziologie. Dass *Die Angestellten* 1959 als erster Band der Schriftenreihe des Allensbacher Instituts für Demoskopie neu aufgelegt wurde, ist deshalb kein Zufall – dass die meisten Soziologen es als wenig methodisches, allzu gefällig-feuilletonistisches Puzzlespiel abgelehnt haben, allerdings auch.

Kracauers Studie gilt tatsächlich nicht nur der allgemein soziologischen Beobachtung sozialer Systeme. Sie ist zugleich eine unverblümte Abrechnung mit der Ideologie der Kapitalismus. Zu der gehört für Kracauer das nationalistische Arbeitgeberblatt ebenso wie die „linke" Feuilleton-Reportage. Gemeint sind all jene Beschreibungsinstanzen, die die scheinbare Wirklichkeit erst hervorbringen. Kracauers Indiziensuche ignoriert alle vorgeprägten Wertigkeiten von Informationen; zentrale Texte wichtiger Politikwissenschaftler der Zeit werden im gleichen Tonfall und mit dem gleichen Fokus analysiert wie die Kulissenmalereien im „Haus Vaterland", einer der damals bekanntesten Vergnügungsgaststätten Berlins mit insgesamt 8000 Sitzplätzen: „Bei den

Sofitten handelt es sich freilich weniger um wirkliche Fernen als um die erträumten Märchengefilde, in denen die Illusionen leibhaftig Figur geworden sind. Der Aufenthalt zwischen diesen Wänden, die die Welt bedeuten, lässt sich als eine Gesellschaftsreise für Angestellte ins Paradies definieren."

Solche Passagen, in denen die alltäglichen Kulissen der Lebens- und Arbeitswelt der Berliner Angestellten betrachtet werden, brennen sich bei der Lektüre weit nachdrücklicher ein als die Exegesen des Wortgebrauchs in Gazetten, Interviews oder vor Gericht. Kracauer gelingt es, die Ideologien seiner Zeit ganz ohne Tiefendeutung in reinen Bildbeschreibungen bloßzulegen. In anderen Arbeiten derselben Phase, etwa *Die kleinen Ladenmädchen gehen ins Kino* (1927) führt ihn dieses Interesse in die Lichtspielhäuser; im letzten Abschnitt der *Angestellten* werden ihm moderne Vergnügungsgaststätten wie das besagte „Haus Vaterland" zum epistemischen Material. Kracauer sucht gezielt Orte der populären Kultur auf. Die dortigen Oberflächen, Ornamente, Fassaden sprechen für sich selbst, zeigen aber immer wieder nur, dass es in der durchrationalisierten Moderne schlichtweg keine erzählbaren Tiefenstrukturen mehr geben kann. Kracauers kulturjournalistische Programmatik wendet sich damit letztlich gegen die üblichen kulturjournalistischen Praktiken; gegen die rationale Durchformung von Kultur. Eher noch als ein Kultur nur reflektierendes Feuilleton ist sie deshalb als Vormodell zu den *Minima Moralia* Adornos zu lesen. An einzelnen Szenerien und Bildern veranschaulicht Kracauer die Scheinhaftigkeit aller kultureller Erzeugnisse – oder, mit den letzten Sätzen der *Angestellten* über die ausgefeilte Lichtregie im „Haus Vaterland" gesprochen: „Im Lunapark wird abends mitunter eine bengalisch beleuchtete Wasserkunst vorgeführt. Immer neu geformte Strahlenbüschel fliehen rot, gelb, grün ins Dunkel. Ist die Pracht dahin, so zeigt sich, dass sie dem ärmlichen Knorpelgebilde einiger Röhrchen entfuhr. Die Wasserkunst gleicht dem Leben vieler Angestellten. Aus seiner Dürftigkeit rettet es sich in die Zerstreuung, lässt sich bengalisch beleuchten und löst sich, seines Ursprungs uneingedenk, in der nächtlichen Leere auf."

Siegfried Kracauer: *Die Angestellten. Aus dem neuesten Deutschland.* In: *Werke.* Bd.1. Hrsg. von Inka Mülder-Bach unter Mitarbeit von Mirjam Wenzel. Frankfurt a.M. 2006 • Inka Mülder-Bach: *Siegfried Kracauer. Grenzgänger zwischen Theorie und Literatur. Seine frühen Schriften 1913 – 1933.* Stuttgart 1985.

Florian Kessler

FRANZ HESSEL

Spazieren in Berlin (1929)

„Und so beschloß er eines Tages, aus Reih und Glied der hastenden Schar zu treten, Zeit zu haben und als eine Art falscher Fremder müßiggängerisch in unsrer Metropolis herumzustreifen." So porträtiert sich Franz Hessel 1929 im *Tage-Buch*, der damaligen Hauszeitschrift des Rowohlt-Verlags, in einer Selbstanzeige seiner Textsammlung *Spazieren in Berlin*; zugleich gibt er damit den poetologischen Schlüssel zu seinem Beobachtungs- und Schreibprojekt. Denn durch das dissidente, müßiggängerischen Umherstreifen, so Hessel, „entstand aus Gegenwart und Erinnerung, aus Wiedersehn und Zufallsentdeckung dies Bilderbuch ohne Bilder. [...] Kritische Blicke sind ja genug auf diese Stadt gefallen. Vielleicht ist es wieder einmal an der Zeit, daß ein nur betrachtendes Auge auf ihr ruht. Wissenschaftlichen Ansprüchen gegenüber will dies Buch nicht die Arbeit eines Gelehrten, sondern das Vergnügen eines Liebenden, eines Dilettanten sein."

Der liebende Dilettant ist freilich eine Figur, die sich Hessel nicht leichtfertig, sondern als dialektisches Gegenbild zu den rasenden Reportern und engagierten Strategen im Literaturkampf der Zeit entworfen hat. Die erste Inflation der Weimarer Jahre hatte aus dem eigentlich freien Schriftsteller einen „lohnabhängigen Literaten" gemacht, der zu etwas gezwungen wurde, was nicht seine Sache war, die er sich aber trotzdem produktiv angeeignet hat. Er begann als Lektor im Rowohlt-Verlag, als Herausgeber der Zeitschrift *Vers und Prosa* und arbeitete als Feuilletonist für verschiedene Zeitschriften und Zeitungen. Aus dem „Wolkenkuckucksheimer" wird ein Journalist, der die Medienkonsumenten an seiner Stadtwahrnehmung teilhaben lässt. Das aber ist nicht als reine Affirmation des Betriebs gedacht. Es ist ein strategischer Versuch, sich diesem Betrieb zu entziehen, indem man das Mitmachen simuliert. Ihm mache es Spaß, schreibt er in der 1922 im *Tage-Buch* erschienenen Glosse *Kommandiert die Poesie*, seine „Erzählungen dem Feuilletoncharakter anzupassen".

Das allerdings gelingt ihm mit großem Erfolg. Seine Feuilletons – vor allem Essays, Porträts und Rezensionen – werden gedruckt im *Berliner Tageblatt*, im *Kölner Stadt-Anzeiger*, in der *Frankfurter Zeitung*, der *Kölnischen Zeitung*, der *Magdeburgischen Zeitung*, der Prager *Deutschen Zeitung Bohemia*, der *Prager Presse*, der *Vossischen Zeitung*, der Berliner Zeitung *Tempo*, dem Berliner *8-Uhr-Abendblatt* und in den Zeitschriften *Das Tage-Buch* (Berlin) und *Jugend* (München).

Damit hat sich Franz Hessel als feste Größe in der deutschen Medien-
landschaft etabliert, wenngleich er dieses Etabliertsein gern auszublenden versucht, um seine Rolle richtig spielen zu können. Er müsse sich
bemühen, schreibt er in der *Vorschule des Journalismus* über sich, „mir
von Zeit zu Zeit zu vergegenwärtigen, dass ich nicht ohne Zweck hier
bin. Meine Brüder haben mir eine Art journalistischen Auftrag ver-
schafft, mir Empfehlungen mitgegeben. Ich habe Adressen von
Bekannten und Freunden aus früherer Zeit, die ich aufsuchen könnte.
[...] Ich habe Themen und Aufgaben. ‚Eindrücke' soll ich ‚festhalten'.
Ich soll sozusagen vorbildlich erleben."

So legt sich Hessel einerseits auf das Außenseiterspiel fest: Er gibt
sich als Kind dieser Zeit und legt nicht dasselbe Tempo an den Tag wie
seine neusachlichen Kollegen – nicht im Leben, nicht im Schreiben und
nicht in dem, was seine Texte fixieren. Andererseits muss Hessel sich
aber genau wie alle anderen auch dem journalistischen Tagesgeschehen
anpassen und unter Zeitdruck liefern, wenn er seine Artikel unterbrin-
gen will. Dass er genau das ausbalanciert (allerdings immer mit dem
Akzent auf dem Außenseiter), macht den eigentümlichen der Reiz seiner Feuilletons aus.

Damit erklärt sich aber auch seine besondere Beobachterposition.
Er ist der, der das Tempo mitgeht und dabei doch Verlangsamungen
einführt, die den Leser irritieren. Dem Diktat der Geschwindigkeit ent-
zieht sich der Autor aber gerade nicht, indem er das Tempo verteufelt.
In *Ich lerne* lässt er sich von einem Architekten in dessen Wagen durch
das Bauhaus-Berlin fahren. „Wir sausen den Kurfürstendamm entlang", heißt es da plötzlich, „an alten architektonischen Schrecken und
neuen ‚Lösungen' und Erlösungen." Bewundernd betrachtet Hessel die
jungen Berlinerinnen, die sich so schnell durch die Menge bewegen, als
würden sie an den anderen Passanten vorbeikraulen.

Zur Strategie der leichten Verlangsamung gehört bei Hessel auch
das Drucken von Büchern. Damit seine Texte eben nicht nur kurzlebige Produkte der Tagesschriftstellerei bleiben, entschließt sich Hessel,
seine Stadtimpressionen binden zu lassen. *Spazieren in Berlin* erscheint
1929 im Leipziger Epstein-Verlag und versammelt 24 Feuilletons. Es ist
Hessels einziger Band, der während seiner Rowohlt-Zeit nicht im
Stammhaus verlegt wird. Die ersten Essays (*Der Verdächtige, Ich lerne,
Etwas von der Arbeit, Von der Mode, Von der Lebenslust*) und auch der
letzte (*Nachwort an die Berliner*) betrachten das Berlin der Weimarer
Republik mit den Augen des Kulturforschers. In *Etwas von der Arbeit*
beobachtet der „Berliner Bummler" die junge Arbeiterinnen bei ihrem
Tagewerk. Die menschliche Komponente interessiert den Autor dabei
wesentlich mehr als die technischen Abläufe: „Und so großartig es ist,

im Saal, von der Treppe, von der Galerie auf die kreisenden und surrenden Maschinen zu sehn, so ergreifend ist der Anblick der Nacken und Hände derer, die da werkeln, und die Begegnung des Auges mit ihrem aufschauenden Augen. "

Der Großteil des Buches aber, eingeleitet durch das rund fünfzig Seiten lange Kapitel *Rundfahrt*, arbeitet topographisch. *Der Landwehrkanal*, *Friedrichstadt* oder *Alter Westen* nennt Hessel die Stücke, mit denen er mit neuen Möglichkeiten der Ortskunde experimentiert. Dafür lässt er „sich gehen" und bietet praktischen Anschauungsunterricht, wie man die Straßen der Großstadt „lesen" kann. Der „Priester des genius loci", wie ihn Walter Benjamin genannt hat, spricht dabei den Leser wie einen Vertrauten an. Die klingt nach Reiseführer, animiert aber dazu, die Orientierung zu verlieren. „Ich aber rate dir, lieber Fremdling und Rundfahrtnachbar, wenn du noch einmal in diese Gegend kommst und Zeit hast, dich hier ein wenig zu verirren. "

Genau das unterscheidet ihn vom gängigen Reiseführer ebenso wie von seinen literarisch-alternativen Varianten. Gegen Eugen Szatmaris *Das Buch von Berlin* (1927) aus der Reihe *Was nicht im Baedeker steht* sticht Hessel mit einer eher kontemplativen Wahrnehmung hervor. Scheinbar ziellos und mit der Begeisterungsfähigkeit eines Kindes lässt er sich durch die Straßen treiben. „Flanieren ist eine Art Lektüre der Straße", heißt es in *Berlins Boulevards*, „wobei Menschengesichter, Auslagen, Schaufenster, Caféterrassen, Bahnen, Autos, Bäume zu lauter gleichberechtigten Buchstaben werden, die zusammen Worte, Sätze und Seiten eines immer neuen Buches ergeben.

Um richtig zu flanieren, darf man nichts Bestimmtes vorhaben." *Spazieren in Berlin* beschreibe nicht die Stadt, sondern erzähle sie, schreibt Walter Benjamin in seiner Rezension des Buches und fragt bewundernd: „Woher stammt dem Erzähler die Gabe, das winzige Revier seiner Geschichte so rätselhaft mit allen Perspektiven der Ferne und der Vergangenheit auszuweiten?" Und die selbst gegebene Antwort gibt einen Hinweis darauf, mit was für einem Verfremdungseffekt Hessel operiert, um sich seine Langsamkeit leisten zu können. Denn wer Hessels Bücher zu lesen verstehe, so Benjamin, „fühlt, wie sie alle zwischen den Mauern alternder Großstädte, den Ruinen des vorigen Jahrhunderts, die Antike beschwören".

Diese Beschwörung, durch die die Gegenwart immer auch als etwas schon längst Vergangenes erscheint, nötigt den Topographen, die langsame Gangart einzulegen, auch wenn die anderen in ihm den Taschendieb oder Polizisten in Zivil erkennen wollen (vgl. *Der Verdächtige*). In *Rundfahrt* steigt er in einen Reisebus, mischt sich als falscher Tourist unter die „echten Fremden" und wird so selbst „zu

einem Stückchen Fremdenverkehr". Aber die schnelle Fahrt verhindert
auf die Dauer eine ästhetische Sichtweise und deshalb springt er vom
Bus mit den Worten ab: „Fahrt ohne mich weiter, ihr richtigen Fremden!" In diesem einfachen Satz aus *Spazieren in Berlin* liegt Franz Hessels kulturjournalistische Devise: Auf den Zug der Zeit aufspringen –
und den Absprung schaffen, bevor man seine Individualität einbüsst.

Franz Hessel: *Spazieren in Berlin*. In: *Sämtliche Werke*. Bd. 3. Städte und Porträts. Hrsg. von Bernhard Echte. Oldenburg 1999 • Walter Benjamin: *Die Wiederkehr des Flaneurs*. In: *Gesammelte Schriften*. Bd.3. Hrsg. von Hella Tiede-
mann-Bartels. Frankfurt a.M. 1981 • Eckhardt Köhn: *Straßenrausch. Flanerie
und kleine Form. Versuch zur Literaturgeschichte des Flaneurs bis 1933*. Berlin
1989 • Magali Laure Nieradka: *Der Meister der leisen Töne. Biographie des
Dichters Franz Hessel*. Oldenburg 2003.

Magali Laure Nieradka

Julius Bab

Das Theater im Lichte der Soziologie (1931)

Über ihn ließ sich leicht spötteln: Mit „Vater Bab" (Herwart Walden) oder „Baberlabab" (Alfred Kerr) musste sich der dem liberalen jüdischen Bürgertum entstammende Julius Bab (1880-1955) schon frühzeitig titulieren oder auch abqualifizieren lassen. Der aufrechte „Vielwisser Bab" (Alfred Dreifuß) wollte nicht so recht ins zeitgeistige Bild des Kaffeehausliteraten, Bohemekritikers oder der sich sorgfältig und öffentlichkeitswirksam selbstinszenierenden „Edelfeder" passen. Der Kultur- und Medienbereich der zehner und zwanziger Jahre verlangte nach exzentrischen Figuren, nach Provokateuren und radikalen Neuerern. Damit konnte und wollte der bärtige und sendungsbewusste Propagandist klassischer Bildungswerte nicht dienen. Julius Bab war im Goldenen Zeitalter des Feuilletons zwischen Kaiserreich und Weimarer Republik der letzte „Kulturbürger" aus dem Geist von Aufklärung und Klassik. Nichts verriet in Habitus, Duktus und Intellektualität forcierten Avantgardismus oder exzentrische Modernität. Bab kam aus der Welt von Gestern, ein Goethe-Deutscher, tief durchdrungen von abendländischer Kultur, national und entsprechend wertkonservativ in Gesinnung und Auftritt.

Sein emphatisches, an Kant, Lessing und Goethe geschultes Kunstverständnis hat ihm so manche Kollegenschelte und abfällige Bemerkung eingebracht, allein Julius Bab war als Vortragskünstler mit ausgefeilter rhetorisch-schauspielerischer Begabung sowie als soziologisch geschulter Kritiker und Kulturhistoriker auch eine singuläre Erscheinung. Der altväterlich-spießig wirkende Bab brillierte als Brückenbauer zwischen Feuilleton und Wissenschaft, und selten fehlte sein Name, wenn sich kulturell Großes anbahnte.

Den gleichaltrigen Siegfried Jacobsohn diente er 1905 bei der Gründung der *Schaubühne* als kundiger Berater und blieb ihm auch noch als Autor der *Weltbühne* verpflichtet. An Max Reinhardts Berliner Schauspielschule gab er sein stupendes theaterhistorisches und dramaturgisches Wissen weiter. Während des Ersten Weltkrieges arbeitete er in Königsberg mit dem radikalen Bühnenreformer Leopold Jessner zusammen. Und nicht zuletzt engagierte er sich als Propagandist der Volksbühnenidee, deren bildungsreformerischen Ideale dann ungebrochen Richtschnur seiner aufopferungsvollen Tätigkeit für den Jüdischen Kulturbund während des „Dritten Reichs" bildete, bevor er 1939 über Frankreich in die USA emigrierte.

Trotz seines umfangreichen, sich durchgehend auf hohem analytischen Niveau und auf der Höhe seiner Zeit sich bewegenden publizistischen wie kulturhistorischen Œuvres teilt Bab das Schicksal mit vielen, heute vergessenen Feuilletonisten der Jahre zwischen 1910 und 1930. Wegweisend bleibt allein der Grenzgänger Bab, der insbesondere an den Schnittstellen zwischen Theater- bzw. Kulturkritik und den noch jungen Wissenschaftsdisziplinen Theaterwissenschaft und Kultursoziologie Maßstäbe setzte. Dies gilt vor allem für seine kulturgeschichtliche und -soziologische Fundierung des Theaters.

Bereits der 1928 erschienene Band *Das Theater der Gegenwart* ist ein ebenso kenntnisreiches wie differenziertes Standardwerk, das im analytischen wie systematisierenden Zugriff auch nach heutigem Forschungsstand besticht. Anders als etwa Alfred Kerr oder Herbert Jhering, fühlte sich Bab keiner szenischen oder dramatischen Schule zugehörig, so dass sich historische Quellenkenntnis, eigene Erfahrung als Kritiker und Zeitgenosse mit gesellschaftlichen und ästhetischen Wertungen zu einer souverän verobjektivierenden Gesamtschau zu verdichten vermögen.

Noch umfassender spannt Bab in seinem Klassiker *Das Theater im Lichte der Soziologie* (1931) den Bogen. Hier entfaltet er seinen kulturtheoretischen Ansatz vom „Bewegungsgesetz der Kunst", der im historischen Prozess Ausdruck und Bestätigung findet und sich vom antiken Ideal der Einheit von Künstler, Werk und Zuschauer ableitet. Aus der sozialen Funktionsbestimmung von Kunst und Kultur bezieht Babs Geschichtsbild seinen objektiven Kern, künstlerisch-kulturelle Produktion erfüllt sich in der gemeinschaftstiftenden Vermittlung.

Obwohl Bab gerade in den literar- und theaterhistorischen Portraits den großen Einzelnen ins Zentrum rückt, bestätigt sich doch auch darin sein Hauptanliegen: den Menschen als geistiges und gesellschaftlichen Wesen „inmitten der Geschichte" zu zeigen. Versucht man Babs Position zwischen Jacob Burckhardt, Johan Huizinga, Egon Friedell oder Alfred Weber näher zu bestimmen, so verbindet ihn mit Burckhardt die von politischen Fakten und Vorgängen gelöste kulturhistorische Darstellung, ohne dass er dessen literarischen Rang und Eloquenz erreicht. Aber wie Burckhardt spürt Bab nach Eigenschaften, Kräften und Bewegungsgesetzen, aus denen Prozesse und Tatsachen hervorgehen. Gänzlich fremd erscheint ihm etwa Friedells essayistisch-anekdotische Kulturhistoriographie, deren sprunghaft-verdichteter Assoziationsreichtum eher auf eine „seelische Kostümgeschichte" (Egon Friedell) zielt. Während Alfred Webers Anfang der dreißiger Jahre entstandene *Kulturgeschichte als Kultursoziologie* einen „universalgeschichtlichen Einheitsvorgang" zum Ausgangspunkt wählt, grenzt Bab sein Modell stärker auf den beispielhaften Einzelfall ein, das heißt: Im Medium Theater entfaltet und beweist sich für ihn kulturgeschichtliche Gesetzmäßigkeit, als älteste künstlerische Ausdrucksform der Menschheitsgeschichte birgt es gleichsam alle grundlegenden ästhetischen Ingredienzien und Kennmarken in sich.

Bereits zu Beginn des Jahrhunderts hatte Huizinga den *Homo ludens* als Träger des menschlichen Kulturwillens ausgemacht und das Spielerische zum Ursprung alles Kulturellen erhoben. Für Bab bedeutet das – weniger umfassend als bei Huizinga – die Geburt aus dem Mythos, ein Urelement also, das den Ablauf der Jahrhunderte überdauert und im Akt der gemeinsamen Hervorbringung das Gemeinschaftsgefühl ausformt. Dem Historiker obliegt nun die Aufgabe, jeden Wandel der Grundgestalt nachzuzeichnen, um daraus das Gegenwärtige zu erkennen und zu bewerten.

Wiewohl Bab nicht müde wird, die Eigengesetzlichkeit jedweder Kunst, also auch der Theaterkunst mit ihrem Zentrum, dem Schauspieler, zu betonen, hat sie „mit der Wirklichkeit doch viel mehr zu tun als das Spiel, das keinerlei Änderung im Weltraum bezweckt. Die Kunst zielt (genau wie die Religion, von der sie im Anfang nicht zu trennen ist) auf eine Erschütterung, und das heißt wohl auch eine Veränderung des Menschen, desselben Menschen, der sich auf andere Art in seinen praktischen Bestätigungen entfaltet."

Es ist das karthatische Wirkungsmodell des 18. Jahrhunderts, das Bab hier bemüht und es vorsichtig dem auf Bewusstseins- und Verhaltensänderung zielenden Zeitgeist der zwanziger Jahre anpasst. Damit werden die „sozialen Effekte der Künste" berücksichtigt und die Koordinaten einer „soziologischen Kunstauffassung" erkennbar. Zugleich rückt Bab in seinem theatersoziologischen Abriss die Institution und den Betrieb, also letztlich die infrastrukturellen Entwicklungslinien sowie die Aufbauorganisation in den Fokus seiner Darstellung. Dabei kommen ihm erkennbar seine Intimkenntnisse des Apparats, aber auch des ebenso prosperierenden wie dynamischen Theatermarktes von Kaiserreich und Weimarer Republik zugute.

Die Untersuchungen zu Publikumsstrukturen im Wandel der Zeiten oder zum kommerziellen Unterhaltungs- sowie privaten „Geschäftstheater" öffnen die Perspektive in Richtung Gegenwart und Aktualität. Das ist neu und erhellend und für die noch in den Anfängen steckende Theaterwissenschaft ein fachdisziplinär-innovativer Ansatz. Darüber hinaus ist den Babschen Analysen nicht allein die wissenschaftliche Grundierung anzumerken, sein jahrzehntelang in der kulturellen und szenischen Praxis geschulter Blick verleiht auch seinen größeren Texten eine lebendige Anschaulichkeit. Feuilletonistischer Stil, gepflegte

Wissenschaftsprosa und emphatische Anteilnahme am Gegenstand gehen eine ungewöhnliche, ganz eigenständige Symbiose ein. So siegt am Ende doch der gern ob seiner Altväterlichkeit geschmähte Bab über seine zeitgenössischen Kritikerkollegen vor allem als erfrischend zeitgemäßer Theaterhistoriker und Kultursoziologe.

Julius Bab: *Das Theater im Lichte der Soziologie.* Berlin 1931. • Julius Bab: *Leben und Tod des deutschen Judentums. Essays, Briefe und ,vita emigrationis'.* Hrsg. von Klaus Siebenhaar. Berlin 2002 • Klaus Siebenhaar: *„Ich steh' und fall mit Deutschland, das ich bin." Julius Bab und die deutsche Kultur.* In Hermann Haarmann, Erhard Schütz, Klaus Siebenhaar, Bernd Sösemann (Hrsg.): *Berliner Profile.* Berlin 1993, S. 11-25 • Ilse Bab: *Julius Bab – Kritik im Dienste des Theaters.* In: EMUNA. *Horizonte zur Diskussion über Israel und das Judentum.* IX. Jg., Heft 1, Frankfurt a.M. 1974, S. 38-46 • Sylvia Rogge-Gau: *Julius Bab und der Jüdische Kulturbund.* Berlin 1999.

Klaus Siebenhaar

WALTHER KIAULEHN

Lehnaus Trostfibel und Gelächterbuch (1932)

Ein Start mit Nonsenssätzen und albernen Empfehlungen für exilierte Könige, Tonfilmlibrettisten, Husaren und übermäßige Trinker: „Lehnaus Trostfibel und Gelächterbuch", so heißt es im Geleitwort, „kürzt jede Reise ab und ist nicht nur zum Lesen geeignet, sondern kann auch bei Magenschmerzen, Sodbrennen und bei allen Übelkeiten des Kopfes, die sich nach Missbrauch berauschender Getränke einstellen, wie ein quietssches Pflaster auf die schmerzende Stelle gelegt werden." Und: „Auch bei Nasenbluten und sonst als blutstillendes Mittel ist das Buch zu gebrauchen."

Welchen Zweck Walther Kiaulehn und sein Verleger Ernst Rowohlt damit auch immer verfolgten – die in Punschglasform gedruckte Satzgirlande von 1932 enthält eine Angabe, an der kein Zweifel besteht: *Lehnaus Trostfibel und Gelächterbuch* ist in der Tat „in schlichter, wenngleich zierlicher Sprache abgefasst".

Obwohl erst zweiunddreißig Jahre alt, befand sich Kiaulehn zum Zeitpunkt der Veröffentlichung des Buches auf dem Zenit seiner journalistischen Karriere. Der Redakteur der *B.Z. am Mittag* gehörte zu den Stars des Berliner Feuilletons. Und dieser Status hatte durchaus seine Berechtigung, wie die für *Lehnaus Trostfibel und Gelächterbuch* ausgewählten fünfundfünfzig Texte zeigen. Ob Kiaulehn nun die Personenwaage auf der Herrentoilette am Berliner Wittenbergplatz zum Anlass nimmt, um sich gegen den Fetisch des Untergewichts und das neue „Zeitalter der widernatürlichen Askese" auszusprechen, einen älteren Saufkumpan über den Verdrängungswettbewerb in der „Pianinobrangsche" plaudern lässt oder sich den Polizeiberichten zum Fall der im Grunewald erwürgten Erna Perschke widmet – die hier versammelte Alltagsprosa ist kurzweilig, leicht, bisweilen bis an die Grenze zur Banalität, im Ton immer auch distanziert, nicht selten ein wenig melancholisch, stets mit einem scharfen Blick für Details, auch wenn es abseitige sind.

In diesem Sinn funktionieren selbst schrullige Parallelen und Gedankenkonstruktionen. So etwa, wenn der Niedergang der europäischen Kultur mit der Insektenvernichtung in den USA und dem zu erwartenden Verlauf kommender Kriege verknüpft wird. Oder der Bogen von der Entdeckung Sodoms an der Nordspitze des Toten Meeres durch die römische Bibelgesellschaft zur Infanterie Friedrich des Großen geschlagen wird.

Die Texte in *Lehnaus Trostfibel und Gelächterbuch* drehen sich um vergleichsweise Harmloses, um Diebstähle von Büsten und Mänteln, Auf- und häufiger Abstiege von Lokalmatadoren, um Kaugummis und Bleistifte, Punsch und Wein, Stenografie, Winterfliegen und Legehennenbetriebe, Frauentreue, Frauenzungen, Lippenstifte und Mädchenwürgergeständnisse. Zwar schimmert bei zahlreichen Texten ein pazifistischer Grundton durch, dazu eine Sympathie für die Sozialdemokratie und eine tendenziell amerika- und fortschrittskritische Haltung. Politische Ereignisse, die die Zeit bewegt haben, bleiben indessen weitgehend ausgespart. Notverordnungen und Arbeitslosigkeit tauchen allenfalls am Rande auf. Straßenschlachten, das absehbare Ende der Weimarer Republik, Brüning, Schleicher, Papen, Hitler, Thälmann, Hindenburg – all das ist gar kein Thema. Zusammen mit den Beiträgen über Skurrilitäten aus aller Welt ergibt die *Trostfibel* eher einen Kessel Buntes aus den frühen dreißiger Jahren, ein harmonistisches Sammelsurium der vermischten Nachrichten. Die Feuilletons aus der selbst ernannten „Enzyklopädie des Lachhaften" entsprachen dem Credo der *B.Z. am Mittag*, in der sie zuvor veröffentlicht wurden. Boulevardisierung und – wenn man so will – Infotainment bildeten die wirtschaftlichen Erfolgspfeiler des Ullstein-Blattes. „Eine kleine Pfütze, in der sich die ganze Welt spiegelt", soll Larissa Reissner die Straßenverkaufszeitung nach Kiaulehns Überlieferung genannt haben.

Anders als es das delirierende Geleitwort ankündigt, wird dann auch nur in einem einzigen Beitrag der *Trostfibel* „das Gemeine erniedrigt" und dem „Radikalen mannhaft entgegentreten". Hier allerdings, einem *Trübe Zeiten* betitelten Feuilleton über den NS-Sympathisanten Paul Schultze-Naumburg, läuft Kiaulehn zu Hochform auf. Schultze-Naumburg, 1930 vom Thüringer NS-Innenminister Wilhelm Frick als Direktor der Weimarer Kunsthochschule bestallt, hatte eine Anordnung erlassen, nach der in seinen Aktklassen männliche Modelle künftig Badehosen zu tragen haben. Denn, so Kiaulehn: „Der Herr Professor wünscht nicht, daß die von der Badehose verhüllten Teile mit auf die Leinwand gemalt werden." Man habe dem konsequent falsch geschriebenen „Herrn Schulze-Naumburg" daraufhin vorgeworfen, er sei rückschrittlich und kunstfeindlich.

Kiaulehn hält dagegen: „Unsere Zeit bestrebt sich ja allgemein, den Dingen ihren Charakter zu nehmen. Man bringt Kaffee ohne Koffein auf den Markt, nikotinfreie Zigarren und alkoholfreien Kognak. Warum also will man Herrn Schulze-Naumburg diese Prinzipien nicht auf die Kunst übertragen lassen? Wenn andere alkoholfreien Kognak herstellen, läßt er geschlechtsfreie Männer malen. Jeder sehe auf seinem Gebiet, wie er der Zeit genüge tue." Daher wäre, so der leidenschaftli-

che Kognaktrinker Kiaulehn weiter zur Pointe des Textes, „gegen den
Start einer gewissermaßen eunuchialen Kunst durch Schulze-Naumburg gar nichts einzuwenden, wenn nicht die fatale Tatsache bestände,
daß die Badehose eine jüdische Erfindung ist." Ja, die Badehose sei erstmals von syrischen Juden in Korinth im Jahr 49 getragen worden. Die
Griechen hätten das als „Hochmut der jüdischen Religion" verstanden.
Ein Hochmut, „deren spätes Opfer jetzt Schulze-Naumburg ist". Fazit:
„Nur jüdische Niedertracht kann die Badehose in die Weimarer Aktklassen geschmuggelt haben."

Lange Zeit hielt sich die Legende, über Kiaulehn sei nach 1933 ein
Berufsverbot verhängt worden. Seine *Trostfibel*, so hieß es, sei verboten
und beschlagnahmt worden. Nun war der Beitrag über Schultze-
Naumburg in der Rubrik *Vom Unwesentlichen* zwar mit Sicherheit
nicht dazu angetan, bei nationalsozialistischen Zensurstellen Gelächter
auszulösen. Von einem offiziellen Verbot der *Trostfibel* ist dennoch
nicht auszugehen. Schließlich hatte Rowohlt 1932 lediglich 4000
Exemplare des liebevoll aufgemachten Sammelbandes drucken lassen.
Angesichts des Bekanntheitsgrades Kiaulehns nicht eben viel. Wahrscheinlicher ist es daher, dass das Buch in einem nachvollziehbaren Akt
der Selbstzensur einfach nicht mehr aufgelegt wurde. Zumal sich der
Rowohlt-Verlag seit Anfang der dreißiger Jahre ohnehin zu zwei Dritteln im Besitz des Hauses Ullstein befand, das wiederum 1934 einen
bewährten NS-Manager vorgesetzt bekam und Schritt für Schritt in
Parteieigentum überführt wurde.

Tatsache ist überdies, dass Kiaulehn auch nach der Machtübergabe
an die Nationalsozialisten munter weiter publizierte. 1935 erschien bei
Ullstein der zeittypische Tatsachenroman *Die eisernen Engel*. Eine
Geschichte der Maschinen von der Antike bis zur Goethezeit, 1938
folgte mit dem bei Rowohlt verlegten *Lesebuch für Lächler* eine zweite
Feuilletonsammlung, während des Zweiten Weltkriegs schrieb er für
die NS-Auslandsillustrierte *Signal*, zunächst PK-Berichte, dann militär-
wissenschaftliche Abhandlungen, in den letzten beiden Kriegsjahren
auch Durchhaltepropaganda und zwischendrin immer wieder Feuille-
tonistisches, wobei er in den kulturjournalistischen Texten nach wie
vor auf sein eitel gepflegtes Markenzeichen, das Anagramm Lehnau,
zurückgriff. Ein Berufsverbot stellt man sich für gewöhnlich etwas
anders vor.

Nicht erst bei *Signal*, schon beim *Lesebuch für Lächler* sind indes
deutliche Verschiebungen zur *Trostfibel* zu erkennen. Weniger im Ton,
auch nicht in den stilsicheren Formulierungen, eher im Hinblick auf die
verhandelten Gegenstände. War schon die *Trostfibel* auf überwiegend
harmlose Begebenheiten fixiert, so zeichnet sich das *Lesebuch für*

Lächler noch einmal durch potenzierte Harmlosigkeit aus. Nett, putzig, brav geht es jetzt im Grunde fast ausschließlich ums Flanieren und Reisen, um Frauen und Alkohol. Das *Lesebuch für Lächler* reklamierte dann auch für sich, nur noch eine „Mischung aus Albernheit, Witz, treuherziger Einfalt und Geistreichigkeit" sein zu wollen. Und das war es wohl auch. Dessen ungeachtet gilt für die *Trostfibel* wie auch für das *Lesebuch*, was 1968 in einem Nachruf der *Zeit* auf Walther Kiaulehn zu lesen war: „Seine Berichte waren wunderbar anschaulich, unübertrefflich waren die mit witziger Gelassenheit und in funkelndem Deutsch formulierten Betrachtungen."

Walther Kiaulehn: *Lehnaus Trostfibel und Gelächterbuch*. Berlin 1932 •
Walther Kiaulehn: *Berlin – Lob der stillen Stadt*. Hrsg. von Detlef Bluhm, Berlin 1989 u. Frankfurt a.M. 1998.

Rainer Rutz

Victor Klemperer

LTI. Notizbuch eines Philologen (1947)

Victor Klemperer, 1881 geboren in einer jüdischen Familie aus Landsberg, gilt aufgrund seines 1947 erschienenen Buches *LTI. Notizbuch eines Philologen* als einer der Vorreiter der Forschung zur Sprache im „Dritten Reich". Die Abbreviation *LTI* steht für „Lingua Tertii Imperii" und wurde von Klemperer zunächst parodierend in seinen Tagebüchern verwendet. Er hatte beobachtet, dass die Sprache im Nationalsozialismus durch eine übertrieben häufige Verwendung von Abkürzungen gekennzeichnet war. Dies deutete er als Zeichen des Bemühens, eine verschworene Gemeinschaft zu bilden, an der nur diejenigen teilhaben konnten, die in den sprachlichen Code der neuen Machthaber eingeweiht waren. Indem Klemperer nun seinerseits eine Abkürzung für sein Forschungsprojekt benutzte, setzte er gleichsam seinen eigenen, den Nationalsozialisten unverständlichen Code gegen denjenigen, der inzwischen alles beherrschte.

Mit dem Titel des Buches sind seine besonderen Entstehungsbedingungen verbunden. Eigentlich beschäftigten andere Projekte den Dresdner Romanistikprofessor, der nach Studienaufenthalten in der Schweiz und in Frankreich sowie nach seiner Lehrtätigkeit in Neapel mühsam im deutschen Universitätssystem Fuß gefasst hatte. Klemperers Interessen galten vorwiegend der französischen Literaturgeschichte. Doch als er sich nach der nationalsozialistischen „Machtergreifung" schrittweise aus seinem Beruf gedrängt sah und mit dem Zugang zu den Bibliotheken schließlich auch das Handwerkszeug für seine Forschung verlor, traten ersatzweise zwei neue Gebiete in den Vordergrund: Zum einen schrieb Klemperer an seiner Autobiographie, zum anderen sammelte er zunehmend Materialien für eine Studie zur Sprache im „Dritten Reich". Diese Materialien flossen direkt ein in ein Schreiben, das Klemperer sehr früh in seinen Alltag integrierte: in seine Tagebuchnotizen. Die in den 1990er Jahren durch den Aufbau-Verlag unternommene Veröffentlichung dieser Notizen stellen insofern ein publizistisches Ereignis ersten Ranges dar, als sich mit ihnen gleich fünf unterschiedliche politische Phasen Deutschlands – knapp achtzig Jahre Geschichte – aus der Perspektive eines assimilierten Juden der Historiographie des Alltags minutiös rekonstruieren lassen. Schließt man Klemperers Curriculum Vitae mit ein, ziehen vor der Leserschaft sowohl das Kaiserreich und die Weimarer Republik, als auch der Nationalsozialismus, die sowjetisch besetzte Zone und die Anfänge der

DDR vorbei. Die Tagebücher bilden jedoch nicht nur darum eine unauflösliche Einheit mit der *LTI*, weil hier die linguistischen Vorarbeiten festgehalten wurden, sondern auch weil die Methodik der *LTI* sich in vieler Hinsicht der Praxis des Tagebuchschreibens verdankt. Das, woran Klemperer immer wieder zweifelte – die Verschränkung von Überlegungen zum Sprachmaterial aus dem „Dritten Reich" auf der einen Seite und Hinweise auf die lebensgeschichtliche Situation, aus der heraus die Interpretation dieses Materials erfolgte, auf der anderen Seite –, stellt in Wirklichkeit das Richtungsweisende seines methodischen Ansatzes dar: Der Vielfalt und der kontextuellen Einbettung von Sprache – der Pragmatik im weitesten Sinne also – wird bei Klemperer Rechnung getragen, indem er von der Sprache „im" Nationalsozialismus spricht.

Das aber bedeutet, dass die sprachliche Gewalt im Nationalsozialismus niemals losgekoppelt erscheint von den konkreten Wirkungen, die sie auf die Menschen, nicht zuletzt auf die, die als „rassisch wertlos" für die Vernichtung bestimmt waren, hatte. Insofern ist das Buch *LTI* auch der Versuch einer in täglichen Notizen aus der Gegenwartsbeobachtung heraus entwickelten Ethik aus linguistischer Perspektive.

Im Buch selbst geht es um die verschiedensten Formen sprachlicher Korrumpierung. Das Material, auf das sich Klemperer stützt, reicht von Anzeigen, Witzen, einzelnen Modeworten und Emblemen über Hitlerreden bis hin zu Fachpublikationen für Pharmazeuten. Die Disparatheit dieser Zeugnisse gibt zugleich Auskunft über die Schwierigkeit Klemperers, als von Deportation und Tod bedrohter Jude überhaupt noch an Lesestoff heranzukommen. Doch das, was als Einschränkung empfunden wurde, sichert zugleich den Reichtum des Buches. Dadurch, dass Klemperer selbst zufällige, in gewisser Weise „abseitige" Funde in seine Sprachkritik einbezieht, vermag er zu zeigen, dass eine bestimmte Form des Sprechens den gesamten Alltag der nationalsozialistischen Gesellschaft durchdrungen hat. Ähnlich wie der österreichische Satiriker Karl Kraus, der in seiner Zeitschrift *Die Fackel* stets von Neuem die Gültigkeit seiner These beweist, Sprache und Sache seien niemals zu trennen, das Wie des Sprechens wirke stets auf das, was dann auch Realität werde, sieht Klemperer in einem Sprechen, das nicht kritisch reflektiert wird, den Beweis für einen intellektuellen und moralischen Niedergang, der Regime wie den Nationalsozialismus hervorbringe.

Besonders eindrucksvoll sind denn auch Klemperers Überlegungen, wie es möglich war, dass die Deutschen selbst unter den alliierten Bomben weiter an den bevorstehenden „Endsieg" glauben und zum „Durchhalten" auffordern konnten, als dieses bereits vollkommen sinnlos geworden war. Das blinde Zutrauen zum „Führer", das von einer (pervertierten) quasi-religiösen Hingabe zeugte, führt der Dresdner nicht zuletzt auf die von Goebbels verordneten Sprache zurück.

Durch diachrone Vergleiche versucht Klemperer, das Spezifische der Sprache im „Dritten Reich" abzugrenzen von Entwicklungen, die früher begannen. Dadurch vermeidet er, die Phase des Nationalsozialismus aus dem zeitlichen Kontinuum herauszubrechen und die Diktatur als „Unfall" der Geschichte hinzustellen. Vielmehr geht es ihm letztlich auch um die Kontinuitäten, die sich nach der Kapitulation weiterhin in der Sprache der Deutschen widerspiegeln. Die Tagebücher nach 1945 zeigen, dass er aufmerksam die Gefahren einer „LQI" – einer Sprache des Vierten Reiches – beobachtet hat. Insofern legt seine *LTI* den Grundstein für Forschungen zum Zusammenhang von Sprache und Gewalt auch in heutigen Diktaturen. Zugleich führt er exemplarisch vor, wie man von Tag zu Tag an der Gegenwart das allgegenwärtig Sichtbare, Hörbare und Lesbare beobachten kann, wie man es notieren und analysieren kann, um die wirkungsmächtigen Tiefenstrukturen erkennbar zu machen.

Kristine Fischer-Hupe: *Victor Klemperers „LTI. Notizbuch eines Philologen".* *Ein Kommentar.* Hildesheim, Zürich, New York 2001 • Anne D. Peiter: Komik und Gewalt. *Zur literarischen Auseinandersetzung mit den beiden Weltkriegen und der Shoah.* Köln 2007.

Anne Dorothea Peiter

Theodor W. Adorno

Minima Moralia (1951)

Adornos *Reflexionen aus dem beschädigten Leben* – so der Untertitel der *Minima Moralia* – ist ein einzigartiges Dokument der intellektuellen Befindlichkeit nicht nur der Emigration, sondern des gesamten 20. Jahrhunderts. Geschrieben im kalifornischen Exil zwischen 1944 und 1947, bietet das Werk eine ebenso grundlegende wie facettenreiche Auseinandersetzung mit der westlichen Zivilisation in der Jahrhundertmitte. Adornos Arbeiten stehen unter dem zeitgeschichtlichen Eindruck des im Zweiten Weltkrieg untergehenden Nazi-Regimes, seiner katastrophalen Menschheitsverbrechen, des Exils und der dort in ihrem vollen Ausmaß bereits erlebbaren Kulturindustrie. Zugleich stehen sie im Horizont jener *Dialektik der Aufklärung*, an der Adorno mit Max Horkheimer bis 1944 gearbeitet hat. Horkheimer sind die *Minima Moralia* denn auch gewidmet; in der Zueignung spricht Adorno davon, seine Texte seien speziell für seinen Freund und Weggefährten verfasst worden.

Die *Minima Moralia* versuchen den Ist-Zustand der Zivilisation aus ihren Erscheinungen heraus zu bestimmen und entwickeln dazu eine Geste des So-ist-es: das allerdings nicht im Sinne eines fatalistischen Anerkennens, sondern mit der Zielrichtung, eine fortlaufende Chronik zu liefern, in der nicht nur die Gegebenheiten aufgelistet, sondern immer auch gleich mit jener Reflexion vorgestellt werden, zu dem sie den empfindlichen Beobachter nötigen.

Diese damit gleich doppelt auf die Gegenwart bezogene Geste prägt den Aussagegehalt und die Schreibweise der in diesem Buch zusammengefassten Texte von Grund auf. Sie durchwirkt das vordergründig Heterogene wie eine vielfältig variierte Tonart. Das „beschädigte Leben" soll über die Geste des So-ist-es objektiv vor Augen treten, nicht bloß als Deutung von einem subjektiven Standpunkt aus, sondern aufgrund der dialektischen Durcharbeitung der Beobachtung und des Gedankens.

Adorno entfaltet dabei eine Dynamik, die durchschlagende Wirkung erzielen und seinen Ruhm als Philosoph und Schriftsteller begründen sollte. Als philosophische Kritik des Zeitbewusstseins, als kulturanalytische Durchleuchtung der Verhältnisse – von der kleinsten Nuance psychologischer Eigenheiten bis zur fundamentalen Darlegung des moralischen Zustands der herrschenden und nicht herrschenden Klassen – und als literarisch-artistisches Experiment stellen die *Minima*

Moralia ein Jahrhundertwerk dar, das an innovativer Kühnheit, an ästhetischem Eigenwillen und an sprachlicher Präzision seinesgleichen kaum finden dürfte.

Der Titel verweist direkt auf die generell zugrunde gelegte Thematik der Moralphilosophie. Gleich zu Beginn spricht der Autor davon, wie er diese Disziplin – „die Lehre vom richtigen Leben" – unter den Bedingungen seiner Gegenwart zu treiben gedenkt: als „traurige Wissenschaft". Dabei steht etwas im Mittelpunkt, das die Philosophie gerade einmal hundert Jahre vor Adorno langsam und mühsam als philosophische Thematik erschlossen hatte und das, so der Autor, jetzt nur noch in seinen Verzerrungen vorhanden sei – das Leben: „Was einmal den Philosophen Leben hieß, ist zur Sphäre des Privaten und dann bloß noch des Konsums geworden, die als Anhang des materiellen Produktionsprozesses ohne Autonomie und ohne eigene Substanz mitgeschleift wird."

Leben meint hier das ‚richtige Leben' in einem Universalsinn der Zusammenschau von Ethik und Moral, Denken und Genuss, Sprache und Erotik – aber dieses Phänomen sei nurmehr als ‚falsches' wahrzunehmen. Da die Kultur sich als Ganze im Falschen befinde, gelte grundsätzlich: „Es gibt kein richtiges Leben im falschen." Diese später zu einem Bonmot mutierte Sentenz, die gleichwohl gerade in dieser Eigenschaft die Bedeutung des Buches und des Ansatzes fürs geistige Milieu der jungen Bundesrepublik kennzeichnet, bildet die intellektuelle Gestimmtheit des Werkes in nuce ab. Adorno versucht auf allen Ebenen, das nicht gelebte Leben in einer Zivilisation zu beschreiben, die auf den Säulen Entfremdung, Verdinglichung und Verblendung ruht und die diese Prinzipien bis zum industriell durchgeführten Völkermord zugespitzt und pervertiert hat.

Kernproblem der auf dem Niveau äußerster Negativität geführten Auseinandersetzung ist das Selbstverständnis des Subjekts, auf welches sich das Erleben des Lebens nach wie vor stützt und von dem aus das Sich-Einrichten im Falschen auf mannigfache Weise betrieben wird. Adornos These lautet dahingehend, dass sich erst in der Auflösung des alten Subjekts die „überwältigende Objektivität" der „gegenwärtigen Phase der geschichtlichen Bewegung" zeige.

Gerade dies aber fordere eine dialektische Herangehensweise, erscheine doch das Subjekt als das Basiselement des ‚falschen Lebens'. Indem es dieses erleide und beklage, halte es das falsche Leben dadurch aufrecht, dass es sich als Subjekt aufrecht erhalte. Unabweisbar „stützt die individuelle Erfahrung notwendig sich auf das alte Subjekt, das historisch verurteilte, das für sich noch ist, aber nicht mehr an sich. Es meint, seiner Autonomie noch sicher zu sein, aber die Nichtigkeit, die das Konzentrationslager den Subjekten demonstrierte, ereilt bereits die Form von Subjektivität selber." Hier wird deutlich, dass es Auschwitz und der von den Deutschen bewirkte Zivilisationsbruch ist, von dem die Rettungslosigkeit der gesamten Kultur ausstrahlt und auf das alles Denken, das sich zu Rettungsmaßnahmen für kulturelle Bestände anschickte, ebenso rettungslos zurückfällt. Zumal das „Sentimentale" und Anachronistische„ der subjektiven Betrachtung verfehlt, indem sie bei aller Kritikfähigkeit doch immer wieder auf ihr Subjektsein verweist, die objektive Substanz, aus der es gemacht ist.

Zweifellos kann man die *Minima Moralia* unter diesen Gesichtspunkten als eine Schrift zur Moralphilosophie lesen, und eben das geschieht bis heute in den Lektüren der Philosophen zumeist. Das Spezifische aber dieses Werkes, seine Einzigartigkeit und Unvergleichbarkeit, geht von dem mit dem Element des Philosophischen verknüpften Moment des Ästhetischen aus. Das betrifft den äußeren Aufbau der drei etwa gleich großen Teile ebenso wie den inneren Aufbau der Texte, die Komposition ihrer Sprache.

Adornos Schreibweise ist sowohl dem klassischen Aphorismus nahe als auch einer kürzeren Form von Essayistik verwandt und lässt sich am ehesten mit Nietzsches seit *Menschliches, Allzumenschliches* betriebenen Kurzprosa in Vergleich setzen, bei der ebenfalls jedes Stück von einer eigenen Überschrift eingeleitet wird. Die einzelnen Textpartien, die man am ehesten noch als Blöcke bezeichnen könnte und die von Adorno im engsten Kreis auch gerne als „Rälchen" (von ‚Morälchen') bezeichnet wurden, sind sowohl in thematischen Formationen angeordnet als auch häufig in der Relation von Ruf und Echo einander zugewiesen.

Das Prinzip von These und Antithese, wie überhaupt die dialektische, an Hegel orientierte Denkmethode gewinnt nicht zuletzt auf der Ebene der Komposition prägende Bedeutung. So werden einmal als Echo nur rudimentär wieder aufgenommene thematische Elemente in einem nächsten Schritt ausführlicher und bereits auf einer höheren Ebene aufgegriffen und fortgeführt. Man kann dies an unterschiedlichen Sujets verfolgen, wobei einige herausragen, wie z.B. das für Adorno wie für seine Leidensgenossen zentrale Problem der Emigration.

Nicht zuletzt die drei den jeweiligen Teilen vorangestellten Motti weisen auf die Bedeutung der ästhetischen Komposition. Voran steht das lakonische und kalauerhafte „Das Leben lebt nicht" von Ferdinand Kürnberger, das als Sentenz eine breite Deutungsfläche eröffnet und letztlich rätselhaft und vielleicht auch belanglos bleibt. Das zweite Motto, von dem Hegelianer Francis H. Bradley stammend – „Where everything is bad it must be good to know the worst" –, erscheint als sentimentale Übertreibung des eigenen Ansatzes, insbesondere der Statuierung des falschen Lebens, und befindet sich als autoreflexives Moment im Kreuzpunkt von Inhalt und Form und damit im Mittelpunkt des gesamten Entwurfs.

Das dritte Motto schließlich – „Avalanche, veux-tu m'emporter dans ta chute?" –, Baudelaires Gedicht *Le goût du néant* aus den *Fleurs du Mal* entnommen, deutet auf den ebenso ängstlich wie begierig geäußerten Wunsch des Ich, von Naturgewalten wie der Lawine überrollt und in ihrem Sturz unterzugehen. Das große Thema des Subjekts im Falschen und seiner visionierten Auflösung wird so noch einmal exponiert, mit dem Zitat aus einem der wirkungsmächtigsten Bücher der literarischen Moderne, aber auch auf eine genuin ästhetisch zu sehende Ebene gehoben.

Diese Ebene erscheint als eine literarische, insofern der Essayismus der Schreibweise jeden systematischen Charakter philosophischer Darstellung unterläuft. Das radikal Literarische im Philosophischen wird jedoch selbst wieder konterkariert durch ein musikalisches Prinzip, das nach der Idee einer freien Komposition Elemente des Kontrapunkts und der Atonalität bis in den Satzbau hinein durcharbeitet. Gerade das Nicht-Zusammenstimmen, das unverstandene Vorüberziehen der teilweise extrem verdichteten Gedanken, ihr Verklingen und Wiederaufgenommenwerden, machen den charakteristischen Eindruck der *Minima Moralia* aus.

Die literarisch-musikalische Durcharbeitung des Gedankens trägt entscheidend dazu bei, ihn als ästhetisches Phänomen kristallisieren zu lassen und ihm dadurch Dauer zuzusichern. Der von Adorno geführte Diskurs des So-ist-es wird als Diskurs durch die ästhetische Dimension überschritten, die er selbst hervorbringt. Das entspricht bereits Adornos später noch breiteren Raum einnehmendem Verständnis einer ästhetischen Theorie. Das Phänomen des Nicht-Verstehens ist ihr ebenso stilbildend eingeschrieben wie die Differenz des Gedankens zu sich selbst eine durchschlagende Wirksamkeit entfaltet. Adornos später so zentrale Idee des Nichtidentischen wird in den *Minima Moralia* bereits in den Schreibweisen manifest. Es handelt sich um ein Schreiben der Differenz, das eine Vielzahl von potentiellen Zentren kennt, die ihre Zentralität relativieren, indem sie sich zeigen.

Unter kulturjournalistischen Gesichtspunkten mag Adornos Buch als Grenzphänomen gelten. Es gehört ebenso deutlich dem Gebiet der philosophischen Kritik, der ästhetischen Theorie wie der soziologischen Analyse an und repräsentiert zugleich einen Höchstgrad an artistischer Performanz. Doch gerade in dieser Vielfalt von Blickpunkten, die sich auf die *Minima Moralia* richten lassen und die die unterschiedlichsten Lektüren zulässt, sieht sich die Kultur insgesamt betroffen, die sich selbst überlebt hat, aber als solche immer weiter läuft. Denn: „Das Leben ist zur Ideologie seiner eigenen Absenz geworden." So ist es.

Theodor W. Adorno: *Minima Moralia. Reflexionen aus dem beschädigten Leben.* In: *Gesammelte Schriften.* Hrsg. von Rolf Tiedemann unter Mitwirkung von Gretel Adorno, Susan Buck-Morss und Klaus Schultz. Bd.4. Frankfurt a.M. 2003 • Andreas Bernard und Ulrich Raulff (Hrsg.): *Minima Moralia – neu gelesen.* Frankfurt a.M. 2003 • Alexander Garcia Düttmann: *So ist es. Ein philosophischer Kommentar zu Adornos Minima Moralia.* Frankfurt a.M. 2004.

Christian Schärf

FRIEDRICH SIEBURG

Die Lust am Untergang. Selbstgespräche auf Bundesebene (1954)

Mit der *Lust am Untergang* meldete sich Friedrich Sieburg – in den 1930er Jahren Pariser Korrespondent der *Frankfurter Zeitung* und namhafter Reiseschriftsteller, in den 1940ern schließlich etwas unglücklich postierter Kulturdiplomat der nationalsozialistischen Außenpolitik in Frankreich – als Moralist im Nachkriegsdeutschland zu Wort. Seine *Selbstgespräche auf Bundesebene* bilden ein Panorama der frühsten Jahre der Bundesrepublik. Ganz im Gegensatz zum Bild des gelassen über den Dingen stehenden Dösenden, der den Schutzumschlag der Erstausgabe ziert, kommentieren sie engagiert das kulturelle, gesellschaftliche und politische Leben der Bundesrepublik.

Das Buch stellt kein geschlossenes Werk dar; es handelt sich vielmehr um eine thematisch geordnete Sammlung von Feuilletons, ergänzt um belletristische Stücke, die Sieburg großteils bereits veröffentlicht hatte, vor allem in der politisch-kulturellen Halbmonatsschrift *Die Gegenwart* und in der *Zeit*. Dementsprechend sind die Beiträge dem Moment ihrer jeweiligen Entstehung verhaftet, und so ist die *Lust am Untergang* vordergründig kein Thesenbuch.

Sieburgs Beiträge stellen Analysen der massengesellschaftlichen Bedrohung der individuellen Persönlichkeit in einer zunehmend nivellierten Gesellschaft dar. Diesem Phänomen spüren die einzelnen Beiträge nach. Dabei ist das behandelte Spektrum breit: Es reicht von der Untersuchung der zwischenmenschlichen Beziehungen und der Bedrohung der Intimität über die konsumgesellschaftliche Belästigung durch marktwirtschaftliche Bedürfniserzeugung im „Absatzterror" und die Verdrängung des individuellen Erlebens durch unterhaltungskulturelle „Paradiese zu halben Preisen" bis zum Paradethema des Literaturkritikers Sieburg: dem Niedergang des Bildungsgedankens und dem Verfall der deutschen Literatur. Was jedoch alle Stücke verbindet, legte Sieburg im November 1954 anlässlich der Publikation der *Lust am Untergang* in einer *Selbstanzeige* dar: Ihn habe die Sorge getrieben, „dass der Deutsche sich um seine Seele bringe und seiner Person verlustig gehen könne"; er predige „den Endverbrauchern, den Verkehrsteilnehmern und den Sozialpartnern", um sie „vor dem Verlust ihrer Individualität zu warnen, auf die sie nicht den mindesten Wert legten."

Tatsächlich hatte Sieburg immer Individuen im Sinn, niemals „Massen". Ihnen verweigerte er die Anerkennung als einer sozialen Realität. Sie seien, so Sieburg, eine „tyrannische Fiktion", erfunden von umtriebigen Organisatoren des gesellschaftlichen Lebens, die durch die Suggestion vermeintlicher Massenbedürfnisse erst den sozialen Nivellierungsdruck erzeugten. Der Kernkonflikt liege dabei im Umstand begründet, dass „das menschliche Zusammenleben [...] ein Spannungsverhältnis zwischen den Ansprüchen des Einzelnen und den Forderungen der Gesellschaft" sei.

Sieburgs Dämon ist die „Organisation", vertreten durch den ausgreifenden Versorgungsstaat, durch Manager des Kulturbetriebs, durch profitorientierte Wirtschaftskapitäne. Sie füllen erst die Leere, die die immer schwächer empfundene individuelle Persönlichkeit hinterlässt, denn: „der Mensch wird nirgendwo von seinem ureigenen Feld verdrängt, wo er nicht selbst den Rückzug angetreten hätte."

Auf den ersten Blick gehört Sieburg damit zur großen Schar der Autoren, die in der Tradition der Kulturkritik der ersten Jahrhunderthälfte ihre mehr oder weniger soziologisch abgesicherten Spekulationen über den massengesellschaftlichen Verfall des Abendlands im allgemeinen und der deutschen Gesellschaft im besonderen fortgesetzt haben. Auch bei Sieburg nehmen die pessimistischen Töne breiten Raum ein.

Auf den zweiten Blick erweisen sich seine Elegien jedoch als durchsetzt von Momenten des Widerstands, von Mahnungen zur individuellen Selbstkultivierung, zur Auflehnung gegen den Nivellierungsdruck. Dabei scheute Sieburg auch die Provokation nicht: Vor dem Hintergrund des trotz aller Wiederaufbaudynamik doch recht bescheidenen Wohlstands der frühen fünfziger Jahre nimmt sich beispielsweise sein Bekenntnis zu Luxus, Wohlleben und sozialer Exzellenz als kulturellen Notwendigkeiten durchaus aufreizend aus. Aber auch im größeren Maßstab lehnte Sieburg die lustvoll-fatalistische Hingabe an die „Lust am Untergang" ab. Auch im Kalten Krieg werde der Weltuntergang so bald nicht kommen, und so formulierte er ironisch den Wunsch nach einer dekadenten „Gegenwart, die alle Symptome des Verfalls aufweist, als da sind Meinungsfreiheit, Gastronomie, gutes Deutsch, Liebe zur Literatur, Geschichtssinn, Frauenverehrung und Eigenbrötelei, und doch mit Stolz und Berechtigung die leuchtende Farbe der Gesundheit trägt".

Der Moralist Sieburg zielte aber nicht nur auf den Einzelnen, sondern auf die Nachkriegsgesellschaft als Ganzes. Damit gerät zugleich die spezifische Situation des geteilten Deutschlands in den Blick. Der Warnung vor der Preisgabe des Individuums im Einzelnen korrespondierte auf der kollektiven Ebene die Feststellung, die Bundesrepublik sei ein „Zweckverband"; der habe „keine Seele, ihm fehlen Bewusstsein und geistige Vorstellung seiner selbst." Auf die Katastrophe des

Nationalsozialismus hätten die Westdeutschen mit einer fatalen Flucht aus der Geschichte reagiert, mit dem Versuch, jegliches Herkommen abzuschütteln. Der weltläufige Journalist Sieburg sah aber in der Nation als „Zivilisation" eine „Lebensform", in deren kulturellen Emanationen der Einzelne sich permanent als Teil eines zusammengehörigen Ganzen mit Geschichte, Gegenwart und Zukunft wiedererkenne. Insofern war die Absage an Geschichte und Tradition, Bildung und Kultur in Sieburgs Augen nicht nur eine Absage an die deutsche Nation, sondern als solche ein Teil der Selbstaufgabe des Individuums.

Vor diesem Hintergrund ist Sieburgs publizistischer bzw. literarischer Anspruch zu sehen. Denn folgerichtig verstand er seine Arbeit als künstlerische Pflege mitmenschlicher Gesittung im nationalen Ganzen, zum einen in seinen Schriften selbst, zum anderen in der demonstrativen Zurschaustellung der eigenen persönlichen Individualität. Bezug nehmend auf Hugo von Hofmannsthal erläuterte er: „Denn was uns zusammenhält, sind nicht die politischen Einrichtungen mit ihrer Gebrechlichkeit, sind nicht die Grenzen mit ihrer gewaltsamen Zufälligkeit, ist nicht einmal das Gefühl der gemeinsamen Art, sondern einzig und allein die geistige Ausstrahlung, deren das Deutsche von Zeit zu fähig ist."

Mit der Vernachlässigung des eigenen Bildungsgutes, mit der Aufgabe der „gesellige[n] Pflicht" der Literatur, bereite ein Volk „seine Auslieferung in neue Barbareien vor". Die exemplarisch-pädagogische Rolle des Schriftstellers, der in erster Linie Kritiker und als solcher Moralist sei, verdeutlichte Sieburg bereits in der *Selbstanzeige*: „Trotzdem überwältigte mich der Drang, den Leser wissen zu lassen, wie unfasslich stark der Drang des Schriftstellers ist, von sich selbst zu sprechen und genau zu erklären, warum es von öffentlichem Interesse ist, wenn er seine Person in den Mittelpunkt stellt. Er hütet sich zwar sorgfältig, diesem Drang nachzugeben, doch er denkt immer daran, auch wenn er sich auf Bundesebene bewegt und den Deutschen zuredet."

Auf diesem Feld sah er sich allein auf weiter Flur, und entsprechend ausgeprägt war sein literarisches Selbstbewusstsein. Als ihn der renommierte Kritiker Friedrich Luft in einer insgesamt sehr positiven Rezension seines Buches in der *Neuen Zeitung* als den „gehobene[n] Tagesschriftsteller" Friedrich Sieburg apostrophierte, reagierte er ungehalten: „Sagen Sie mir, was ein Tagesschriftsteller ist, einer der gut für den Tag schreibt? [...] Mir scheint, [...] dass die deutsche Literatur besser dastände, wenn in ihr diejenigen, die dem menschlichen Zusammenleben dienen, höher gestellt würden als jene, die sich an das All wenden." (Friedrich Sieburgs Antwort erschien dann am 3. November 1954 in der *Neuen Zeitung*)

Eine (feuilletonistische) Schule konnte Sieburg nicht bilden, vermutlich wollte er das auch nicht. Dazu war der Anspruch des „homme de lettres", in der Praxis des Schriftsteller-Kritikers das individuelle Profil zu schärfen, wohl zu singulär. Als Zeitkritiker, der die Untersuchung kultureller Einzelphänomene zur Deutung eines gesellschaftlichen Gesamtzustandes verdichtete und dabei journalistische und belletristische Schreibweisen verband, kann er aber als Kulturjournalist par excellence gelten.

Friedrich Sieburg: *Die Lust am Untergang. Selbstgespräche auf Bundesebene.* Hamburg 1954 • Manfred Gangl: *Friedrich Sieburg zwischen Kulturkonservatismus und Nationalsozialismus.* In: *Welche Modernität? Intellektuellendiskurse zwischen Deutschland und Frankreich im Spannungsfeld nationaler und europäischer Identitätsbilder.* Hrsg. von Wolfgang Eßbach. Berlin 2005, S. 263-290 • Joachim Kersten: *Niemand hat Glück mit Deutschland. 33 Bausteine zu einem Portrait von Friedrich Sieburg.* In: *Deutsche Geschichte des 20. Jahrhundert im Spiegel von Publizistik, Rechtsprechung und historischer Forschung. Heinrich Senfft zum 70. Geburtstag.* Hrsg. von Angelika Ebbinghaus/Karl Heinz Roth Grenzgänge. Lüneburg 1999. S. 51-93 • Tilman Krause: *Mit Frankreich gegen das deutsche Sonderbewusstsein. Friedrich Sieburgs Wege und Wandlungen in diesem Jahrhundert.* Berlin 1993.

Wolfram Knäbich

HANS MAGNUS ENZENSBERGER

Einzelheiten (1962)

„[I]n jenen Spalten [spricht sich] Herrschaft doppelzüngig aus: zugleich anmaßend und subaltern, würdevoll und servil, ehrenfest und zynisch." Die Sprache der Herrschaft als Sklavensprache gegenüber der Öffentlichkeit – auf diesen Punkt brachte Hans Magnus Enzensberger seine ausführliche Kritik der *Frankfurter Allgemeinen Zeitung*, für die er den Titel Journalismus als Eiertanz gewählt hatte. Über einen Zeitraum von zehn Tagen hatte er getan, was jeder andere Zeitungsleser auch hätte tun können oder tun sollen: nämlich die *FAZ* im Detail sowie im Vergleich mit anderen in- und ausländischen Quality Papers gelesen. Und dabei war Enzensberger zu eben jenem Ergebnis gekommen, dass sich die *FAZ* auf heuchlerische Weise in den Dienst der politisch Mächtigen stellt und ihnen dabei zugleich seine eigene Interessen souffliert.

Nicht ohne Befriedigung hat Enzensberger in der zweiten Auflage seiner *Einzelheiten I* über die Wirkung dieser Diagnose berichtet. Die *FAZ* hatte sich zur Herausgabe einer vierundvierzigseitigen Antwortbroschüre genötigt gesehen. Die dort vorgetragenen Einwände hätten ihn, so Enzensberger, aber lediglich dazu veranlasst, drei Sätze zu streichen, drei hinzuzufügen und einen geringfügig zu ändern. „Im übrigen", so stellt er fest, „bestätigt die Broschüre meine Analyse Punkt für Punkt. Sie verteidigt den Eiertanz durch Eiertänze. [...] Unredlichkeit will sich rechtfertigen durch krassere Unredlichkeit. Antwort auf solche Antworten erübrigt sich."

Nicht minder konnte Enzensberger mit der Wirkung der anderen in den *Einzelheiten* versammelten Essays zufrieden sein. Die schon 1957 erschienene Kritik an Masche und Jargon der Berichterstattung im *Spiegel* wurde im Magazin selbst nachgedruckt, wenn auch um die kritischsten Passagen gekürzt. Bis heute kokettiert der *Spiegel* immer mal wieder mit dieser prominenten Kritik, die bereits bei Erscheinen in Buchform als „berühmtes, historisches Stück" (Peter Demetz) gehandelt wurde: Der *Spiegel*, so stellte Enzensberger fest, „desorientiert" den Leser durch „Koketterie mit der eigenen Gewitztheit, die rasch applizierte Terminologie, die eingestreuten Modewörter, der Slang der Saison, die hurtige Appretur aus rhetorischen Beifügungen, dazu eine kleine Zahl syntaktischer Gags." Und: „Die Story ist eine degenerierte epische Form, sie fingiert Handlung, Zusammenhang, ästhetische Kontinuität. Dementsprechend muß sich ihr Verfasser als Erzähler aufführen, als allgegenwärtiger Dämon, dem nichts verborgen bleibt." Der Journalist als Erzähler müsse „die Fakten interpretieren, anordnen, modeln, arrangieren: aber eben dies darf er nicht zugeben."

Dass ein zeitgenössischer Intellektueller ‚die Medien' kritisiert, war nicht ungewöhnlich. Ungewöhnlich war, dass diese Kritik in betont sachlicher Analyse der sozialen und ökonomischen Veränderung in der allgemeinen industriellen Produktion wie in den Konsumentenschichten daherkam. Und ungewöhnlich war zugleich die pointierte Schärfe mit der Enzensberger etwa Institutionen wie die *Wochenschau* unter dem Titel *Scherbenwelt* attackierte: „Das Stilideal der Wochenschau ist ballistisch: sie will einschlagen. Das Geheul, das sie als Musik ausgibt, ist das der Bombe kurz vor dem Treffer. Auf diesen Augenblick hin wird der Zuschauer dressiert; darauf hin, ihn mit möglichst frenetischem Beifall zu begrüßen."

Gleichwohl blieben Enzensbergers Beobachtungen und Kritiken in den *Einzelheiten I* stärker von der gerade vergangenen Gegenwart geprägt, als das dem Autor im Hinblick auf das Selbstverständnis und die Selbstinszenierung lieb sein konnte. Die Zugriffe sind neu, die Denkmodelle wirken zuweilen doch antiquiert. So kommt die Analyse des Neckermann-Katalogs als „unsichtbares Plebiszit" der Verbraucher zum griffigen Ergebnis: „Das deutsche Proletariat und das deutsche Kleinbürgertum lebt heute, 1960, in einem Zustand, der der Idiotie näher ist denn je zuvor." Aus dem Blick der bald darauf einsetzenden Studentenbewegung und ihrer Proletariatsromantik mochte diese Zusammenrückung mit dem Kleinbürgertum als Provokation wirken, zeitgenössisch war es aber kaum mehr als der übliche Degout gegenüber den Massen und ihrem Ungeschmack, wie er die – selbst eher kleinbürgerlichen – Absetzungspeinlichkeiten der Intellektuellen in den fünfziger und sechziger Jahren weithin geprägt hat.

In dieser Intellektuellen-Tradition steht auch der 1958 zuerst erschienene Text zur *Theorie des Tourismus*. Hier skizziert der damals schon Viel- und Weitgereiste Enzensberger zunächst die bis dato noch ungeschriebene Geschichte des Tourismus mit Exkursen zur Institution Hotel und zu den so genannten Sehenswürdigkeiten. Sodann versucht er – positive Entwicklungen im Kampf um „Recht auf Urlaub" würdigend und seine „Kritik" von der üblichen „Denunziation" absetzend – die aktuellsten Gegenwartstendenzen zu erfassen und abzuwägen. Am Ende aber lautet das unerbittliche Fazit: „Die Flut des Tourismus ist eine einzige Fluchtbewegung aus der Wirklichkeit, mit der unsere Gesellschaftsverfassung uns umstellt. [...] Der Tourismus zeigt, daß wir uns daran gewöhnt haben, Freiheit als Massenbetrug hinzunehmen, dem wir uns anvertrauen, obschon wir ihn insgeheim durchschauen."

In dieser Argumentationsfigur (nämlich den Betrug zu wollen, den man doch eigentlich durchschaut) erkannten zumindest die beleseneren Zeitgenossen die Wiederverwendung der Grundbausteine der kulturkritik-kritischen Position der Frankfurter Schule. Enzensberger, so bemerkte denn auch sein Lyriker-Kollege Peter Rühmkorf 1972 rückblickend in *Die Jahre, die Ihr kennt*, „kam von den Überbau-Seminaren Adornos her". Den wollte Enzensberger freilich übertrumpfen. Das macht ein programmatisch vorangestellter Essay deutlich, von dem sich auch der Untertitel des Bandes herleitet: *Bewußtseins-Industrie*. Was Adorno so folgenreich als „Kulturindustrie" markiert hatte, reicht Enzensberger begrifflich noch nicht aus. Ohne Adornos Namen zu nennen, wendet er gegen seinen Begriff ein: „Er verharmlost die Erscheinung und verdunkelt die gesellschaftlichen und politischen Konsequenzen, die sich aus der industriellen Vermittlung und Veränderung von Bewußtsein ergeben." Der Begriff „Bewußtseins-Industrie" soll dem Umstand Rechnung tragen, dass es sich hier längst um immaterielle mehr denn materielle Güter handele: „Hergestellt und unter die Leute gebracht werden nicht Güter, sondern Meinungen, Urteile und Vorurteile, Bewußtseins-Inhalte aller Art."

Dem sind aus Enzensbergers Perspektive nicht zuletzt die Intellektuellen unterworfen. Sie stehen gerade nicht als Beobachter außerhalb dieses Verblendungszusammenhangs, sondern sind gleichermaßen als Produzenten und Konsumenten solcher „Bewußtseins-Inhalte" ins Ganze verstrickt. Darin aber (wie generell in dem Umstand, dass „die Bewußtseins-Industrie ihren Konsumenten immer erst einräumen muß, was sie ihnen abnehmen will", also in dem, was man damals als Dialektik bezeichnete und heute eher als Ambivalenz wahrnimmt) sieht er ein immanentes Widerspruchspotential, das vor einer entropischen Schließung des Systems bewahrt, wenn es nicht gar Ansätze zur Subversion bietet. Diese Überbietung, aktivistische Optimistisierung und intellektuelle Popularisierung der Adornoschen Negativität hat im Verein mit der provokativen Zusammenstellung seiner Gegenstände zur nachhaltigen Wirkung der *Einzelheiten I* in nachfolgenden kulturjournalistischen Positionierungen gesorgt: sowohl nach Seiten des Elitismus von Karl Heinz Bohrer oder Botho Strauß als auch in der anti-elitistischen und individualpsychologisch motivierten Volte Michael Rutschkys. Darüber hinaus aber zeigen Enzensbergers *Einzelheiten* Elemente, die Enzensberger selbst virtuos in seiner nachfolgenden Essayistik ausgebaut hat: Es ist vor allem die exemplarisch vorgeführte Kälte eines analytischen Blicks, der ein Anders-Sehen von dem ermöglicht, was jedermann (wenn er denn nur wüßte, was er da eigentlich sieht) kritisch durchschauen könnte.

So singulär und auch virtuos das aber im damaligen deutschen Kontext wirken mag – liest man heute noch einmal, wie beispielsweise Roland Barthes in den *Mythen des Alltags*, die allerdings erst 1964 ins Deutsche übertragen wurden, Kultur mit dem strukturalistischem Florett seziert und den Widerspruch der Teilhabe am Analysierten lustvoll genießt, dann erscheint Enzensberger eher als Intellektueller alter Schule, der den schweren Säbel der materialistisch sich verstehenden Dialektik schwingt und etwas aufwendig mit dem „Schweißtuch der Theorie" hantiert.

Was Enzensberger mit allen *Einzelheiten* aber für die Bundesrepublik vielleicht zum ersten Mal mit Präzision und Konsequenz entwickelt, ist ein neues Beobachtungsmodell für die kulturjournalistische Praxis: Vorgeführt wird die Anders-Beobachtung der Realität, im genauen Sinne jene „Revision", die er, wie er in der Nachbemerkung programmatisch anführt, anstelle von „Revolution" beabsichtigt: Frei von den semantischen Implikationen des politischen Revisionismus geht es dieser „Revision" um die Beobachtung jener Realität, die von anderen Beobachtern besetzt und gemacht wird. Damit positioniert Enzensberger den Intellektuellen als das, was Niklas Luhmann später den „Beobachter zweiter Ordnung" nennen wird. Er beobachtet andere Beobachter. Er beobachtet die *FAZ*, wie sie Regierung und zu Regierende beobachtet. Oder er beobachtet, wie Neckermann die potentielle Kundschaft beobachtet. Und in der Beobachtung des *Spiegel*, der die Linksintellektuellen und deren Konsum-Entourage beobachtet, steckt nun freilich als weiteres Element das der Selbstbeobachtung und seiner Abwehrstrategien zugleich.

Diese Beobachtungen macht Enzensberger nun aber nicht nur als Intellektueller, sondern als einer, der selbst ‚Medienschaffender' ist. Mehr aber noch: Alles, was er beobachtet, beobachtet er zugleich als Lyriker. Das wird von Enzensberger selbst (mit feinem Gespür für das Publizieren in Konstellationen) als Ergänzung seiner kulturjournalistisch ausgeloteten „Bewußtseins-Industrie" nachgeliefert – in Form der *Einzelheiten II*. Hier steht nun die künstlerischen Avantgarde, vorzugsweise der seinerzeit gegenwärtigen Lyrik der Moderne im Mittelpunkt, darin eingeschlossen das Thema der künstlerischen Zeitgenossen: Poesie und Politik. Für Reinhard Baumgart erschien eben diese Poesie des zweiten Bändchens als deus ex machina, die Rettung aus der Welt der *Einzelheiten I* verspricht: „Sie nämlich, damit sollen wir uns trösten, steht in unserer Welt sichtbar ein für Freiheit, die sonst überall verraten ist [...]. Wie Münchhausen sich selbst am eigenen Zopf, so zieht hier der Lyriker Enzensberger den Zeitkritiker gleichen Namens aus der Zeitmisere."

Diese Doppelung der *Einzelheiten* aber hat auch Enzensbergers Image gespalten. Während sich der Autor- nicht nur hier (und später ohnehin immer mehr) – dann doch lieber an die Poesie hielt, wollten sich die zeitgenössischen wie nachfolgenden Intellektuellen und Kulturjournalisten vornehmlich mit dem Kritiker der „Bewußtseins-Industrie" auseinandersetzen. Doch es hilft nichts: Von heute aus muss man – und leider ohne die Verkennung darin – als Beobachter dieses großen Beobachters der Beobachter sagen, was Friedrich Wilhelm III. gegenüber Gneisenaus militärischer Denkschrift – damals freilich zu Unrecht – konzediert hat: „Als Poesie gut."

Hans Magnus Enzensberger: *Einzelheiten I u. II.* Frankfurt a.M. 1962 • Reinhard Baumgart: *Enzensberger kämpft mit Einzelheiten.* In: *Süddeutsche Zeitung.* 11./12. 8. 1962 • Jörg Lau: *Hans Magnus Enzensberger. Ein öffentliches Leben.* Berlin 1999. S. 65-97.

Erhard Schütz

ERIKA RUNGE

Bottroper Protokolle (1968)

Auch vierzig Jahre nach ihrem ersten Erscheinen sind die *Bottroper Protokolle* Teil des literarischen Gedächtnisses der Bundesrepublik. Auch wenn das Buch nicht mehr im selben Maße wie zu Anfang der siebziger Jahre rezipiert wird, so steht es doch für eine Phase, in der die Literatur ihre Themenvielfalt und Methodik erweitert und sich auch Außerliterarischem geöffnet hat.

Bottroper Protokolle erzählt in acht Monologen, einem Bericht über eine Betriebsversammlung und einem Gespräch zweier Bergarbeiterehepaare Entwicklungen in der Ruhrgebietsstadt Bottrop, die fast völlig von der benachbarten, aufgrund von Umstrukturierungen vor der Schließung stehenden Zeche abhängt. Die Gespräche mit Arbeitern und Angestellten, darunter eine Putzfrau, ein Pfarrer, ein Rektor und ein Sänger dokumentieren Reaktionen auf die drohende Schließung. Die Protagonisten berichten mit eigenen Worten über ihr Leben und die schwere Arbeit im Umfeld der Zeche. Erika Runge hat die Leute aufgesucht, hat ihnen Fragen gestellt, die Antworten auf Tonband aufgenommen, die Interviews transkribiert und zu einem geschlossenen Text montiert: „Ja, also Schwiegermutter kam an, die war ja verwegen, die Frau, die kam mit Zigaretten an. Jetzt war doch alles abgesperrt, die konnten an uns nich ran. Auf einmal hat mich die Alte gesehn, hat mir so gewinkt und rannte einfach durch die Postenkette durch."

Es sind Sprechtexte, Monologe, die zu „Protokollen" erklärt werden. Analog dazu lauten die Überschriften: *Johannes L., Pfarrer, Maria B., Putzfrau* oder *Clemens K., Betriebsratsvorsitzender*. Die Aussagen bleiben unkommentiert, die Art der Fragestellung legt die Autorin als Methode nicht offen.

Das Genre wäre ohne die technische Erfindung tragbarer Aufnahmegeräte nicht möglich gewesen. Erika Runge war eine der ersten, die es für die Literatur nutzbar gemacht hat. Sie war allerdings nicht die Wegbereiterin. Als die gilt Erika von Hornstein, die acht Jahre vor den *Bottroper Protokollen* Tonbandinterviews mit geflohenen DDR-Bürgern im Aufnahmelager Mariendorf geführt hatte, die 1960 bei Kiepenheuer & Witsch unter dem Titel *Die deutsche Not. Flüchtlinge berichten* als Buch erschienen waren. Auch von Hornstein bearbeitete die Interviews nach der Transkription, und verdichtete sie zu Monologen, indem sie ihre eigenen Fragen und Bemerkungen wegließ und das Material neu ordnete.

Drei Interviewbände hat Erika Runge, die eigentlich als Dokumentarfilmerin angefangen hatte, von 1968 bis 1971 veröffentlicht: Neben den *Bottroper Protokollen* noch *Frauen. Versuche zur Emanzipation* (1969) und *Reise nach Rostock, DDR* (1971). Letzteres zeichnet ein Bild der DDR-Verhältnisse, das mehr dem Wunsch der SED-Funktionäre, die Erika Runge in die DDR eingeladen hatten, als der Wirklichkeit entsprach. Dabei stießen die Bücher Runges in der DDR durchaus auf Interesse. Die Schriftstellerinnen Sarah Kirsch und Maxi Wander verfeinerten die Interviewmethode literarisch, vor allem Wander machte mit ihrem in Ost und West erschienenen Buch *Guten Morgen, du Schöne. Protokolle nach Tonband* (1977) Furore.

Die Erstausgabe von Sarah Kirschs *Pantherfrau. Fünf unfrisierte Erzählungen aus dem Kassetten-Recorder* erschien Anfang 1974 in der DDR. Vier Jahre später, nach ihrer Übersiedlung in den Westen, hat die Schriftstellerin in einem Interview bekannt, dass sie sich bei der Konzeption der *Pantherfrau* von der Vorgehensweise Runges hatte anregen lassen: „Ich hatte das Buch von der Erika Runge gelesen, die ‘Bottroper Protokolle’, und ihre Art, wie sie das machte, fand ich sehr gut, und da es die Technik gibt, es gab auch in der DDR Kassettenrecorder, dachte ich, man muss das anwenden."

Die *Bottroper Protokolle*, die 1968 in der edition suhrkamp erschienen, wurden bis 1977 in elf Auflagen gedruckt. Der große Zuspruch bei den Lesern war ein Zeichen dafür, dass diese Methode, die Alltagsgeschichte ‚kleiner Leute' zu erzählen, ankam. Der große Erfolg des Buches muss im Kontext der kulturellen Umbrüche der sechziger Jahre und beginnenden siebziger Jahre gesehen werden, in denen sich auch ein Teil der Literatur den politischen und sozialen Realitäten stellen wollte. Die Herausgeber des *Kursbuch* verkündeten gar das Ende der „bürgerlichen Literatur". Operative Literaturformen der zwanziger Jahre wie Agit-Prop-Lyrik, Dokumentarliteratur und Reportagen wurden wiederentdeckt und den neuen Bedingungen angepasst. Diese oft aus dem Journalismus adaptierten Formen erschlossen der Literatur der Bundesrepublik Wirklichkeitsbereiche. Doch trotz der Inflation dokumentarischer Literatur sicherte sich Erika Runge mit den *Bottroper Protokollen* einen Platz in der bundesdeutschen Literaturgeschichte – nicht zuletzt, weil sie weitgehend ohne die aufgesetzt wirkende klassenkämpferische Posen auskamen.

Eigentlich untrennbar mit dem Buch verbunden ist das Vorwort von Martin Walser. Der sich zu dieser Zeit in Opposition zum bestehenden politischen System der Bundesrepublik befindliche Schriftsteller unterstützte mit seinem Namen Veröffentlichungen von Erfahrungen aus dem proletarischen und subproletarischen Milieu, die den Behauptungen eines konsens- und konsumorientierten „Wirtschaftswunderlandes" ohne Klassengegensätze zuwiderliefen. In seiner mit *Berichte aus der Klassengesellschaft* betitelten Einleitung schrieb er: „Alle Literatur ist bürgerlich. Bei uns. Auch wenn sie sich noch so antibürgerlich gebärdet. Ich bin nicht so sicher, dass sie nichts als affirmativ sei, aber bürgerlich ist sie sicher. Das heißt: sie drückt bürgerliche Existenz aus, Leben unter bürgerlichen Umständen, Gewissen, Genuss, Hoffnung und Kater in bürgerlicher Gesellschaft. Arbeiter kommen in ihr vor wie Gänseblümchen, Ägypter, Sonnenstaub, Kreuzritter und Kondensstreifen. Arbeiter kommen in ihr vor. Mehr nicht. Hier, in diesem Buch, kommen sie zu Wort."

Kritiker dieser Methode blieben nicht aus. Zu wenig künstlerisch seien diese Texte, um Literatur zu sein. Dieter E. Zimmer etwa stellte 1969 in der *Zeit* zwölf Thesen über „die sogenannte Dokumentarliteratur" auf, in denen es unter anderem hieß: „Auch der zur barsten, kunstlosesten Dokumentation entschlossene Dokumentarist greift notwendigerweise in das Material ein: Er holt Leute vor Kamera, Mikrofon oder Schreibmaschine und versetzt sie in eine Ausnahmesituation, er stellt Fragen, wählt aus, arrangiert. Dokumentarliteratur liefert niemals reine, unverfälschte Natur." Auch müsse das Authentische nicht das Wahre sein.

Die heftigste Kritik kam aus der DDR. In Heft 1/1973 der Zeitschrift *Sinn und Form* veröffentlichte Wolfgang Harich den Essay *Der entlaufene Dingo, das vergessene Floß*. Eigentlich als Verriss von Heiner Müllers *Macbeth*-Bearbeitung gedacht, kritisierte Harich nebenbei gleich noch die westdeutsche Dokumentarliteratur als „literarisches Parasitentum und Hochstapler-Unwesen", die den völligen Verfall der Literatur als Kunst bedeute, da die Lebensschicksale nur vorgeführt, nicht aber erzählend gestaltet würden. Erika Runge, so der Kritiker, präsentiere solche Schicksale, indem sie die Leute ins Mikrofon ihres Tonbandgeräts sprechen lasse, die Bänder dann abtippe und als Bücher von Erika Runge verkaufe. Autoren wie Heiner Müller und Erika Runge verkörperten „realiter einen neuen Schriftstellertyp [...], der sein Ansehen und seine Privilegien nicht mehr durch Schreiben, sondern müheloser dadurch erwirbt, dass er entweder seine Lektüre mit dem Rotstift in der Hand konsumiert, um anschließend zu Schere und Tesafilm zu greifen, oder durch Vorhalten eines Mikrophons in Mundhöhe zahlreicher Gesprächspartner seine Armmuskulatur anstrengt, falls ihm nicht ein aufstellbares Mikrophon auch dies noch abnimmt."

1976 wird Erika Runge selbst ihren „Abschied von der Dokumentarliteratur" erklären und selbstkritisch bemerken: „Ich wollte schreiben, aber mir fehlten die Worte. [...] Aus dem Mangel an Sprachfähigkeit wurde: Zuhören. Und anstatt von meinen eigenen Wünschen und Sorgen zu sprechen, identifizierte ich mich mit der schmerzlichen Fülle der Sorgen und Wünsche einer ganzen Klasse, brachte sie zur Sprache. [...] Durch meine dramaturgischen Erfahrungen gelang es mir, [...] ein Buch zu machen. Dass ich mich mit der dienenden Funktion des bloßen Vermittlers nicht wirklich identifizieren konnte, kam nur indirekt zum Ausdruck: Ich habe die Aussagen der Bottroper nach meinen Vorstellungen verwendet, habe sie benutzt wie Bausteine, ohne zu fragen, ob die Erzähler mit dem Ergebnis einverstanden sind. Sie haben weder über Auswahl noch Anordnung noch über die Sprachweise der Veröffentlichung mitbestimmt. Ich scheute die Auseinandersetzung. Lieber wollte ich unfair sein als aus diesem Buch nicht doch in gewisser Weise mein Buch zu machen."

Trotz dieses offiziellen Abschieds wird Erika Runge 1987 mit den *Berliner Liebesgeschichten* noch einmal zur Dokumentarliteratur zurückkehren. In der Jubiläumsausgabe der *Bottroper Protokolle*, die im April 2008 bei Suhrkamp erscheint, fehlt bedauerlicherweise das Vorwort von Martin Walser. Stattdessen ist dem Band eine DVD mit einem Dokumentarfilm von Erika Runge beigelegt: *Warum ist Frau B. glücklich.* Es ist die Geschichte jener Putzfrau Maria, die fünfzig Jahre Arbeiterklasse verkörpert und von der Erika Runge so gern das Glücklichsein gelernt hätte.

Erika Runge: *Bottroper Protokolle.* Frankfurt a.M. 1968 • Hanno Beth, Michael Töteberg: *Erika Runge.* In: *Kritisches Lexikon zur deutschen Gegenwartsliteratur*, KLG auf CD-ROM, C:\Programme\ETK\KLG_2001\daten\klg\r\ runge_erika\essay.html • Wolfgang Harich: *Der entlaufene Dingo, das vergessene Floß. Aus Anlass der »Macbeth«-Bearbeitung von Heiner Müller.* In: *Sinn und Form* 25 (1973) H. 1. S. 189-218 • Erika von Hornstein: *Die deutsche Not. Flüchtlinge berichten.* Köln, Berlin 1960 • Sarah Kirsch: *Pantherfrau. Fünf unfrisierte Erzählungen aus dem Kassetten-Recorder.* Berlin, Weimar 1974 • Maxie Wander: *Guten Morgen, du Schöne. Protokolle nach Tonband.* Berlin 1977; Darmstadt, Neuwied 1979 • Hans Joachim Schröder: *Zwei Klassikerinnen der Interviewliteratur: Sarah Kirsch und Maxie Wander.* Institut für kulturwissenschaftliche Deutschlandstudien an der Universität Bremen, Juli 1996. www.deutschlandstudien.uni-bremen.de/hefte/heft9.pdf • Dieter E. Zimmer: *Die sogenannte Dokumentarliteratur. Zwölf einfache Sätze sowie eine notwendigerweise provisorische Blibliographie.* In: *Die Zeit* 48/1969. S. 71.

Annett Gröschner

BEN WITTER

Spaziergänge mit Prominenten (1969)

Die längsten und weitesten Spaziergänge mit einem ‚Prominenten' hat nicht Ben Witter unternommen. Das war Carl Seelig, der ab dem Sommer 1936 knapp zwanzig Jahre mit dem Schriftsteller Robert Walser unterwegs war, wobei die Wanderungen in der Regel ihren Ausgang von der kantonalen Heil- und Pflegeanstalt im schweizerischen Herisau nahmen, in die sich Robert Walser 1929 hatte einweisen lassen und deren Patient er bis zum Lebensende geblieben ist. Eigentlich wollte Seelig etwas für die Publikation von Walsers Werken tun; notiert und publiziert hat er dann aber das wohl berührendste Langzeitporträt der Literaturgeschichte. Zu jedem Ausflug gibt es ein schmuckloses Protokoll der Gespräche, die manchmal erst nach einigen schweigend zurückgelegten Kilometern beginnen. Dabei durchqueren die beiden Spaziergänger (mit Seeligs zarter Gesprächsführung) nicht nur Walsers Leben und Werk, auch wird über die Literatur und den Betrieb der Gegenwart geplaudert, wahlweise auch über die Landschaft, über Weihnachtsfeste, über das Essen oder eine Kellnerin.

Die Idee, mit Robert Walser den Herisauer Rückzugsraum zu verlassen und mit ihm spazieren zu gehen, um über seine Literatur zu sprechen, ist geradezu genial. Nicht nur ist Walser bekanntermaßen ein pathologisch-passionierter Spaziergänger, und Seelig führt seinen Gesprächspartner damit in einen vertrauten Bewegungsraum. Auch porträtiert er Walser als jemanden, der sich nicht einfach beobachten lässt. Meist geht er neben Seelig, bald geht er vor ihm, bald bleibt er hinter ihm, dann wieder sitzen sich beide gegenüber. Mal schweigen sie, mal ergibt sich ein längeres Gespräch. Meist aber bleibt es bei Andeutungen, denen nicht weiter nachgeforscht wird und die dann auch Seelig in seinen Protokollen nicht weiter kommentiert. Und so ergibt sich ein Bild vom Autor in ‚seinem' Raum, mit einer Art sich zu bewegen und einer Art zu sprechen, die – man darf es beim Lesen vermuten – der Walserschen Art zu schreiben wohl am nächsten kommen. Seeligs zarte Empirie darf deshalb nicht nur auf biographische Fakten hin gelesen werden. Die Wanderungen mit Robert Walser ergeben vor allem einen Text, der in der Erzählweise einholt, was er in den nacherzählten Gesprächen zu suchen vorgibt.

Mit diesem Porträtprojekt sind die legendären fünfundzwanzig Spaziergänge mit Prominenten verwandt, die der Literat, Journalist, Essayist und Aphoristiker Ben Witter zehn Jahre nach dem Erscheinen des Walser-Buches begonnen und über achtzehn Monate als Serie in der der *Zeit* veröffentlicht hat. Auch Witter nimmt sein Gegenüber mit nach draußen. Auch diesmal will der Autor dem Gespräch einen zusätzlichen Bewegungs- und Erzählraum verschaffen, in dem der andere nicht einfach beobachtet und festgelegt, sondern aus einzelnen Eindrücken und Bildern zusammengesetzt wird. Doch während sich Seeligs Langzeitaufnahmen wie Skizzen für eine große biographische Erzählung lesen, hält sich Witter ans Prinzip der Short Story. So entwickeln hier zwei Spaziergänger zwei Erzählstrategien, um mit zwei unterschiedlichen Problemlagen zurechtzukommen: Seelig hat sich vorgenommen, den von der Öffentlichkeit längst vergessenen Walser ins Gedächtnis zurückzurufen; Witter dagegen will versuchen, die omnipräsenten, verdinglichten Medienbilder zu löschen, mit denen die so genannten Prominenten überklebt sind.

Dafür arbeitet auch Witter mit Momentaufnahmen. Aber er kommt bei seinen Gesprächspartnern lediglich zu einem einzigen Blitzbesuch vorbei. Die manchmal nur einstündigen Begegnungen werden anschließend mit etwa 15 000 Zeichen Text fixiert. Dass Witter es nicht auf den großen Spaziergang, sondern nur auf die kleine Runde anlegt, stellt er bereits in den Titeln heraus: Mit Carl Friedrich von Weizsäcker geht er an der Alster entlang, mit Ludwig Erhard bleibt er in der Johanniterstraße, mit Ernst Jünger bewegt er sich im Schlosspark, mit Uwe Seeler steht er vor leeren Tribünen, mit Elisabeth Flickenschildt spaziert er um den Bauernhof. „Wir schritten um das Haus herum", heißt es im Spaziergang mit Oskar Kokoschka. „Der Kirschbaum, der für die Vögel da war, hatte über dem Boden ein Durchmesser von achtzig Zentimetern. Oskar Kokoschka drückte in Kniehöhe gegen den Baum. An der Stelle gab er nach. Dann stellte Oskar Kokoschka sich wieder aufrecht vor die weit ausgreifenden Äste. – Ich wollte noch einmal mit ihm ums Haus herumgehen, aber schüttelte den Kopf: ‚Ich lasse mich nie aus meiner Achse herausdrehen. Bleiben wir so stehen.'"

So klein wie die gedrehte Runde ist auch der Ausschnitt, den Witter wählt. Für seine Spaziergänge gibt es kein Davor und Danach. Weder braucht Witter lange Anfahrten, noch kümmert er sich um einen Abspann. Schon der Einstieg dient der Herstellung unmittelbarer Präsenz. „Ein Mann saß auf einem Zaun. Er hatte seinen Hut tief in die Stirn gedrückt." So beginnt das Porträt, für das sich Witter mit Zuckmayer in schwindelnde Höhe begibt. Hans Bürger-Prinz sitzt auf einem Hocker neben seiner Sekretärin, Carl Friedrich von Weizsäcker sitzt Tee trinkend auf der Terrasse, und Ernst Jünger sitzt am Schreibtisch und löst „behutsam [...] seinen Blick von einem Manuskript". Heinz Rühmann lehnt „mit gekreuzten Armen [...] am Fenster", Elisabeth

Flickenschildt steht „mitten in der Traunsteiner Bahnhofhalle", Willy Brandt steigt in der Eingangshalle seines Hauses über seinen ungarischen Hirtenhund hinweg und sagt als erstes: „Ich gehe mal für zwei Minuten nach oben, dann haben wir Zeit."

Man kann noch einmal Kischs beste Reportagen lesen, man sollte aber vor allem in den Stories von Hemingway blättern, wenn man wissen will, bei wem sich Witter solche kargen, kontextlosen Anfänge abgeschaut hat. „Rudolf Augstein ließ den Cadillac stehen und fuhr seinen Peugeot aus der Garage. Dann rief er seiner Frau zu: ‚Bring mir ein Stück Geld!'"; „Wir standen am Straßenrand. Ich überlegte, wo man hingehen könnte. Uwe Seeler sagte: ‚Gehen wir doch auf den HSV-Sportplatz.'"; „Der Vorhof des Bundesfinanzministeriums wurde geteert. Ich warf meinen Zigarettenstummel in ein Siel. Professor Schiller kam zehn Minuten später. Er hatte die erste konstituierende Sitzung des Finanzplanungsrates vorzeitig verlassen."

Was im Hemingway-Stil beginnt, hört auch im Hemingway-Stil auf. Mit „Mein Blick fiel auf seine Armbanduhr. Er hob die linke Hand, das goldene Armband rutschte unter den Ärmel" endet der Spaziergang mit Helmut Schmidt auf dem Schuttberg. „Wir versuchten im Gleichschritt zu gehen, und gingen zum nächsten Taxistand" heißt es am Ende des Porträts Mit Axel Springer am Wannsee. „Wir gingen durch einen Brückenbogen", schließt der Spaziergang mit dem Herausgeber des Nachrichtenmagazins *Spiegel*. „Rudolf Augstein machte ‚huch'. Es erfolgte kein Echo."

Was Witter mit solchen Anfängen, Schlusswendungen und in den Zeilen dazwischen betreibt, wendet sich gegen einen Porträtjournalismus, der Prominenz vergöttert. Statt die Stars ins grelle Licht zu setzen und ihr vermeintlich aufregendes Leben zu beschwören, wirken seine Erzählungen immer gedämpft. Witter hält sich an Unscheinbarkeiten und Banalitäten. „Meine Leber war krank", erzählt Heinrich Böll beim Spaziergang im Kölner Grüngürtel, „und ich hatte Zucker. Hinzu kamen Depressionen. Bekannte, die auch leberkrank waren, sagten, die Depressionen werden vorläufig bleiben. Im Bett habe ich mir einen Bart stehen lassen. Zu meiner Überraschung war er rötlich. Ich rasierte ihn wieder ab." So nutzt Witter die kleine Form, um die mediengemachten Übergrößen zu dekonstruieren. Auf den kleinen Runden durch immergraue Peripherien konzentriert er sich auf ihre kleinen Gesten und Worte. Das soll die Gesprächspartner weder entlarven, noch soll es ihnen eine neue rätselhafte Aura verleihen. Witter versucht, seinen Figuren inmitten von Belanglosigkeiten eine Bedeutung zu geben, die in kein mediales Image zurückübersetzt werden kann, weil sie partout nicht glitzern will. In diesem Sinn ist es ein kritischer Journalismus, den

Witter da am Ende der sechziger Jahre betreibt. Vor allem ist es ein literarischer Journalismus, der das eigene Medium zu unterminieren versucht, indem er ein erzählerisches Gegenprogramm etabliert.

Die *Spaziergänge mit Prominenten* dürfen heute – auch ohne, dass Witters Programm noch im emphatischen Sinn ein Gegenprogramm sein könnte – als exemplarische Stilübungen für Kulturjournalisten gelten, die Personen porträtieren wollen, über die man schon alles zu wissen glaubt. Und es sind Stilübungen für Kulturjournalisten, die sich weder blenden lassen, noch das Gegenüber voll ausleuchten wollen. Von Witter kann man lernen, wie sich selbst dort noch situationistisch verfahren lässt, wo der Pressebetrieb und Medienrummel schon alles formatiert hat. Wer diese Stilübungen ausweiten will, hält sich auch an Witters (aus den Spaziergängen zusammengestellten und um einige Texte erweiterten) Band mit Prominentenporträts, der 1977 erschienen ist. Besorgen sollte man sich auch die Aphorismensammlung *Nebbich oder die Löcher im Lachen* von 1979. Hier lässt sich an Mikrogrammen studieren, wie Witter Gedanken und Gesten zerlegt und neu zusammendreht. Nicht zuletzt sollte man, um auf dem Laufenden zu bleiben, jene Autoren lesen, die den mit 15.000 Euro dotierten Preis erhalten, den Ben Witter gestiftet und mit dem eigenen Namen versehen hat. 1995, zwei Jahre nach seinem Tod, ist er zum ersten Mal vergeben worden. Bekommen haben ihn, unter anderem, Wiglaf Droste, Fanny Müller, Gabriele Goettle und André Müller – allesamt legitime Witter-Nachfolger, die sich beim Beobachten, Befragen und Porträtieren der Gegenwart an das halten, was Witter selbst als Nebbich notiert hat: „Um noch was aus der letzten Minute herauszuholen, ging ich tiefer zwischen die Augenblicke."

Ben Witter: *Spaziergänge mit Prominenten*. Zürich 1969. Ben Witter: *Nebbich oder die Löcher im Lachen*. Frankfurt a.M. 1979 • Ernest Hemingway: *Die Stories*. Reinbek bei Hamburg 1988 • Carl Seelig: *Wanderungen mit Robert Walser*. Frankfurt a.M. 1987.

Stephan Porombka

Jörg Fauser

Der Strand der Städte.
Zeitungsartikel und Radioessays 1975-77 (1978)

Der Schriftsteller, Übersetzer, Lyriker und Journalist Jörg Fauser war zu
Lebzeiten ein kommerziell durchaus erfolgreicher Autor, bevor er 1987
nach seinem mysteriösen nächtlichen Unfalltod auf einer Autobahn an
der Münchner Peripherie allmählich auch zu einem legendären Autor
wurde: Sein Kriminalroman *Der Schneemann* wird 1984 mit Marius
Müller-Westernhagen in der Hauptrolle verfilmt und in verschiedenen
Ausgaben insgesamt über 200.000 Mal verkauft, seine für Achim Rei-
chel geschriebenen Songtexte reüssieren in der populären Fernsehsen-
dung *Hitparade*, und er selbst wurde 1984 zum Ingeborg-Bachmann-
Wettbewerb eingeladen, blieb dort allerdings ohne Preis und positive
Resonanz.

Schon diese wenigen Eckdaten verweisen auf das Heterogene in
Fausers Gesamtwerk, das mittlerweile beinahe komplett in einer Neu-
edition vorliegt. Relativ früh erschien hingegen eine kleine Auswahl seiner journalistischen Arbeiten: *Der Strand der Städte* versammelt insgesamt elf Texte und Features, die Fauser Mitte der 1970er Jahre für verschiedene Basler Zeitungen, für die Musikzeitschrift *Sounds* sowie für
den Bayerischen und Süddeutschen Rundfunk verfasst hat. Dass sich
unter dem Pflaster der Stadtplaner die Weite eines Strandes verbergen
könnte, war in den Jahren um 1970 unter der damals jungen Generation ein verbreiteter Gemeinplatz, dem nicht nur das von Daniel Cohn-
Bendit herausgegebene Frankfurter Stadtmagazin *PflasterStrand*
(1976-90) seinen Titel verdankte, sondern auch Fausers Textsammlung, der eben auch das einschlägige Motto: „Sous le pavé – la plage"
mit der Quellenangabe: „Paris 1968, Sgraffito" vorangestellt war.

Die Überlagerung von Sub- und Hochkultur, von Populärem und
Kanonischen wird darin ebenso zum Charakteristikum wie das Credo
und journalistische Bemühen des Authentischen bei gleichzeitigen Verweisen auf jene Literatur und Literaten, bei denen eben dieses Authentische zu finden sei: „Es sollte keinen Unterschied geben, zwischen dem,
was wir niederschreiben und dem was wir wirklich wissen", zitiert Fauser in einem langen Radiofeature den amerikanischen Autor Jack
Kerouac. Dieser Antagonismus von originärer Erfahrung und sekun-
därem Zitat bildet nicht nur ein Spezifikum der um 1970 sich formierenden Jugendkulturen, sondern konstituiert maßgeblich Fausers
literarisch-journalistischer Ästhetik. Exemplarisch und im Klartext fin-

det er sich in dem mit *Der Strand der Städte* überschriebenen Essay, dem einzigen und zugleich titelgebenden Text, der eigens für den Band verfasst wurde: „Das Pflaster und der Strand, der Strand der Städte, auch ihr Strandgut, [...] die ewigen Stromer und die verstrolchten Träumer [...], sie sind Landschaft und Bewohner meiner Phantasien und Erfahrung, die, es muß gesagt werden, literarische Phantasien und Erfahrungen sind: denn zwischen Bild und Realität, um mit T.S. Eliot zu sprechen, fällt (und fiel über mich seit ich lesen kann) machtvoll der Schatten, und der Schatten ist für manchen gewiß manches, er ist für mich Literatur."

Entsprechend überlagert sich in dem Band das Pathos jener Reporter des 20. Jahrhunderts, die stets dabei gewesen sind, nämlich als Augen- und Ohrenzeugen vor Ort, mit dem Pathos derjenigen, die selten irgendwo waren, außer in Bibliotheken oder am heimischen Schreibtisch. Und so ist Fausers Band neben dem oben angeführten Graffito auch das Zitat eines kanonischen Autors vorangestellt, dessen Werk sich in nicht unerheblichen Teilen dem Uneigentlichen der Berliner Staatsbibliothek verdankt, nämlich von Gottfried Benn: „Wir sind aus Riesenstädten, in der City, nur in ihr schwärmen und klagen die Musen." Schon der Zusammenstellung der Motti ist damit ablesbar, was Fausers eigene Texte dann in extenso vorführen, nämlich eine signifikante Umwidmung des Topos vom Strand der Städte: Erstens wird der Signifikant ‚Strand' bei Fauser gleichzeitig zum Kompositum ‚Strandgut' erweitert und zum ‚Rand' verkürzt und somit durch die Arbeit am Symbolischen aus dem topographischen Untergrund des Urbanen der topologische und symbolische ‚Underground', das Territorium der Outcasts, der Drop-Outs. Zweitens desillusioniert Fauser die Unmittelbarkeit aller Pflasterstrandhoffnungen, wenn er die emphatisch beschworenen Ränder und Randfiguren mit einem knappen Hinweis auf T.S. Eliot als literarisch überformt kenntlich macht. Dennoch sind die Figuren, denen man in Fausers Reisereportagen aus Tanger, Rabat und der Wüste Nevadas, aber auch aus New York oder Hollywood begegnet, zumeist gesellschaftliche Außenseiter, dislozierte Figuren, und das gilt auch für jene Schriftsteller, denen er eigene Artikeln widmet, für Charles Bukowski etwa, für den Krimiautor Chester Himes, ‚sein' historisches Harlem oder für Joseph Roth im Pariser Exil. Um all das beobachten und beschreiben zu können, darf der Journalist, darf der Schriftsteller, dem Fauser'schen Erfahrungsfuror folgend, jedoch nicht im „sozialklimatisierten Status der ‚Literaturproduzenten'" verharren, sondern muss noch einmal in der Tradition der poètes maudits die Rolle des „Aussätzigen, sich selbst Aussetzenden, außerhalb und mit dem Rücken zu jedweder Gemeinschaft und Gesellschaft

Stehenden" annehmen – eine Rolle, in der sich auch der Schriftsteller Fauser zeitlebens gefiel und die ihn aus den meisten literarischen und politischen Strömungen der damaligen Bundesrepublik exkludierte.

Als Grenzgänger zwischen Literatur und Journalismus, Krimi und Schlager, Hoch- und Popkultur hat Fauser in seinem Werk eine von der Verpflichtung auf Gegenwart geradezu besessene Poetik der Nachtclubs, Stehausschänke und Eckkneipen, der Imbissbuden, Ausfallstraßen und Mietshäuser, kurz: der suburbanen Friktionen entwickelt. Seine journalistische und literarische Obsession für das Randständige als das vermeintlich Authentische von Gegenwartskultur und -realität wird jedoch zusätzlich konterkariert durch seine Vorliebe für populäre Mythen, für Figuren und Orte, die eine gewisse Medienprominenz aufweisen – meist in subkulturellen Teilöffentlichkeiten, aber nicht nur dort: „Nächte in Los Angeles. Auf dem Hollywood Boulevard, fast versteckt zwischen Buchläden und Porno-Shops, die Bar ‚The Nest': Kühl und dunkel, dunkel dieses Nest der Trinker auf dem Glitzerboulevard, wo die Namen der Stars golden auf dem Pflaster leuchten, die Lebenden, die Toten und die Vergessenen. Hier im Nest die, die ums Überleben trinken, die einsamen Trinker Amerikas." Doch nicht nur die anonymen Trinker Amerikas interessieren Fauser, sondern auch seine Stars, sofern sie – wie James Dean – nur das Zeug zum Medienrebell haben: „Bewußt oder unbewußt stilisiert er sich zum Prototyp des gesellschaftsfeindlichen Protestlers." Der Medienrebell ist dann nach Fausers Lesart im Starsystem Hollywoods das, was der einsame Trinker im ‚Nest' für das gesellschaftliche System ist.

Seine realistisch-journalistischen Schilderungen gesellschaftlicher Randfiguren und -gebiete werden somit auf signifikante Weise überlagert von literarisch und medial induzierten Imagos populär- wie hochkultureller Provenienz. Und nicht nur das: Fauser versucht selbst, in oft verblosen Sätzen oder detaillierten Aufzählungen mit sprachlichen Mitteln solche prägnanten Bilder in der Imagination seiner Leser entstehen zu lassen: „Es ist eine trübe Herbstnacht in Mitteleuropa, aber mein Schreibtisch ist bedeckt mit den Romanen von Raymond Chandler, und wenn ich dem Rauch meiner Zigarette nachstarre, sehe ich Los Angeles an einem klaren Oktobertag, das Cahuenga-Gebäude zwischen Sunset-Boulevard und Ivar Avenue, das muffige Büro im 5. Stockwerk, das Schild PHILIP MARLOWE, INVESTIGATIONS auf der Riffelglasscheibe, den halbleeren Aktenschrank [...]." Der lesende Autor, der Schrift in Bilder übersetzt, wird zum Paradigma für seine eigenen Leser, die in seinen Texten nicht selten literarische Momentaufnahmen für eine von massenmedialen Bildern dominierte Kultur finden. Diese wird von Fauser nicht kulturkritisch negiert oder ignoriert, sondern als Material genutzt: Zum einen finden sich in der Text-sammlung diverse grobkörnige Schwarzweißfotos, von den Protagoni-sten seiner Texte (u.a. Jack Kerouac, Allen Ginsberg und William Bur-roughs) ebenso wie von bestimmten Lokalitäten, etwa dem von Fauser mehrfach erwähnten Stardust Motel, Hollywood. Zum anderen ist da die auffällige Häufung von bekannten Toponymen in Fausers Texten, die – meist ohne weitere Zusätze oder allenfalls um wenige prägnante Details ergänzt – gleich Marken, brands fungieren und beim Rezipien-ten ein Set von medialen Assoziationen bzw. Imagos evozieren, der Hol-lywood Boulevard ebenso wie Las Vegas oder die New Yorker Bowery.

Mit seiner Verdichtung von Produkt-, Personen- und Ortsnamen wiederum knüpft Fauser an eine spezifisch amerikanische Literaturtra-dition an, die mit den Aufzählungsgedichten Walt Whitmans begann, der dann auch zum Vorbild für einige beat poets wurde, für Ginsbergs französische Dichternamen im Früh- und indische Götternamen im Spätwerk etwa, aber auch für Andy Warhols hyperrealistische Aufzäh-lung von Softdrinks in America: „Caffeine-Free Royal Crown Cola" usw. Solchen Techniken der literarischen wie massenmedialen Moder-ne geht es darum, mit minimalem sprachlichem Aufwand bei der Rezeption maximal wirksame Kollektivbilder und -begehrlichkeiten aufzurufen. Das Anspielen auf und Generieren von medial induzierten Erfahrungen wird auf dieser Basis zum ästhetischen Echtheitszertifikat eines im Fauser'schen Sinne authentischen Kulturjournalismus der gesellschaftlichen und topographischer Ränder, der aber stets litera-risch überformt bleibt: Seine genuine Produktionsstätte ist und bleibt der Schreibtisch, alles andere firmiert dagegen, um es mit dem pro-grammatischen Titel eines Fauser-Romans zu formulieren, als Rohstoff.

Jörg Fauser: *Der Strand der Städte. Zeitungsartikel und Radioessays 1975-77.* Berlin 1978 • Jörg Fauser: *Rohstoff.* Frankfurt a. M. 1984 • Matthias Penzel, Ambros Waibel: *Rebell im Cola-Hinterland. Jörg Fauser – Eine Biographie.* Berlin 2004.

Thomas Wegmann

MICHAEL RUTSCHKY

Erfahrungshunger. Ein Essay über die siebziger Jahre (1980)

„Fangen wir irgendwo an" – so lautet der erste Satz dieses Essays über die siebziger Jahre. Es ist ein lapidarer Beginn, der stark mit dem hohen Anspruch dieses zeitdiagnostischen Unternehmens kontrastiert. Zugleich umspielt der Satz aber eine der Kernbotschaften des Textes. Denn es geht Michael Rutschky keineswegs darum, sein Material systematisierend anzuordnen, er führt vielmehr den Prozess des gedanklichen Durchdringens von vorgefundenem Zeitmaterial vor. Und da ist es, so Rutschky, viel wichtiger, dass man mit dem Durchdringen tatsächlich praktisch anfängt, als dass man sich zunächst in theoretischen Vorüberlegungen verliert.

Rutschky unternimmt 1980 mit *Erfahrungshunger* einen „Rekonstruktionsversuch". Er fragt nach dem, wie es an einer Stelle heißt, „wovon die siebziger Jahre eigentlich handeln". Es ist ein Versuch, das gerade zu Ende gegangene Jahrzehnt gedanklich einzuholen. Mit Rückblick auf die Achtziger wird ein solcher Versuch zwar ein vielfältig nachgeahmtes und über mehrere Schwundstufen in ein der Zeitgeist- und Trendforschung transformiertes Projekt sein; in Bezug auf die siebziger Jahre aber ist es originell. Bis dahin waren Überblicksanstrengungen für die Siebziger eng an politische Perspektiven geknüpft: Sie erzählten vornehmlich Geschichten vom Aufbruch und der Erstarrung der sozialliberalen Koalition. Oder sie umspielten Schlagworte wie das der „bleiernen Zeit", das im Jahr 1977 en vogue war. In *Erfahrungshunger* aber erprobt Michael Rutschky zum ersten Mal ein Verfahren, das er einige Jahre später als „Ethnographie des Inlands" bezeichnen wird. Er wirft einen verfremdenden Blick auf die eigene Kultur, mit dem er die Prinzipien der maßgeblichen Lebensanstrengungen der Zeit erfassen will. Betreiben will er eine Art literarischer Sozialforschung, die die Texte der Zeit als repräsentative zu lesen und damit dann ein Stück Mentalitätsgeschichtsschreibung der Bundesrepublik zu schreiben versucht.

Es ist der Begriff der Erfahrung, den der zum Zeitpunkt des Erscheinens siebenunddreißigjährige Essayist Michael Rutschky dafür ins Zentrum rückt. „Erfahrung" löst während der siebziger Jahre den zuvor noch zentralen Begriff der „Theorie" als organisierenden Bezugspunkt der intellektuellen Anstrengungen ihrer Zeit ab. Während die Kader der Studentenbewegung die Gesellschaft noch auf allgemeine Begriffe bringen wollten, lassen sich, so Rutschky, in den siebziger

Jahre vielfältige Ansätze erkennen, konkrete, lebensweltliche Erfahrungen zu machen. Damit waren keineswegs nur angenehme Erfahrungen gemeint. Gerade „Schrecken und Schmerz" gelten als Inbegriff einer wirklichen Erfahrung im emphatischen Sinn. „Denn", so schreibt Rutschky, „in den siebziger Jahren ging es uns weniger darum, die Wahrheit zu sagen und den Irrtum zu vermeiden, eher ging es uns darum, die Wirklichkeit zu berühren, die sich im Neben zu verlieren drohte. Es ging darum, endlich eine Erfahrung zu machen – dabei ist die Frage nach der Wahrheit eigentlich ebenso suspendiert wie die nach der Moral, dem richtigen Handeln." Allerdings ist dieser Paradigmenwechsel von der Theorie zur Erfahrung den Protagonisten der Zeit nur teilweise oder gar nicht bewusst. Enthüllt werden kann der erst in der Rückschau und durch vielfältige hermeneutische Anstrengungen. Genau darin sieht Rutschky die Aufgabe seiner essayistischen Arbeit.

So gesehen folgt *Erfahrungshunger* dem in den siebziger Jahren notorischen Gestus der Selbstverständigung, wie er sich in den oft autobiographisch gefärbten Romanen und essayistischen Schriften der Zeit zeigt. Zugleich hebt er diesen Gestus auf eine neue Ebene. *Erfahrungshunger* lässt sich als Anstrengung zu einer Selbstverständigung über den Impuls zur Selbstverständigung lesen, der innerhalb eines „Panoramas der Desorientierung" den vielfältigen intellektuellen Anstrengungen, aber auch den verschiedenen gelebten Suchbewegungen der siebziger Jahre (etwa in Männergruppen oder Wohngemeinschaften) zugrunde lag.

Interessant ist, wie Rutschky diesen lebensweltlichen Hunger nach Erfahrung definiert. Keineswegs versteht er ihn als Gegenbewegung zur „Utopie der Allgemeinbegriffe", die er im Hintergrund der Studentenbewegung, vor allem im Umfeld der Frankfurter Schule ausmacht (Rutschky selbst hatte bei Theodor W. Adorno in Frankfurt am Main studiert und in seiner Dissertation psychoanalytische Theoreme und literaturwissenschaftliche Ansätze zusammengebracht). Im Gegensatz zu vielen anderen zeitdiagnostischen Autoren, die während der siebziger Jahren eine Verwässerung der gesellschaftskritischen Ansätze der Studentenbewegung ausmachen, geht Michael Rutschky von einem großen Erfolg der Frankfurter Schule aus: „Man könnte sagen, in den siebziger Jahren sei der kritische Gestus Adornos zum Idiom geworden, wie in den sechziger Jahren der existenzialistische Gestus im Alltagsgebrauch war." Kritik und Negativität waren nach Rutschkys Darstellung keine intellektuellen Elitenprojekte mehr. Sie erreichten eine gesellschaftliche Hegemonie, in der sich auf vielfältige Weise spiegelte, dass vielen Menschen in dieser Zeit ihr Innenleben fremd und fragwürdig geworden sei.

Neben der Kritischen Theorie gilt Rutschky Freuds Schrift vom *Unbehagen in der Kultur* als zentrale Deutungsschrift für die melancholische Zeitstimmung der Gegenwart. Von dieser grundsätzlichen Irritation ausgehend, konstatiert Rutschky nun auf der einen Seite Ansätze, Literatur als Ausdruck solcher Innenwelten zu deligitimieren und das eigene Selbstverständnis ganz aus allgemeingesellschaftlichen Codes wie Klassenanalysen oder Unterdrückungsszenarios zu gewinnen. Auf der anderen Seite erkennt Rutschky aber vorsichtige und dabei seltsam tastende Bewegungen, neue Innenwelten zu erschließen.

So liest er – dabei an der späten Filmtheorie Siegfried Kracauers orientiert – das Neue Deutsche Kino als einen Raum, in dem andere Sichtweisen ausprobiert werden konnten. Im Zusammenhang mit den Filmen Alexander Kluges wird Michael Rutschky später bemerken, in ihnen werde probeweise durchgespielt, ob man sich, allen Analysen rund um die Kulturindustrie zum Trotz, mit dem Medium des Films nicht wenigstens im Schutzraum des Kinos vom allgemeinen Verblendungszusammenhang lösen könne. Und in ausführlichen Lektüren von herausgehobenen literarischen Texten der Zeit, vor allem der Romane Dieter Wellershoffs sowie des heute vergessenen Autors Günter Steffens, aber auch der unter dem Titel *Mars* erschienenen autobiographischen Krankheitsgeschichte Fritz Zorns und der *Bottroper Protokolle* von Erika Runge, rekonstruiert Rutschky die Möglichkeit, sich als Subjekt seiner eigenen Erfahrungen zu verstehen – das aber keineswegs in einem triumphierenden Sinn, vielmehr, indem man sich gerade in vorgefundenen Situationen entdecken und beschreiben kann, über die man keine Macht hat.

Insofern versteht sich dieser Essay selbst als Teil eines während der siebziger Jahre stattfindenden Prozesses des mühevollen Herausarbeitens aus der Utopie der Allgemeinbegriffe. „Wir haben versucht, die Welt als ‚die Gesellschaft' zu begreifen (und das ist auch ganz richtig); aber wir sind, indem wir dieser Begriff zu leben versuchten, unter den Einfluss der Melancholie geraten, welche der gesellschaftliche Prozess, indem er ‚Gesellschaft' als Allgemeines durchsetzt, bei ihren Trägern hervorbringt." Um noch Leben zu empfinden, so Rutschkys Analyse, müsse man träumerisch ins Kino gehen oder in der Literatur Schrecken und Schmerz als Inbegriff der eigenen Erfahrung formulieren.

Es sind diese teils verborgenen, teils noch im Negativen verhüllten Momente des Lebens, die Rutschky interessieren. Am Schluss des Essays formuliert er ein Programm, das auf die Rekonstruktion und Konstruktion einer Entwicklungsgeschichte ausgerichtet ist: Den jeweils eigenen Erfahrungen folgend, müsse es letztlich für den Teilnehmer der Gesellschaft darum gehen, den sozialen Kontext, in dem er sich befindet, „lesen" zu lernen, um so einen erwachsenen, sich der Melancholie und den Erfahrungen von Schrecken und Schmerz nicht einfach ausliefernden Zugang zur Gesellschaft zu entwickeln. Doch bleibt es in *Erfahrungshunger* erst einmal bei einer ersten Skizze der Möglichkeit eines solchen Zugangs. „Das alles ist unbestimmt genug. Deshalb höre ich hier auf", lauten die letzten Sätze. In seinen weiteren essayistischen Arbeiten, etwa *Zur Ethnographie des Inlands* (1984), *Wartezeit. Ein Sittenbild* (1983) oder *Lebensromane* (1998), hat Rutschky dann eine solche Lektüre des sozialen Kontextes an vielfältigen Materialien und zu vielen Anlässen erprobt.

Erfahrungshunger ist heute nicht zuletzt gerade wegen dieser Offenheit ein herausragendes Dokument seiner Zeit zu lesen. Es formuliert auf der Grundlage einer präzisen Beobachtung der Gegenwart die Notwendigkeit, den Alltag nach der radikalen Infragestellung der Gesellschaft durch die 68er neu zu begründen. Zugleich skizziert es die Probleme, die dabei entstehen. Von den siebziger Jahren zeichnet der Essay das Bild eines harten, problematischen Jahrzehnts, in dem theoretische Fragestellungen allzu schnell lebenspraktische Auswirkungen hatten. Und er zeichnet das Bild eines Jahrzehnts, in dem bis aufs Blut um Authentizität gerungen wurde.

Darüber hinaus ist Erfahrungshunger aber vor allem ein Beispiel hoher essayistischer Kunst, vor allem in der sorgfältigen Verbindung von theoretischen Ansätzen mit materialreich durchgeführten Analysen von künstlerischen und lebensweltlichen Textdokumenten. Hier dient das vorgefundene Material nicht bloß zur Illustration der theoretischen Ansätze. Und doch wird es als von Theorie durchdrungen vorgeführt. Theorie und Praxis sind hier exemplarisch zusammengebracht – insofern steht der Essay, auch wenn er sich noch so weit von ihren Allgemeinbegriffen entfernt, letztlich doch in der Tradition von Frankfurter Schule und Studentenbewegung.

Michael Rutschky: *Erfahrungshunger. Ein Essay über die siebziger Jahre.* Köln 1980 • Michael Rutschky: *Wartezeit. Ein Sittenbild.* Köln 1983 • Michael Rutschky: *Zur Ethnographie des Inlands. Verschiedene Beiträge.* Frankfurt a.M. 1984 • *Der Alltag. Die Sensation des Gewöhnlichen.* Hrsg. von Michael Rutschky u.a.. Zürich, Berlin 1985-1994 • www.das-schema.de

Dirk Knipphals

DIEDRICH DIEDERICHSEN

Sexbeat. 1972 bis heute (1985)

„Besessen detailgetreu und leidenschaftlich", „angstfrei, charakter-
stark, großmäulig und nicht so leicht auszurechnen", „im wahrsten
Pop-Sinne: überdreht, großzügig, launisch, frech und subversiv". So
„soll Journalismus sein", schreibt Diedrich Diederichsen 1982 als
Redakteur der Hamburger Musikzeitschrift Sounds. Er ist fünfundzwanzig Jahre alt. Er kritisiert Platten. Und die Art, wie über Platten
gesprochen wird. Er kritisiert die Linken. Und alle, die nicht links sind.
Er kritisiert Pop. Und einen Mainstream, der nichts von Pop versteht.
Mediensatt und entschieden kulturkritisch stakst Diederichsen durch
die (Sub-)Kultur der Achtziger mit ihren ästhetischen wie ideologischen
Scheußlichkeiten. Ein Wanderprediger im jugendkulturellen Waste-
land. Ein Mad Max mit Kastenbrille und fettigem Haar: „Seht euch nur
um! Überall die ausgebrannten Ruinen der semiotischen Katastrophe,
Berge von Zeichen-Leichen, verdunkelte Horizonte: einsame Krüppel
schleppen sich durch die Nacht und röcheln von ‚Botschaft' und ‚Ver-
ständigung' – dampfende Müllhaufen von Illusionen und Ideologien
rundherum", klagt er 1983 in seinem Post-Punk-Essay Die Auflösung
der Welt. Da ist Sounds schon vom Musikexpress geschluckt, die alte
Redaktion weitergezogen nach Köln, zur Spex, und in Klagenfurt
schlitzt sich Rainald Goetz die Stirn auf und liest dabei: „Da trat Neger
Negersen herbei, jener begnadete junge Mensch, der die inzwischen
eingegangene Popmusikzeitung Sounds gemacht hat. Sounds ist
Deutschlands Rettung gewesen. Wer das nicht weiß, kommt auf den
Müll. Herr Negersen sagte: Voll gut Mann voll gut. Ich wußte nicht
worauf sich das bezog, und sagte deshalb: Genau, voll gut. Darauf
Neger Negersen: Gotta do that dance, do that dance, und ich nickte mit
dem Kopf im Takt."
     So treffen sich am Anfang des Jahrzehnts in Köln bei Spex im Jour-
nalismus: Neo-Hippster und Zitat-Pop, Cultural Studies und New
Wave, Dekonstruktion, Sprachkritik und Suhrkamp-Literatur, neue
Malerei und Camp. Politische Diskurse, ausgetragen in Konzertberich-
ten. Gebrauchstexte über Musik, die plötzlich alles in Frage stellen.
Verfasst von einer jungen, slicken, selbstbewusst bis arroganten neuen
Pop-Intelligenzija. 1983 brachte das der spätere Tempo-Autor Olaph-
Dante Marx auf die Formel: „Überzüchtetes, wildes Denken. Wider die
Natürlichkeit. Eklektizismus. Pop! ABC: ‚Don't let them catch you.'
Fast wäre ich eingenickt."

Sexbeat, Dietrich Diederichsens erste Einzelpublikation, erscheint 1985. Ein Manifest. Ein Schwanengesang. Ein Taschenbuch mit tiefrotem Einband und dem absoluten Untertitel: *1972 bis heute*. Diederichsen ist Achtundzwanzig und jetzt sogar *Spex*-Chef. In *Sexbeat* beschreibt er auf 184 Seiten seine Nische: Die Generation Zuspätgekommener, Bürgerkinder, die „1968 aufs Gymnasium kamen". „Wir wechselten in halbjährigen Abständen Weltanschauung und Musikgeschmack. In unserer Jugendzeit. Wir verfügten über die Redewendung ‚Ich bin jetzt auf dem ....-Trip', ‚... habe meine ...-Phase.' Und alles geschah zwar unter Strömen pubertären Herzbluts [...], die Triebfeder aber war die entsetzliche Panik, die uns Gewißheit gab, alles Wesentliche versäumt zu haben."

Denn der Zug ist abgefahren: Seit dem Ende von Punk ist das „System Bohemia" (Widerstand, Subkultur, freie Kunst, Revolution) „an der Mauer angestoßen, der unüberwindlichen Mauer der Permissivität, die kein Weiter, an der Mauer des Pluralismus, die kein Mehr erlaubte." Jung-Sein, Hip-Sein, Dagegen-Sein, das funktioniert für Diederichsen und seine Zeitgenossen nur noch postmodern gebrochen, als Widerstand zweiter Ordnung – gesellschaftlich ohne Sprengkraft, medial schon geschluckt und weiterverarbeitet: „Bohemia hat für jeden ein warmes Plätzchen und eine völlig unproduktive Scheintätigkeit anzubieten, die dem Ausführenden das Gefühl verkauft, so etwas ähnliches wie ein Künstler zu sein. Mehr ist an Sozialhygiene gar nicht nötig."

So formt Diederichsen den kollektiven Katzenjammer junger, vage unzufriedener Städter in Sätze, Thesen und Befindlichkeiten: „Sie waren Scriptgirl oder fuhren Platten im New-Wave-Versand aus, sie verkauften unterbezahlt New-Wave-Pullover und durften hin und wieder mit-designen, sie alle waren an einem Produktionsprozeß beteiligt, der über die Maßen unwirtschaftlich organisiert ist. Sie arbeiten für geringen Lohn, und ihre Bohemia-Kunden kaufen ein Produkt zu überteuerten Preisen und alles nur, weil irgendwer oder irgendwas ihnen das Gefühl gibt, unkorrupt und sinnvoll zu leben, irgendwo irgendwie an einem kreativen Prozeß beteiligt zu sein. Das ist die JVA Bohemia."

Präziser (und verständlicher) als in allen späteren Schriften kreist Diederichsen hier die Privatmythologie der Generation *Spex* ein. Es geht um Kultur als semiotisches Schlachtfeld. Es geht um Deutungshoheit. Und darum, wie gesellschaftliche (Kampf-)Begriffe – von „Historizität" bis „Substanz" – in Subkultur und Mainstream unterschiedlich besetzt sind, vereinnahmt werden und je nach Ideologie changieren. Es geht: um die Rückeroberung begrifflicher Terrains, um Distinktion und meistens auch ums Besserwissen. „We can fuck forever, but you will never get my soul", rotzt Jeffrey Lee Pierce, Leadsänger von *The Gun Club*, bei *Sex Beat*, dem Song, der für den Titel des Buches Pate stand.

Diederichsen erklärt, mit einiger akademischer Gespreiztheit: „Das Mischverhältnis Hipster/Hip-Intellektueller ist wichtig für die Qualität einer Szene. Auf hundert Hipster darf höchstens ein Hip-Intellektueller kommen, aber der muß gut sein, schlechte Hip-Intellektuelle können alles verderben. Gemessen an London ist jeder Hamburger Hipster bestenfalls ein Pseudo-Hip-Intellektueller. Dagegen braucht sich ein Hamburger Hip-Intellektueller vor einem Londoner Hip-Intellektuellen nicht zu verstecken. [...] Nur wenige schaffen es von Anfang an, beides zu sein: unmäßig projizierender Hip-Intellektueller und natürlich-begehrenswerter Hipster, also gleichzeitig Sujet und dessen Bearbeitung in einer Person." Diederichsen, selbst DJ, Hipster, später in den Feuilletons gar „Pop-Papst", geht ins Nachtleben, findet Stimmungen und destilliert Bilder. Für diese Bilder erfindet er Neologismen und baut daraus ganze Gesellschaftstheoreme: Königreiche aus Luftschlössern. Im Thronsaal Deleuze, Althusser, Fanon, Guattari, im Ballsaal *Heaven 17*, *Captain Beefheart* und die *Talking Heads*; und Diederichsen als alles durchschauender Souverän, bejubelnd, nörgelnd, verdammend. Vernebelnd. Das Ziel ist Bricolage.

Alle vier, fünf Seiten zeigt *Sexbeat* Fotos: Snapshots aus den Städten. Bilder vom letzten Sommer. Eine Straßenkreuzung in Brooklyn. Noch eine Straßenkreuzung in Brooklyn. Eine Unterführung. In Brooklyn. Davor ein Junge im Polohemd: Haifischgrinsen, Touristenbrille. Fettiges Haar. Man kann sehr leicht vergessen, dass der Autor damals noch keine Dreißig war.

Bei Rainald Goetz ruft Neger Negersen: „Die Zukunft soll doch so bedroht sein, habe ich gelesen, ich glaube, das ist in einer Zeitung gestanden, daß alles so bedroht ist, sogar das Hörspiel, die ganze Kultur, alles muss verteidigt werden, alles ist bedroht, vor allem von der Zukunft glaube ich, oder einer Rakete, oder von was ist jetzt gleich die Zukunft wieder so bedroht?" Goetz' Ich-Erzähler antwortet: „Ich glaube am meisten von der Zukunft, oder vielleicht vom Fernsehen." Und Neger Negersen sagt: „Genau!" Narzissmus, Namedropping, Borniertheit. Dandytum und Geschmacksterrorismus. Diederichsens zwanzig Jahre alter Veitstanz über den „Ich-Screen" Gegenwartsbeobachtung ist die kulturelle Zündschnur zu allen Brand- und Nebelbomben im Pop-Diskurs der Neunziger: schnöselig wie Kracht, dogmatisch wie Stuckrad-Barre, und im beharrlich konstatierten „Wir" und den Beschwörungen kollektiver Erinnerung der direkte Vorläufer von Illies' „Generation Golf". Wie wir LSD einwarfen. Mit Sechzehn. Im Wald, am See. Dieser Gestus, eigene Biografie und Alltagskultur symptomatisch zu lesen (im schlechteren Fall: vulgärsoziologisch), ist heute dominante Strategie des *Neon*-Journalismus – und Standard im Sprechen über Pop.

Nur eines fehlt in Diederichsens Pionierschrift: der Humor. *Sexbeat* ist so verbissen und maliziös wie ein Leitartikel in der Schülerzeitung. Ein predigender Tonfall, der bis heute irritieren kann. 2002, im Zuge des Erfolgs von Jürgen Teipels *Verschwende deine Jugend*, wurde der Band neu aufgelegt. Die Folgegeneration reagierte dünnlippig und verschnupft auf den neunmalklugen Duktus, auf Diederichsens obskure Querverweise und die allzu selbstverliebte, allzu ausgestellte Kennerschaft. Wenn der Wanderprediger moralisch wird, reißen die Nachgeborenen instinktiv das Maul auf, zeigen Zähne – und merken viel spät, schon voll im Angriff: Das Kläffen haben wir von dem gelernt. Second-Order Hipness: Schrammelig und mies gelaunt. Und catchy. Bohemia frisst seine Väter. The song remains the same.

Diedrich Diederichsen: *Sexbeat. 1972 bis heute.* Köln 1985 • Jochen Bonz (Hrsg.): *Popjournalismus.* Mainz, 2006 • Kerstin Gleba, Eckhard Schumacher: *Pop seit 1964.* Köln 2007.

Stefan Mesch

ALEXANDER KLUGE

10 vor 11 (1988 ff)

„10 vor 11. Das älteste Kulturmagazin (Erstausstrahlung am 2.5.88 auf RTL) im deutschen Privatfernsehen bietet in 24 Minuten jede Woche Originaltöne aus Film, Buch und Musiktheater. Es hat den Anspruch, authentisch und kompromißlos Themen, Werke und Personen aus Kunst und Kultur in Form von Interviews und Gesprächen darzustellen. Redaktion Alexander Kluge." Was Kluge hier mit einem kleinen Manifest auf der Homepage des von ihm mit betriebenen „unabhängigen Programmanbieters im Kommerz-TV" dctp bewirbt, steht nicht neben seinem ‚literarischen' Werk. Es ist auf vielfältige Weise mit seinem Gesamtwerk verknüpft, das vor allem von einer Geste geprägt ist: dem Fragen.

Wenn man sich mit Alexander Kluges Fragen beschäftigt – mit den Fragen seiner Literatur, seiner Kinofilme, vor allem aber mit den Frageweisen in den Fernseh-Magazinen –, hat man es mit einer schwierigen Gattungsbestimmung zu tun. Einerseits lässt sich eine Geste erkennen, die mit keiner der handelsüblichen Formen koinzidiert, nicht mit Vernehmung oder Verhör, nicht mit Unterhaltung oder Dialog, nicht mit Talk oder Plauderei. All das wird nur fallweise und ironisch herbeizitiert, ergibt aber keine verlässliche Regel dafür, wie man zu bestimmten Fragen und von diesen Fragen wiederum zu den Antworten kommt. Andererseits aber muss man dabei durchaus ein Echo und ein Element dessen erkennen, was man ‚Interview' nennt oder genannt hat, Interview in einem ersten und anfänglichen Sinn. Denn das Interview ist ja nicht nur – als bestimmte Fragetechnik – aus den amerikanischen Polizeiberichten des 19. Jahrhunderts hervorgegangen; es hat seine Praxis auch einem entrevue oder einem entrevoir zu verdanken, einem Zusammentreffen, dessen Dramaturgie eben durch das ‚Inter', durch das ‚Dazwischen' hervorgebracht wird.

Wenn die Montage im Film – wie Kluge mit anderen einmal bemerkt hat – eine „Theorie des Zusammenhangs" ist, wenn sich an Schnitt und Montage die Sichtbarkeit oder Unsichtbarkeit des Zusammenhangs entscheidet, wenn hier darüber entschieden wird, wie, ob und in welcher Hinsicht etwas zusammenhält, so lässt sich im Interview, in seiner Frageform wohl ein unmittelbares Pendant dazu erkennen. Kluges Fragen sind mit einer Problematisierung verbunden, die sich nicht durch Antworten abgelten und auflösen lässt. Ihre Dimension ist so angelegt, dass sie dem Abklatsch erhältlicher, möglicher oder wahrscheinlicher

Antworten entgeht. Sie sind nicht der neutrale Doppelgänger eines
möglichen Antwortsatzes, sie ersparen sich eine Befriedigung, die in der
Kompensation der Fragen durch die Antworten liegt. Sie zielen nicht
nur auf Antworten, die man nicht kennt. Sie greifen auch jene Figur des
Gemeinsinns oder gesunden Menschenverstands an, die sich an einem
unterstellten gemeinsamen Wissen orientiert.

Im Zentrum der Klugeschen Frage oder Problematisierung steht
immer etwas, das man ein ‚komplexes Thema' nennen könnte, eine
problematische Konstellation. Zum Beispiel: „Hier gibt es den Ausdruck ‚verdickte Gegenwart'. Was ist das?"; oder: „Da gibt es ein Pres-
sebild, da sind Sie zu sehen mit einem Totenkopf in der Hand [...]. Was
soll das heißen?" Dieses komplexe Thema wird nicht nur unvermittelt
und gewissermaßen zusammenhangslos eingespielt (als ein bloßes „das
gibt es"). Es zeichnet sich vielmehr dadurch aus, dass es auf einen hete-
rogenen und komplexen Sachverhalt verweist, der selbst eine Perple-
xität provoziert, also eine im wörtlichen Sinn vielfältige, vielfach gefal-
tete und damit unübersichtliche Angelegenheit repräsentiert.

Wenn man also die Gegenstände von Kluges Fragen – ganz allgemein – mit einem ‚komplexen Thema' umschreiben könnte, dann vielleicht so: Es wird die problematische oder frag-würdige Struktur als
Teil jener Objekte und Sachverhalte begriffen, denen die Frage gilt. Mit
der Frage wird die Frageform, die Unübersichtlichkeit des Gegenstands
selbst virulent. Gegenstände und Wesen, Ereignisse und Begriffe müssen damit als ebenso viele Lösungen von Problemen verstanden werden, die sie umschließen. Sie existieren als Lösungen und Antworten,
tragen aber zugleich die Zeichen jener Probleme und Fragen, deren
Realisierung sie selbst wiederum sind. In dieser Hinsicht ist die Frage
keine subjektive oder meinungshafte Bestimmung, keine äußerliche
Bezugnahme, sondern Teil einer objektiven Struktur.

So sehr die „Was ist"-Fragen bei Kluge auf die Klärung objektiver
Strukturen angelegt sind, so wenig wird allerdings damit auf eine Substanz oder ein Wesen abgezielt, auf etwas, das gleichsam unwandelbar
und wie ein verborgener Kern hinter den Worten, Begriffen und Sachen
steckt. Viel eher geht es um Definitionen im strengen Sinn, um jenes
Definieren, Abgrenzen, Zuschneiden und Isolieren, um ein Unterscheidungsvermögen, mit dem der erfragte Gegenstand im Vollzug der
Bestimmung hervorgebracht wird. Die Frage „Was ist?" löst eine
Dynamik aus, die das scheinbar Essentielle der Aktivität des Formens
und Verformens unterwirft.

Es ist darum nur konsequent, wenn die Frage „Was ist?" stets von
anderen Fragen und Frageformen getragen, überholt und durchkreuzt
wird, von Fragen, die nicht auf das Wesen sondern aufs Unwesentliche,

nicht auf Hauptsachen, sondern auf die Nebensächlichkeiten gerichtet sind. Wenn es etwa um die große Demonstration am 4. November 1989 auf dem Alexanderplatz in Berlin geht, so lautet die Frage: „Wie sieht das genau aus? / Ist es ein Abend oder ist das nachmittags gewesen am Alexanderplatz? / Waren da auch Musikkapellen dabei? Und wo sind die Pissoirs? / Wie sieht der Himmel aus?"

Einerseits wird damit das Ereignis in eine unabgeschlossene Serie von Ansichten transformiert, es zerfällt in eine Ansammlung von Einzelheiten, in denen die hierarchische Unterordnung von Haupt- und Nebensachen einem losen und additiven Verbund von „dies und das" weichen muss. Auf der anderen Seite aber liegt das Ereignishafte von Sachlagen gerade in diesem losen und fluktuierenden Verbund. Das Licht des Tages, die Farbe des Himmels und vielleicht die Songs einer Kapelle – all das sind keine beiläufigen Merkmale dessen, was passiert, sondern gerade als Akzidenzen aktiv, wirksam und effizient mitten im Ereignis selbst. Man könnte also sagen: Kluges Fragen zielen – mit einem unschönen Wort ausgedrückt – auf die ‚Ereignishaftmachung' von Dingen, Sachlagen und Begriffen.

Vor diesem Hintergrund kann man in der oft reklamierten Mäeutik Kluges wohl keine sokratische oder platonische Wendung erkennen, keinen Weg zu einem eingeborenen, allseits zugänglichen und vielleicht nur umständehalber verhinderten Wissen. Als „Provokation von Eigenbewegung" – wie Kluge das selbst genannt hat – ist die mäeutische Frageform vielmehr Teil jener Ereignishaftmachung, die mit der Art der Antworten die Produktionsbedingungen von Antworten überhaupt einschließt. Und diese sind zunächst ganz unmittelbar technischer, das heißt medientechnischer Natur. Denn das Defilée von talking heads und gerahmten Gesichtern, das Kluge in seinen Magazinen mit naher oder halbnaher Einstellung präsentiert, hält an einem Grundriss und an einem gleichbleibenden Arrangement fest, das die fundamentale Asymmetrie von Frage und Antwort nur leicht und von Fall zu Fall variiert. Während das Gesicht der Frage oder des Fragers stets außerhalb des Bildfeldes bleibt, wird das Bild selbst von etwas bestimmt, das man die Taten und Leiden des Gesichts nennen könnte: reflektierende Schicht, Ausdrucksmaterie und Einschreibefläche zugleich. Während die Frage als reine und unsichtbare Stimme wirksam wird, gerät das Gesicht der Antwort zu einer Agentur und zu einem Umschlagplatz, von dem aus sich die Frage-Effekte, die andere Seite des Fragens organisieren. Und dies ist der vierte und letzte Punkt, um den sich Kluges Fragen drehen.

So besteht eine zentrale Wendung im Spiel zwischen Frage und Antwort darin, dass sich die befragte Person allmählich in die Figur eines

Zeugen verwandelt. Sie wird auf die Position eines Boten der eigenen Nachricht verpflichtet, sie wird zu einem sichtbaren Augenzeugen dessen, worüber sie spricht. Das berichtete Ereignis und das Ereignis des Berichts, der Gegenstand der Antwort und die Antwort als Gegenstand überlagern sich, greifen ineinander und gewinnen damit die Dichte eines historischen Falls.

In diesem Sinn steht Zentrum von Kluges Fragen steht die Sondierung und Konstruktion eines historischen Feldes. Die Frage nach dem Zusammenhang, die problematische Natur von Sachlagen, die Ereignishaftmachung und schließlich die Herstellung von Zeugenschaft – all das hat seinen Rahmen und seinen gemeinsamen Referenzbereich im Gebiet des historischen Wissens. Dabei ist nicht zu übersehen, wie das historische Wissen gerade durch jene referentielle Verwirrung zwischen Aussagen und Aussage-Ereignissen hervorgebracht wird. Das bedeutet, dass sich diese Geschichte und ihr Zusammenhang nie als Reservat von Daten und Tatsachen, sondern stets als ein im Werden begriffenes Geschehen präsentiert. Wenn Kluge immer wieder die Elementarereignisse der deutschen Geschichte rekapituliert oder rekapitulieren lässt, wenn er Geschichte archäologisch, also in der Gleichzeitigkeit von Schichten und Ablagerungen adressiert, wenn er Geschichte als Geschichtserfahrung, diese aber als Problem ihrer Wiederkehr verhandelt, so gilt all diese Wiederholungsarbeit – und die Frage danach – einer Konstellation, in der Handelnde und Leidende, materielle und immaterielle Sachverhalte, Szenen und Beobachter nie aufgehört haben, miteinander, ineinander und gegeneinander zu wirken. Die Geschichte ist damit Ort des Problematischen schlechthin: Schauplatz von Fällen, von Verwirklichungen und Lösungen, die zwangsläufig für die unverwirklichten Möglichkeiten einstehen und zeugen müssen. Die Geschichte selbst ist ein Feld von Lösungen, deren Probleme und Fragen weiterhin insistieren.

Das fortgesetzte Interview, das Kluges Fragen verfolgen, nimmt hier den Charakter einer Reportage an. Man könnte vielleicht sagen, den Charakter einer „Ideenreportage". Dieses Genre – das Michel Foucault einmal erfunden und beansprucht hat, als es darum ging, am Beispiel der iranischen Revolution zu erfahren, was das Ereignis dieser Revolution eigentlich sei – lässt nicht nur einen historischen Möglichkeitssinn zu Wort kommen. Es ist der Appell an ein nicht-disziplinäres und undiszipliniertes Wissen, in dem sich das Finden historischer Realität mit den historischen Real-Erfindungen verkettet.

Daran scheint sich der Parcours von Kluges Fragen auszurichten: erstens mit einer Frageform, die wie die Montage den Zusammenhang im Augenblick des Entstehens oder Zerfalls markiert; zweitens mit einem komplexen Thema als Gegenstand, das die Figur des Problems in den Dingen und Ereignissen, den Sachverhalten und Begriffen selbst lokalisiert; drittens mit Frageweisen, die sich auf Umstände und Neben-Sachen beziehen und damit das Fällige und Ereignishafte selbst zu gewinnen versuchen; und viertens schließlich mit der Produktion von Figuren, die nur insofern sprechen, denken oder phantasieren, als sie selbst zum Boten oder Zeugen ihres Sprechens, Denkens, Phantasierens gemacht werden.

Dirk Baecker, Alexander Kluge: *Vom Nutzen ungelöster Probleme*. Berlin 2003 • Alexander Kluge: *Ich bin ein Landvermesser. Gespräche mit Heiner Müller*. Neue Folge. Berlin 1996 • *Kluges Fernsehen. Alexander Kluges Kulturmagazine*. Hrsg. von Christian Schulte und Winfried Siebers. Frankfurt a.M. 2002.

Joseph Vogl

MAXIM BILLER

Die Tempojahre (1991)

„Während wir auf den verwitterten Holzbohlen laufen, redet Karin vom Schumanns in München und wie sie da neulich Maxim Biller kennengelernt hat und dass der so blitzgescheit gewesen ist und sie ein klein wenig Angst vor ihm gehabt hat", schreibt Christian Kracht in seinem 1995 erschienenen Roman *Faserland*. Kracht, ein langjähriger Redaktionskollege Billers bei der Hamburger Zeitschrift *Tempo*, bringt damit literarisch pointiert eine Haltung zum Ausdruck, die nicht wenige Menschen teilen, wenn sie an den 1960 in Prag geborenen Autor denken. Der beklagt sich in einem Interview sogar einmal selbst darüber, dass nicht einmal mehr sein eigener Vater mit ihm streiten will, weil er schließlich doch immer das letzte Wort behält.

Betrachtet man Billers Werdegang, so lässt sich das auch recht gut nachvollziehen. Im Verlauf seiner Karriere als Kulturjournalist, Schriftsteller und öffentlicher Intellektueller hat Biller zahlreiche Menschen sehr unsanft vor den Kopf gestoßen und damit zugleich eine Reihe bedeutsamer literarischer und gesellschaftlicher Debatten losgetreten. So zum Beispiel als er zu Beginn des Jahres 2000 während des so genannten Tutzing-Treffens über 100 junge Autorenkollegen der „Schlappschwanz"-Literatur bezichtigte und damit das Ende der Pop-Literatur der Neunziger Jahre vorwegnahm. Oder als er drei Jahre später seinen juristisch umtobten Roman *Esra* herausbrachte, in dem er nach Auffassung des Gerichts die Persönlichkeitsrechte seiner ehemaligen Lebensgefährtin und deren Mutter verletzte.

Seinen Ruf als „Provokateur" und „Polemiker" erwarb Biller sich aber nicht erst im aktuellen Jahrzehnt sondern bereits durch seine frühen kulturjournalistischen Publikationen in der zweiten Hälfte der achtziger Jahren. Die meisten seiner narrativ angelegten Reportagen, Interviews, Porträts und Rezensionen erschienen in der 1986 gegründeten Zeitschrift *Tempo*, die während ihres zehnjährigen Bestehens als das Zentralorgan des deutschsprachigen New Journalism galt.

Die 1991 unter dem Titel *Die Tempojahre* dann in Buchform veröffentlichten Artikel dokumentieren eindrücklich den provokativen Gestus, der nicht nur von Biller sondern von der gesamten *Tempo*-Redaktion systematisch gepflegt wurde und rasch zum Markenzeichen des Blattes avancierte. Insbesondere in seiner Kolumne *Hundert Zeilen Hass* kultivierte Biller den verbalen Tabubruch, etwa indem er so bekannte Autoren wie Günter Grass, Martin Walser und Christa Wolf unisono als „alte Idioten" bezeichnete oder den Schweizer Schriftsteller Jürg Laederach als einen an „überdimensionalen Blufftexten" feilenden „Scharlatan und Clown" verunglimpfte. Seine Polemiken – wie auch seine weitaus selteneren Sympathiebekundungen – zielten aber keineswegs allein in Richtung des Literaturestablishments. Biller nahm Politiker, Schauspieler und Schlagerproduzenten gleichermaßen ins Visier, analysierte kurzlebige Zeitströmungen mit derselben Schärfe mit der er immer wieder das deutsch-jüdische Verhältnis in der Gegenwart hinterfragte oder über die Wiedervereinigung nachdachte. Sein Interesse galt von Beginn an nicht nur bestimmten Teilbereichen sondern den vielgestaltigen Erscheinungsformen des Phänomens Gegenwart an sich.

Obwohl Billers Themenspektrum also breit gefächert ist und er ganz unterschiedliche Textgattungen souverän bedient, lässt sich in seinen journalistischen Arbeiten dennoch eine durchgängige Poetik erkennen. Sie zieht sich als roter Faden durch die *Tempojahre* und kommt in einer Bemerkung seines Redaktionskollegen Helge Timmerberg pointiert zum Ausdruck. „Journalisten", sagt Timmerberg in einem Interview, „sind Menschen. Menschen haben Meinungen. Menschen haben Antipathien. Menschen haben auch mal schlecht gefrühstückt. Es gibt keine objektiven Menschen, daher gibt es auch keinen objektiven Journalismus. Die einen geben das zu, die anderen nicht." Der von Timmerberg angesprochene Sachverhalt, dass journalistische Berichterstattung Wirklichkeit niemals objektiv abbilden kann sondern sie aus einer subjektiven Perspektive heraus immer erst konstruieren muss, mag heutzutage als alter Hut erscheinen. In den späten achtziger Jahren wurde *Tempo* im deutschsprachigen Raum von den etablierten Medien aber genau dafür angegriffen.

Es war in erster Linie die von dem amerikanischen Protagonisten des New Journalism Tom Wolfe geforderte „Benutzung des Gesichtspunktes, die Schilderung der Szenen durch ein bestimmtes Paar Augen", woran sich die Gemüter erhitzten. Es war das von Biller und seinen *Tempo*-Kollegen so exzessiv verwendete Wörtchen „Ich", weshalb das Blatt als „unseriös", „infantil" und „einfach dumm" gebrandmarkt wurde.

„Ich" – und das ist wohl der neuralgische Punkt – impliziert bei Biller immer eine dezidierte Haltung und damit verbunden: eine stilistische Erregung. Billers kulturjournalistisches Alter Ego bleibt niemals unbeteiligt sondern setzt sich immer wieder von Neuem in eine leidenschaftliche Beziehung zum beobachteten Gegenstand. Und das zumeist von den ersten Sätzen an: „Ich kenne komische Leute. Sie beten zum Heiligen Zelluloidius und erinnern mich an jene, von denen Mal Plato sprach. Er verglich Dumme und Unwissende mit Gefangenen, die, den Rücken zum Ausgang, gefesselt in einer Höhle hocken. In einem fort starren sie auf die Innenwand, auf der sie ihre eigenen Schatten erblicken und Schatten von denen die draußen herumlaufen und umherschwadronieren. Das Schattenspiel halten die Gefesselten für Wirklichkeit. Ich halte die Gefesselten – mehr als jemanden sonst – für moderne Filmkritiker." Oder: „Jetzt also auch noch Budapest, dachte ich verärgert. Ich saß in München-Riem in der kleinen Maschine der ungarischen Fluggesellschaft Malev, die seit einer Stunde vom Boden nicht wegkam, weil ein prächtiger Sommerorkan den Himmel über Deutschland in eine undurchlässige Wand aus Donner und Blitz und marshmallowgroßen Regentropfen verwandelt hatte. Wie erstarrt beobachtete ich von meinem Platz aus das Bodenpersonal und [...] überlegte, warum die Redaktionen mich immer und immer wieder in den verfluchten Ostblock schickten, warum gerade ich nach Polen, nach Russland und in die Tschechoslowakei fahren musste, um den trägen Westlern die letzten Neuigkeiten aus dem nun befreiten Vorderasien zu hinterbringen [...]."

Die komischen Leute! Der verfluchte Ostblock! Die trägen Westler! Bevor der Leser über den ersten Absatz hinausgekommen ist, sieht er die Welt bereits durch die gereizten Augen des Autors. Er erfährt weit mehr über dessen Eindrücke, Launen und Einstellungen als über die Stadt Budapest oder über die Spezies der Filmkritiker, die an und für sich porträtiert werden sollen. Biller zerstört damit die im traditionellen Journalismus so viel beschworene kritische Distanz zum Thema von vornherein, verkehrt dass Credo, dass ein Journalist sich keine Sache zu eigen machen sollte, ins Gegenteil. Er macht sich alles zu eigen und schreibt ausschließlich mit wallendem Blut. Es ist Rollenprosa im eigentlichen Sinne, die Biller in seinen kulturjournalistischen Texten betreibt, Gegenwartsbeobachtung im Holden-Caulfield-Stil, hoch erregt, assoziativ und political incorrect.

Bemerkenswert daran ist nun vor allem auch, dass Biller seinen subjektiven Wahrnehmungsfilter nicht nur als Brennglas sondern zugleich als Weitwinkelobjektiv in Anschlag bringt. Verdeutlichen lässt sich das sehr gut an seinem Totalverriss des im Feuilleton hoch gelobten Romans *Ludwig muß sterben* von Thomas Hettche; in Billers Augen ein Werk, „zusammengehalten von den nichtigen Erfahrungen und poetischen Nullgedanken eines zahmen Mensa- und Semesterferienlebens, voll mit falschen Tiefstgefühlen und den humorlosen, zähen Beschreibungen bedeutungsloser Alltagsvorgänge." Und weiter: „Das alles ist so belanglos. So wenig zwingend. So scheißegal. Dieses Buch findet nicht im Bauch, nicht einmal im Kopf seines Autors statt, sondern nur in seinem Computer. Eine unverbindliche Buchstabensuppe ohne Gefühl und Erinnerung, ohne Sinn für die Gegenwart, ohne Blick in die Vergangenheit oder Zukunft. "

Die durchaus berechtigte Frage, wieso er denn eigentlich so viel Energie auf etwas in seinen Augen so dermaßen Belangloses verwendet, stellt Biller sich selbst: „Warum ich mich trotzdem mit diesem Roman befasse? Weil gerade er besonders deutlich macht, wie heute in Deutschland Literatur funktioniert: Sie ist nur noch das Futter für einen pseudoakademischen Betrieb, der die ästhetischen und inhaltlichen Regeln diktiert, Förderungen und Preise verteilt, groß und klein macht. "

Billers Nein zu Thomas Hettches Roman, und allgemeiner gefasst: Billers Nein zu einer bestimmten Art von Literatur, zu bestimmten Zeitströmungen und zu bestimmten Personen des öffentlichen Lebens ist in den seltensten Fällen ein Nein um seiner selbst Willen. Die erregte Auseinandersetzung mit Einzelphänomenen wird zugleich als Hebel benutzt um das Große und Ganze in den Blick zu bekommen, um die kulturellen und gesellschaftlichen Makrostrukturen der Jetztzeit einer kritischen Prüfung zu unterziehen.

Dass diese Methode riskant ist und Gefahren birgt, liegt auf der Hand. Der verabsolutierende Rückschluss vom Konkreten aufs Allgemeine kann sich bei differenzierter Betrachtung schnell als Irrtum herausstellen, als „eklatantes Missverhältnis von empirischem Beleg und allgemeiner Behauptung", wie es der Literaturwissenschaftler Bernhard Pörksen in einer klugen Analyse über die *Tempojahre* formuliert. Sich Billers Texten immer wieder auch unter diesem Gesichtspunkt zu nähern, scheint nicht nur legitim sondern durchaus angebracht. Ihm aufgrund seines Verfahrens aber „intellektuelle Inkompetenz", „grenzenlose Selbstliebe" und sogar „Dummheit" zu unterstellen, wie es andere Kritiker getan haben, bedeutet schlicht und einfach, ihn nicht verstanden zu haben. Es bedeutet, nicht verstanden zu haben, dass seine Auseinandersetzungen mit der Gegenwart in erster Linie Aufforderungen zum Dialog über die Gegenwart sind. Biller interpretiert die Jetztzeit eben nicht als feststehende Größe sondern als dynamisches und wandlungsfähiges Gebilde. Der kulturjournalistische Text wird bei ihm dann auch folgerichtig zum Instrument, um Diskurse zu öffnen und dadurch auf dieses Gebilde einzuwirken und sein mitunter defizitäres Erscheinungsbild neu zu gestalten.

Für dieses engagierte Unterfangen bedarf es eines hohen Schwellenreizes, bedarf es polemischer Überspitzung und sprachlichen Furors – und es bedarf auch des einen oder anderen Irrtums. Das ist unvermeidlich und fällt bei den zahlreichen Treffern, die Biller gelandet hat, nicht weiter ins Gewicht. Seine blitzgescheiten Analysen erheben auch nicht den Anspruch, für die Ewigkeit geschrieben zu sein. Sie denken ihr eigenes Verfallsdatum auf höchst selbstbewusste Weise immer mit.

Maxim Biller: *Die Tempojahre*. München 1991 • Joan Kristin Bleicher, Bernhard Pörksen (Hrsg.): *Grenzgänger. Formen des New Journalism*. Wiesbaden 2004 • Erhard Schütz: *Journailliteraten. Autoren zwischen Journalismus und Belletristik*. In Andreas Erb (Hrsg.): *Baustelle Gegenwartsliteratur. Die neunziger Jahre*. Opladen/Wiesbaden 1998. S. 97-106.

Thomas Klupp

HARALD SCHMIDT

Tränen im Aquarium. Ein Kurzausflug ans Ende des Verstandes (1993)

Angeblich hält Harald Schmidt selbst nicht viel davon, Kult zu sein. Im Abendprogramm von Sat1 ist er mit seiner *Late-Night-Show* trotzdem Kult geworden. Das amerikanische Format, das vor allem mit dem Namen David Letterman verbunden ist, hat Pate für die Show gestanden, mit der Schmidt seit Mitte der neunziger Jahre nach einigen Anfangsschwierigkeiten zu der zynischen Zentralkulturbeobachtungs- und Gegenwartskommentierungsinstanz im bundesrepublikanischen Fernsehen schlechthin geworden ist. Als er Ende 2003 seine letzte Sendung ankündigte (mittlerweile ist er auf den Öffentlich-Rechtlichen im selben Format wieder zu sehen), stimmten die großen Feuilletons Nachrufe an, in denen sie nicht nur ihrem einzigen Verbündeten im deutschen Fernsehen nachtrauerten, sondern eine öffentliche Figur feierten, von der man meinte, dass sie die Kultur der neunziger Jahre entscheidend geprägt habe.

Als Verbündeten konnten die Feuilletonisten Harald Schmidt verstehen, weil er mit seinen Auftritten im Fernsehen die Kritik des Mediums Fernsehen immer gleich mit betreiben wollte. Indem er dessen Regeln ignorierte (zu den legendärsten Sendungen gehört jene, in der Schmidt durchgehend und einigermaßen ungelenk französisch sprach und sich nicht darum scherte, ob und was seine Zuschauer verstehen), oder aber, indem er die Anforderungen des Mediums demonstrativ übererfüllte und genau dadurch in ihrer ganzen Abstrusität sichtbar werden ließ. Das konnte durch den beständig prüfenden Blick in den Kontrollmonitor geschehen, es konnte aber auch die mehr als doppelbödige Inszenierung eines allabendlichen Rituals sein, bei dem er seine Zuschauer über die immergleiche Wiederholung der schalsten Witze lachen ließ. Vor allem aber war es der Tabubruch, den Schmidt lustvoll zelebriert hat: Ob das seine Polen-Witze waren oder der Einfall, sich für seine Show einen türkischen Angestellten zu halten, den er mit Vorliebe zum Autowaschen aus dem Studio schickte.

Da ist es wenig überraschend, dass der schreibende Harald Schmidt schon mit seinem ersten Buch *Tränen im Aquarium* eine ähnliche Strategie verfolgt hat: die Dekonstruktion eines Mediums durch einen widerständigen Zynismus, der sich vor allem darin gefällt, Ansprüche so weit und so virtuos überzuerfüllen, dass sie nur noch als kulturelle Dummheit erscheinen. Das Buch erschien 1993, zwei Jahre vor Beginn der *Harald-Schmidt-Show*, als Schmidt diese dekonstruktive Strategie im Fernsehen durch Sendungen wie *MAZ ab!*, *Pssst* oder *Schmidtein-ander*, das er gemeinsam mit Herbert Feuerstein moderierte, längst per-fektioniert hatte.

Die Kritik des Mediums, die Schmidt mit *Tränen im Aquarium* betreibt, lässt sich zunächst einmal an den paratextuellen Elementen festmachen. Vor allem sind es die Ausprägungen des Buches als intel-lektuelle Handreichung und Statussymbol, die Schmidt sich zurechtlegt und demontiert. *Ein Kurzausflug ans Ende des Verstandes* lautet der Untertitel des Bändchens, der neunzehn kurze Texte versammelt. Um so umfangreicher ist die vorangestellte Widmung, die einem zungen-brecherischen, spanisch klingenden Namen gilt, der sich über zwei Textzeilen erstreckt und dessen vermeintlicher Träger nach den Anga-ben Schmidts gut 150 Jahre gelebt haben müsste: „Für Fernando Gar-ciá Diego Babbistá d'y Co'co y' Pestò d'al Fésß'do y Fresco Cesualo Carrtònn. (1565-1712)".

Das Motto des Buches, das man auf der folgenden Seite findet, unterläuft die große Geste der Widmung: „Harry, manchmal hasse ich meinen Beruf", lautet sie und stammt von dem eher unfreiwillig eben-falls zu Kultstatus gelangtem Fernsehkommissar Stefan Derrik, der freilich „Derrick" heißt, also von Schmidt auch noch falsch geschrie-ben wird (was die Vermutung nahelegt, dass auch jene Kunstfigur, der das Buch gewidmet ist, nicht korrekt durchbuchstabiert ist).

Und so geht es dann auch weiter. Während die vereinzelten Fotos ganz offensichtlich den dilettantischen Charakter privater Schnapp-schüsse haben, findet sich im Bildnachweis ein Dank an Annie Leibo-vitz und Herb Ritts, also an zwei der berühmtesten Photographen Ame-rikas. Im Anhang findet man einen Brief Schmidts an seinen Lektor (angeblich geschrieben im berühmten Rilke-Refugium von Schloss Duino), in dem er den an Selbstgefälligkeit und -überschätzung labo-rierenden Künstler gibt: „Anlage: 1 Nobelpreismanuskript// 1 6 Mil-lionen Schweizer Franken Vertrag// Mehrere echt tolle Fotos." Der Klappentext schließlich zitiert nicht nur Thomas Mann und Peter Handke als Gleichgesinnte des Schreibenden Schmidt (während im Eröffnungstext über Tschechows Füller, Brecht, Tolstoi und Balzac von Schmidt „meine Kollegen" genannt werden), er schließt auch mit dem Hinweis des echten Kollegen Feuerstein auf die Unentbehrlichkeit des Schmidtschen Buches für Haushalte, in denen es Tischbeine gibt, die zu kurz sind.

Dieses Zusammenwerfen von Intellektuellem und Profanem bestimmt auch die Texte selbst. Gekonnte Imitationen von Karl Moiks Begrüßungen zum Musikantenstadl werden möglichst nah bei Hinwei-sen auf Adorno platziert. Eine nur für Insider verständliche Erzählung, gehalten im gediegenen Fabulierton des 19. Jahrhunderts, lässt fast alle Kulturredakteure der *Zeit* auftreten und schließt mit dem Hinweis auf das „erfolgreiche Vortragsprogramm" des Autors: „Vogelstimmen im Aletschwald", das „jetzt als Cassette vorliegt, 45 Minuten mit zahlreichen Lichtbildern und Tonbeispielen".

Das Programm, dem Schmidt folgt, ist nicht neu. Seit der Romantik gilt der Witz als wichtiges ästhetisches Verfahren, mit dem Unzusammenhängendes verbunden wird, um eine möglichst überraschende Erkenntnis zu provozieren. In Schmidts Fall ist diese Erkenntnis der Befund, dass sich Intellektualität in der Gegenwart zwar noch als etwas substantiell Wichtiges in Szene zu setzen versucht, ihr jede Substanz aber längst flöten gegangen ist. Kultur wird hier nur noch als snobistisch-blödsinniges Sprachspiel vorgeführt. Sie ist nicht mehr als die scheinhafte Kompetenz, sich möglichst vieler Formen und Codes zu bedienen. Weil das aber eben nur noch auf sprachlicher Ebene, also nur noch jenseits von Substanz operationalisiert werden kann, können dem jovialen Schunkeleinheizer Karl Moik problemlos die beiden „Wegbereiter des Stadl" Horkheimer und Adorno an die Seite gestellt werden – wenn auch mit einer reichlich verdrehten Variante ihrer Kritik der Kulturindustrie.

Schmidt führt in seinen Texten aber auch ganz explizit vor, wie man mit den Mitteln der Sprache kulturelle Substantialität und Kompetenz simuliert. Nach einer ausführlichen Plauderei über Filme und über Hauptdarsteller im Filmbusiness empfiehlt er dem Leser, immer ein paar Originalversionen und Fachbegriffe im Repertoire zu haben: „Wenn Sie in Gesellschaft den Satz sagen: ‚Ich steh unheimlich auf diese Screwball-Comedies', dann müssen Sie eine kurze Pause machen, und dann müssen Sie direkt hinterher sagen: ‚Wir Deutschen können das ja nicht'. Wenn Sie das ein paar Mal üben, ist es ganz einfach. ‚Ich steh ja unheimlich auf diese Screwball-Comedies.' – Pause – ‚Wir Deutschen können das ja nicht.'"

Diese vermeintliche Willkür des Gesagten weist auf ein weiteres rhetorisches Mittel von Schmidt, von dem sein Schreiben und Sprechen wohl am nachdrücklichsten geprägt ist. Es stammt ebenfalls aus der literarischen Romantik: Ironie. Mit ihr wird konzediert, dass anstelle des Gesagten genauso etwas anderes hätte gesagt werden können. Unterstellt wird mit ihr eine unerschöpfliche, erschöpfende Beliebigkeit des Sagbaren, die das Sprechen aber nicht ins Schweigen treibt, sondern progressiv und produktiv zum Weiterplappern anregt.

Die Ironie wird durch diese Eigenschaft zu dem rhetorischen Moment, mit dem die postmoderne Mentalität ihre ästhetische Form findet. (Womit übrigens ironischerweise ein Satz formuliert wäre, der auch von Harald Schmidt sein könnte: Wenn Sie das ein paar Mal üben, ist es ganz einfach. ,Die Ironie wird durch diese Eigenschaft zu dem rhetorischen Moment' – Pause – ,mit dem die postmoderne Mentalität ihre ästhetische Form findet'.)

Während sich bis in die achtziger Jahre hinein Intellektuelle, genauso wie Kabarettisten, noch dadurch definiert haben, dass sie eine bestimmte ideologische bzw. ideologiekritische Position vertreten und verkörpern wollten, hat der postmoderne Ironiker Schmidt keine Position mehr, weder politisch noch moralisch. Er kann über alles und jeden lästern. Er kann alles und jeden affirmieren. Denn sein Ziel ist nicht mehr die Aufdeckung eines substantiell falschen Zustands. Sein Ziel ist allenfalls der Effekt, der durch eine besondere Provokation, eine besondere Fallhöhe, eben durch einen besonders guten Witz erreicht wird. Wiederum also durch das Vermögen des virtuosen Sprachspiels.

Das Vermögen von Harald Schmidt besteht nun aber nicht nur darin, dass er der Gegenwart einen bestimmten Jargon ablauschen, nachbilden und mit anderen Jargons kombinieren kann. Sein eigentliches Können besteht darin, dass er den Jargon des Intellektuellen, der die Texte in *Tränen im Aquarium* in großen Teilen ausmacht, auch mit Inhalten zu füllen versteht. Wenn er Zitate von Paul Celan, Rilke, Henry Miller und Hinweise auf die Todesumstände von Ödön von Horváth – natürlich ohne die Namen zu nennen – einstreut, dann hat das den zusätzlichen Effekt, dass man nicht ganz sicher sein kann, ob hier jemand tatsächlich nur sprachspielerische Simulationen betreibt oder ob man es nicht vielleicht doch mit jemanden zu tun hat, der sich darüber freut, dass er seinen Bildungskanon endlich einmal öffentlich zum Besten geben kann.

Natürlich ist diese Wirkung auch schon wieder kalkuliert. Denn so oft Harald Schmidt auch „Ich" sagen mag und das persönliche Bekenntnis verspricht, bekommt man doch immer nur die Kunstfigur Schmidt zu fassen. Genau damit steht er in der Tradition der Feuilletonisten des frühen 20. Jahrhunderts. Die haben in ihren kurzen Texten und Flanerien das Prinzip, als vermeintliche Individuen zu sprechen und doch als Autoren hinter ihren Texten zu verschwinden, perfektioniert und auf diese Weise das „Ich" zu einem rhetorischen Mittel werden lassen, über das schlaue Leser wie Schmidt heute geradezu traumwandlerisch verfügen.

Harald Schmidt ist in den neunziger Jahren zum Kult geworden, zeitgleich mit der Kunstfigur Helge Schneider, die ebenfalls die Gesetze der Unterhaltung torpediert und sie zugleich kongenial postmodernisiert hat. Während aber Helge Schneider mittlerweile über das Dilemma klagt, dass sein Publikum schon lacht, bevor er überhaupt etwas sagt, probiert sich Schmidt auch als ernsthafter Schauspieler in Theaterinszenierungen aus. Unlängst war er Juror des Ludwig-Börne-Preises. Es scheint, als ob er nach Jahren der Dekonstruktion der Hochkultur doch wieder bei ihr angekommen ist. Auf der Suche nach ein wenig intellektueller Substantialität.

Harald Schmidt: *Tränen im Aquarium. Ein Kurzausflug ans Ende des Verstandes*. Köln 1993 • Harald Schmidt: *Wohin? Allerneueste Notizen aus dem beschädigten Leben. Die Focus-Kolumnen*. Köln 1999 • Mariam Lau: *Harald Schmidt. Eine Biografie*. Berlin 2003 • Kay Sokolowsky: *Late Night Solo. Die Methode Harald Schmidt*. Hamburg 2003.

Wiebke Porombka

GABRIELE GOETTLE

Deutsche Sitten, Deutsche Bräuche (1991, 1994)

Eigentlich möchten Kulturjournalisten gerne zur Kultur höherer Güte gezählt werden. Gabriele Goettle kennt diesen Reflex, steht ihm jedoch eher kritisch gegenüber. Darum hat ihre Reportagenreihe, für die an jedem letzten Montag im Monat das Feuilleton der *taz* reserviert ist, den programmatischen Titel *FREIBANK – Kultur minderer Güte*. Zudem gibt es von Goettle – im Gegensatz zu den meisten ihrer kultur-journalistischen Kollegen, die keine Möglichkeit auslassen, Werbung für ihr eigenes Gesicht und die eigenen Texte zu machen – kein einziges Foto im Netz. Goettle gibt keine Interviews und macht keine Lesungen. Wer etwas über sie erfahren will, hat nur die Möglichkeit, ihre Texte zu lesen. Wollte man ihren Standpunkt ermitteln, so könnte man sich an ein Gespräch halten, das sie anlässlich seines sechzigsten Geburtstages am 7. Januar 1989 mit Heiner Müller als eine Art Dampfplauderei für die *taz* führte und in dem es hieß: „Wir sind immer hoffnungslos dane-ben, nicht dabei."

Mit ‚wir' ist neben Gabriele Goettle noch die Fotografin und Bil-dende Künstlerin Elisabeth Kmölniger gemeint, die seit fast zwei Jahr-zehnten viele von Goettles Reportagereisen begleitet. Sie porträtiert die Gesprächspartner und fotografiert Fundstücke oder Orte. Die Aufnah-men werden Teil der Reportagen. Genau wie sie selbst. „Unten in den Schrebergärten treffe ich Elisabeth wieder, die inmitten duftender gel-ber Rosen auf einem Mäuerchen sitzt und im gefundenen Handbuch für militärisches Grundwissen blättert."

Dabei flicht die Autorin ihre Person oder anderes aus ihrem Umfeld nur sehr sparsam in ihre Geschichten ein. Man erfährt, dass sie in einem klapprigen VW-Bus herumreist, der zuweilen als Herberge dient. Auch dass sie von zwei anarchischen Hunden begleitet wird, die auf ihre Art Erkundungen in Ost und West machen. In der Reportage *Flüchtiger Blick auf die Hamburger Hafenstraße* heißt es: „Unvermittelt deutet sie mit ihrem Finger in mein Gesicht und fragt streng: ‚Warum machste dir das eigentlich nicht weg?' Hier hätte ich am wenigsten damit gerechnet, dass sich jemand über einen Damenbart erregen kann. Der Dialog glei-tet dann vom Haar unter meiner Nase aufs Fell unserer Hündin, das auch keinen Anklang findet."

Schon der erste, am 27. Juni 1988 erschiene Artikel *Sendungen für die Lebenden und die Toten* über den Inhalt des Briefkastens eines Toten in der *taz*, 1991 in Goettles Sammelband *Freibank* nachgedruckt, gibt den Ton und die Richtung vor, in die die Reise in den folgenden Jahren gehen wird. In *Deutsche Sitten* schaut die Autorin in die Kleiderspenden eines Lehrerehepaars („Gediegene Qualität, die leicht noch weitere zehn Jahre halten würde"), in *Deutsche Bräuche* besucht sie eine Müllkippe in Fürstenberg: „Hier hat sich die profane Seite der Geschichte niedergeschlagen, Schicht um Schicht." Goettle untersucht die Papierkörbe von Bergen-Belsen und schleppt die Inhalte von Papiercontainern nach Hause, um sie einer umfassenden Analyse zu unterziehen. Und immer ist die deutsche Wirklichkeit darin versteckt.

Manchmal gelingt es Goettle, ohne Kommentar, einfach durch Aufzählung ein ganzes Leben darzustellen, so wie in der Geschichte *Nachlass eines Lehrers, geordnet von seiner Schwester* in *Deutsche Sitten*. Es ist die Liste der materiellen Hinterlassenschaften eines Menschen, der mit Hund, Kater und sieben Fischen allein in einer Wohnung lebte und dessen Existenz an einem Brückenpfeiler der Autobahn München-Salzburg endete. Aus der peniblen Aufzählung aller in der Wohnung vorgefundenen Dinge erfährt man von Liste zu Liste mehr über einen Mann mittleren Alters, der den Büchern und der APO-Flugblattsammlung nach dem linken Milieu zugeneigt, dabei aber ein durch und durch bürgerliches Leben führte.

Deutsche Sitten beschreibt einen Epochenbruch von unten, aus der Sicht derer, die Protagonisten und Spielball zugleich sind. Finden die Ermittlungen am Anfang noch in der westdeutschen Provinz statt, so fällt nach zwei Dritteln die Mauer und das Interesse der Autorin verlagert sich in den anderen Teil Deutschlands. Ausgangspunkt ist eine Reportagefahrt in die DDR, vierzehn Tage im November 1989, noch mit Visum und viel Proviant im Gepäck. Es wird eine ethnologische Abenteuerreise, der das Fremdeln der Autorin gegenüber diesem unbekannten Landstrich mit seinen seltsamen Bewohnern eingeschrieben ist. Die vierteilige Serie erschien um den Jahreswechsel 1989/90 in der *taz* unter dem Titel *Bitte komplettieren Sie selbst*, was auf die eigentümliche Sitte der Ostdeutschen beim Kaffeeausschank anspielte. Die Leute rechts und links des Wegs reden noch so frei von der Leber weg, dass sie sich geradewegs in Abgründe voller Ressentiments hineinbewegen. Das gelingt allerdings auch dem Westberliner Hauswartsehepaar, seit 1932 im selben Haus im Dienst: „Die Hauswartsfrau nun berichtet, dass dies die Wohnung eines Rechtsanwaltes war, der 1936 ‚abgehauen' ist über Nacht und alles zurückließ. ‚Die Juden hatten es ja damals nicht leicht', sagt sie nachdenklich, ‚aber was sollte man machen, man war ja Blockwart und hatte Rechenschaft zu geben über alles.' Einige Wertsachen hat sie an sich genommen für später, sagt sie, wenn der Mann mal zurückgekommen wäre, aber er hat sich nie mehr gemeldet. Alles ist noch vollzählig da, nichts hat sie angerührt, kein Stück verkauft, nur vom Geschirr ist fast alles zerbrochen oder angestoßen, der verstorbene Mann war so grob mit den Sachen."

In dem drei Jahre später erschienenen zweiten Band, *Deutsche Bräuche*, liegt der Schwerpunkt der Betrachtungen deutscher Sitten und Gebräuche auf dem durch die Wende gebeutelten Osten. Goettle besucht ein von der Treuhand betriebenes Warenhaus voll mit hinterlassenem Stasimobiliar, in dem sie einen Angestellten über die Wende philosophieren lässt und dabei das Individuelle als das Symptomatische in Szene setzt: „Und so geht es den meisten von uns, dass sie im Grunde ihrer Seele trauern um den Verlust ihres Staates und sich nicht trauen es zuzugeben. Aber schließlich haben wir ein Recht auf unsere Trauer, es steckt unser Leben drin, unsere Ideale, unsere Fehler ... Da kann auch noch so schöner Konsum kein Trost sein."

Gabriele Goettles Spezialität sind Recherchen an Orten, die der bundesdeutsche Bildungsbürger zu meiden pflegt. Siechenheime, besetzte Häuser, Müllkippen, ein Erotikshop in Meuselwitz, Tiervermehrungsfarmen, aber auch Volksmusik- und Brauchtumsveranstaltungen, wo sie den anwesenden Leuten fast beiläufig Geschichten aus der Nase zieht. Zum Beispiel einem Besamungstechniker mitten im tiefsten Mecklenburg: „Den Schweinezüchtern, die wir beliefern, wurde immer wieder von Westvertretern gesagt: ‚Nehmt doch mal unser Mastfutter, das kommt euch wesentlich billiger!' Und was ist passiert? Sie nahmens und produzierten einen total weichen und schwammigen Speck – das kommt von den ungesättigten Fettsäuren. [...] Genauso ist es im Grunde genommen mit den Ossis und mit den Wessis. Das fiel mir auf bei der ‚Grünen Woche' in Berlin, die Wessis erkenne ich regelrecht an der Beschaffenheit ihrer Fettschicht, ernsthaft, die ist weich und wabbelig, während sich unserer Fett richtiggehend hart anfühlt."

Präzise und schnörkellos, so ist die Sprache Gabriele Goettles zu beschreiben. Das Besondere der Reportagen besteht in ihrer Literarizität. Goettle vermag Beobachtungen und Interviews so gekonnt zu verbinden, dass sich die Grenzen zwischen Literatur und Journalismus auflösen. Einige der Reportagen könnten, in einen anderen Kontext gestellt, auch als Erzählungen durchgehen. So der Text *Die Etage*, in dem Funktionäre, denen die Funktionen und das Volk abhanden gekommen sind, reichlich absurde Sachen tun. Geht Gabriele Goettle auf Reportagefahrt, lässt sie die Leser an der Annäherung an den Ort des Geschehens teilhaben, etwas erhöht aus der Perspektive eines Busses. „Die Einfahrt nach Hamburg, an Blankenese vorbei durch die Elbchaussee, führt vor Augen, dass es auch noch angenehmere Lebensweisen und Unterkünfte gibt als beispielsweise in Berlin-Kreuzberg oder St.

Pauli." Das Ziel ist die Hafenstraße. Oder: „Wie in fast allen mitteleuropäischen Großstädten liegen auch in Berlin die anrüchigen Institutionen stadtauswärts, in östlicher Richtung. Im Bezirk Lichtenberg herrscht traditionell dieses spezifische Gemisch aus Mietskasernen, Schrebergärten, Industriegelände, Zentralschlachthof, Häuteverwertungs- und Margarinefabrik, Städtischen Heil- und Pflegeanstalten, Städtischem Erziehungsheim, den ersten kriegswichtigen Werken von Siemens und Halske, Reichsmonopolverwaltung und Oberfinanzdirektion. Kurz, alles Einrichtungen, die eine Reporterin wie Gabriele Goettle reizen. Manche Geschichten sind der Not geschuldet. Gabriele Goettle teilt die finanziell prekären Verhältnisse mit vielen der von ihr Porträtierten oder Interviewten, vielleicht auch, um ihre eigene Wahrhaftigkeit nicht zu verlieren. Denn ihre Geschichten leben davon, dass ihr Leute das Herz ausschütten, die ansonsten mit der Presse nicht reden würden. „Seit einiger Zeit versuche ich meine miserable Finanzlage dadurch zu mildern, dass ich unglücklichen und verlassenen Frauen für 50 Mark die Stunde zuhöre und ihnen beim Abfassen von Liebesbriefen behilflich bin. [...] Arbeitslosigkeit, keine Zukunftsperspektive, abgebrochene Dissertation usf., wem sagen sie das?"

In dem oben genannten Interview mit Heiner Müller fragen Goettle und Kmölniger den Autor auch nach der Armut der Welt:

Künstlerin: Hat er denn schon von Brasilien erzählt?
Autorin: Nichts, nichts hat er erzählt ...
Dramatiker: Von Reisen erzähl' ich doch nie was. [...]
Autorin: Erzähl trotzdem. Warst du im Elendsviertel?
Dramatiker: lacht gequält War ich natürlich auch, ja ...
Autorin: Und wie war's? Schön elend?

Zehn Jahre später wird sich Gabriele Goettle über viele Folgen in der *taz* mit dem deutschen Elend beschäftigen. Daraus entsteht 2000 das Buch *Die Ärmsten*. Anders als bei den flüchtigen Bekanntschaften in *Deutsche Sitten* und *Deutsche Bräuche*, wird sie darin eine Gruppe von Menschen, die auf die öffentliche Wohlfahrt angewiesen sind, eine Weile begleiten und ihnen sehr nahe kommen. So nah, dass alle Klischees verschwunden sein werden.

Gabriele Goettle: *Deutsche Sitten*. Frankfurt a.M. 1991 • Gabriele Goettle: *Deutsche Bräuche*. Frankfurt a.M.1994 • Gabriele Goettle: *Die Ärmsten. Wahre Geschichten aus dem arbeitslosen Leben*. Frankfurt a.M. 2000 • Aktuelle *taz*-Reportagen unter: www.taz.de

Annett Gröschner

BOTHO STRAUSS

Anschwellender Bocksgesang (1993)

Der Dichter blickt tief ins kalte Auge der Kamera. Mit leicht geneigtem Kopf und einer Miene, deren Ausdruck zwischen gespannter Wachsamkeit und Besorgnis changiert, scheint er den Betrachter anzuschauen. Sein Oberkörper hinter der blanken Tischplatte, die in der Ikonographie des Dichterbildes den Inspirationstypus etwa vom papierumspülten Arbeitstypus unterscheidet, ist ein wenig nach vorn geneigt, als solle die Haltung die Dringlichkeit jener Botschaft unterstreichen, die im folgenden in zehn Atemzügen dargelegt wird. Wären seine Hände gefaltet und nicht nur ineinandergesteckt, so fehlte zum kirchlichen Würdenträger nur noch der Ornat, zum weltlichen die Krawatte.

Botho Strauß präsentiert sich auf dem Portraitfoto zum Auftakt seines Essays *Anschwellender Bocksgesang*, der im Februar 1993 im Kulturteil des Nachrichtenmagazins *Der Spiegel* erschien, als Dichter-Priester. Und das hat nicht allein mit der (Selbst-)Inszenierung des Abgebildeten als Mahner und Warner oder mit dem mythisch-raunenden Timbre zu tun, das auch in diesem Text den Ton angibt. Es ist vor allem das Medium, dessen sich das Phantom der deutschen Gegenwartsliteratur bedient, das diesem Beitrag Brisanz verleiht. Strauß im *Spiegel*; der zurückgezogen lebende Sezessionist, der nie in Talkshows auftritt, nicht einmal Lesungen abhält, keinen seiner Preise persönlich in Empfang nimmt – der *Geheime* im Rampenlicht, in der Leitjournaille der linken Intelligenz der alten Bundesrepublik. Das konnte nur bedeuten: Der Dichter greift in die Politik, er geht auf Sendung.

Strauß operiert im *Bocksgesang* mit einschlägig bekannten Motiven. Sowohl sein hypermoralisches und systemisches Verständnis der elektronischen Medien als auch seine bildhaft-metaphorische Beschreibung gesellschaftlicher Kräfteverhältnisse; der traditionelle, im strengen Sinne ästhetisch fundierte Kunstbegriff ebenso wie seine Auffassung des Mythos als einer überzeitlichen Bedeutungs- und Wirkungsform – all das ist in Prosatexten wie *Paare, Passanten* (1981), *Niemand anderes* (1987), *Fragmente der Undeutlichkeit* (1989) oder in *Aufstand gegen die sekundäre Welt* (1990), dem thematischen Präludium zum *Bocksgesang*, bereits vollständig ausformuliert. Was im poetischen Bezirk jedoch als tolerierbare Eigenheit durchging, erschien seinen Adressaten im Kontext einer ambitionierten Kulturkritik als Skandal.

Schwer vorstellbar, dass Strauß die Folgen seines publizistischen Sprengsatzes nicht absehen konnte. Dass hier ein Wirkungstreffer gesetzt worden war, lässt sich bereits an der unverzüglichen Aufnahme des Titels ins Register der vielfach variierten und parodierten Feuilleton-Formeln ablesen. Man verstand die Anspielung, wenn etwa Benjamin Henrichs anlässlich einer Kritik der Talkshow von einem „anschwellenden Ziegengemecker" sprach, das in „kulturbürgerlicher Hochnäsigkeit" die allabendlichen Fernsehdiskussionen begleite; oder wenn Gustav Seibt in einer Rezension von Heiner Müllers Gedicht *Mommsens Block* darauf hinwies, dass es „westlicher Bocksgesang" sei, der etwa „das Bild des Soldaten zu restituieren" trachte.

„Freunde, jetzt wird's ernst!" gab in einer der ersten Reaktionen auf den Essay Peter Glotz zu Protokoll. Der damalige *Kursbuch*-Herausgeber Tilman Spengler wies pikiert darauf hin, dass ein guter Schriftsteller nicht zugleich auch ein guter Gesellschaftsanalytiker sein müsse. Man könne daher, wäre die Situation nicht so alarmierend, seine „abstoßende" Offensive im „Nikolausbuch der läßlichen Verfehlungen eines Geistes abbuchen, dem die Zucht des Denkens fremd ist, sobald er die Grenzen der eigenen künstlerischen Kompetenz überschreitet". Strauß sei ein Renegat, so paraphrasierte Eckhard Nordhofen in der *Zeit* den Tenor der allgemeinen Entrüstung, „dem man die Entlarvungen des szenisch geprägten Bewußtseins noch immer als Selbstaufklärung der Linken hatte durchgehen lassen. Nun ist er ein Reaktionär geworden."

Wie in *Kalldewey Farce* (1981) hatte man für den zotig-obszönen Partygast, den Stinkstiefel, den niemand eingeladen hatte, nur ein Wort übrig: ‚Raus!' Eine schönere Bestätigung als die Antworten seiner Kritiker hätte der Provokateur kaum erwarten können. „In allen Blättern von taz bis FAZ der performative Beleg für Strauß' Behauptungen über den intellektuellen Hauptstrom" (Eckhard Nordhofen). Strauß selbst bemerkte in einer ebenfalls im *Spiegel* veröffentlichten Antwort an seine Kritiker, dass „den Autor jenes Beitrags [...] auch nur in entfernte Verbindung zu Antisemitismus und neonazistischen Schandtaten" bringen könne, wer „keine Differenz mehr" ertrage. „Überhaupt besteht der eigentliche Skandal dieses Beitrags darin, daß ihm das Zutreffende zum nicht geringen Teil erst nachträglich, in nicht enden wollenden Reaktionen angeliefert wurde."

Der vom *Bocksgesang* ausgehende kulturjournalistische Impuls besteht in einer Umwertung des gängigen, nicht mehr hinterfragten Aufklärungsparadigmas, das aus dieser Perspektive als Kraftzentrum einer selbstbezüglichen Moralwirtschaft erscheint. Bei den mitunter heftigen Repliken auf Strauß' Artikel handelte es sich nahezu ausschließlich um Positionen, die im intellektuellen Klima der alten Bundesrepublik entstanden waren und die sich nun, nach der Zäsur von

1989, einem wachsenden Legitimationsdruck ausgesetzt sahen. Diese „Nachkriegs-Intelligenz", so Strauß' Hauptvorwurf, habe es sich in einer Haltung kritisch-libertärer Selbstbezüglichkeit bequem gemacht, die sich aus einer rückwärtsgewandten Auffassung des Gegebenen als „Unheilsgeschichte" speise. In deren Licht werde die Vergangenheit als untilgbarer Schuldzusammenhang interpretiert, aus dessen aufgeklärt-rationaler „Bewältigung" die alte Bundesrepublik ihre moralische Integrität ableite.

Angesichts heraufziehender, historisch neuartiger Konflikte (deren seismische Vorzeichen der Titel des Aufsatzes in begrifflicher Anlehnung an die attische Tragödie „Bocksgesang" nennt), fehle jenen „Strategen der kritischen Entlarvung" jegliches Verständnis. „Anders als die linke, Heilsgeschichte parodierende Phantasie malt sich die rechte kein künftiges Weltreich aus, bedarf keiner Utopie, sondern sucht den Wiederanschluß an die lange Zeit, die unbewegte, ist ihrem Wesen nach Tiefenerinnerung und insofern eine religiöse oder protopolitische Initiation. Sie ist immer und existentiell eine Phantasie des Verlustes und nicht der (irdischen) Verheißung. Eine Phantasie also des Dichters von Homer bis Hölderlin."

Die Kennzeichnung der bundesdeutschen Linken als einer meinungsbildenden Gruppierung, die sich aufgrund ihres „Ursprungs in Hitler" lediglich „der Schlechtigkeit der herrschenden Verhältnisse bewußt sein" könne, ist integraler Bestandteil einer Argumentationsführung, die im wesentlichen als Kritik des aufklärerischen Ökonomismus und des Systems der Massenmedien, genauer: des „Regimes der telekratischen Öffentlichkeit" angelegt ist.

Strauß' gegenaufklärerisches Gesellschafts-Standbild trägt die Konturen einer Verlustrechnung, die nicht als kulturpessimistisches Lamento verstanden werden will. Unserem „System der abgezweckten Freiheiten" spricht er jede Transformierbarkeit, mithin jede Zukunftsfähigkeit ab und klagt die Notwendigkeit eines tiefgreifenden Leitbild- und Mentalitätswechsels ein, ohne mit diesem Appell freilich allzu große Hoffnungen zu verknüpfen. „Die Intelligenz der Massen hat ihren Sättigungsgrad erreicht. Unwahrscheinlich, daß sie noch weiter fortschreitet, sich transzendiert und 10 Millionen RTL-Zuschauer zu Heideggerianern würden."

Einer Gegenwart im vollendeten Spiegelstadium, die nichts mehr kenne außer sich selbst, gebreche es nicht allein an Gedächtnis, Passion und Perspektive, sie sei letztlich eine Spielart des Totalitarismus im demokratischen Gewand – „Demokratismus" nämlich. „Wir sind in die Beständigkeit des sich selbst korrigierenden Systems eingelaufen." Dieser „Totalherrschaft" des Gegenwärtigen, die in den Massenmedien ihr reinstes Abbild finde, sei nur durch rigorosen Entzug zu entkommen. Strauß' Text propagiert Medienaskese im Massenmedium, er ist als Verlautbarung eines notorischen Sonderlings zu verstehen, der im Mahlstrom des Indifferenten das Hohelied der Differenz anstimmt. Der Geschichtsverlauf – speziell der deutsche – spiegelt in dieser Lesart die überzeitliche Wirksamkeit „tragischer Dispositionen", die Strauß der Sekundärkultur, dem „wirklichkeitsbezwingenden Gefüge aus Simulacren und Simulatoren", kontrastierend gegenüberstellt.

Die poetisch-mythologische Aufladung des Historischen führt im *Bocksgesang* zum Befund einer Ungleichzeitigkeit in der Kultur, die nur wahrnimmt, wer nicht dem alles egalisierenden Mainstream verfallen ist. Dieses Rollenmodell des Dichters als distanzierter Beobachter des „Angerichteten" und Bewahrer des überzeitlich Gültigen macht Strauß bei seiner guerillahaften Indienstnahme eines links-libertären Leitmediums für Gegenangriffe aus dem Systeminneren unbelangbar. Der Störenfried braucht nicht erst vom Sender genommen zu werden, er wäre ohnehin nicht geblieben.

Botho Strauß: *Anschwellender Bocksgesang.* In: *Der Spiegel,* Nr. 6 (46. Jg.). 8.2.1993, S. 202-207; vollständige Fassungen in: *Der Pfahl. Jahrbuch aus dem Niemandsland zwischen Kunst und Wissenschaft.* VII (1993), S. 9-25; Heimo Schwilk, Ulrich Schacht (Hrsg.): *Die selbstbewußte Nation. „Anschwellender Bocksgesang" und weitere Beiträge zu einer deutschen Debatte.* Frankfurt a.M., Berlin 1994, S. 9-40 • Steffen Damm: *Die Archäologie der Zeit. Geschichtsbegriff und Mythosrezeption in den jüngeren Texten von Botho Strauß.* Wiesbaden 1996.

Steffen Damm

MAX GOLDT

Die Kugeln in unseren Köpfen (1995)

Max Goldts kulturjournalistische Essenz? Vielleicht sind das tatsächlich die „unhierarchisch sortierten Synapsen", die die FAZ in seiner 2007er-Kolumnensammlung QQ vorfand. Oder auch das „gleichordnende Tableau", auf dem der Germanist Moritz Baßler Goldts Betrachtungen bereits 2002 in Der Deutsche Pop-Roman ausgebreitet sah. Auf jeden Fall gehört etwas dazu, das beide Stimmen ansprechen: Die Abschaffung der allzu strikten Demarkationslinien zwischen Profanität und Erhabenheit. „Besonders schwer zu spielen: Klavierkonzerte von Rachmaninow. Besonders schwer zu spülen: Schneebesen mit eingetrockneten Vanillesaucenresten."

Die Infragestellung der Hierarchien bedeutet – wie im Fall des Einstiegs in die 94er-Kolumne Okay Mutter, ich nehme die Mittagsmaschine – keinesfalls eine endgültige Verwischung der Grenzen. Rachmaninow bleibt – notwendig für die Komik – er selbst und wird nicht vom Schneebesen „beschädigt". Währenddessen erfahren jedoch Schneebesen, Pullunder und all die anderen Randerscheinungen des Lebens – das Inventar von Küche, Flur und Badezimmer, Supermarkt und Bürgersteig – eine zauberische Aufwertung: Kein Ding ist zu klein, als dass Goldt es nicht hin und her wenden, hinterfragen und furios neu kontextualisieren könnte. So bedeutungsoffen und willkürlich, wie Goldt auf diese Weise Alltag zu Literatur macht, haben sich in der Vergangenheit auch die Rezensenten das Werk Goldts zurechtzulegen versucht. Und wie in Goldts Texten scheinbar eindeutige Zugriffe auf die Welt kompliziert werden, verkompliziert sich so der Zugriff auf Goldt: Die Klarheit, die das Beinahe-Unisono der beiden eingangs zitierten Rezensionen andeutet, ist nur eine behauptete. Andere Rezensenten haben ganz anderes für Goldt reserviert: Vielleicht ist der oft belehrende Goldt daher auch tatsächlich nur der Insasse eines progressiven „Benimmbuchs", als den ihn der Medienwissenschaftler Mathias Mertens und die Süddeutsche Zeitung vorfanden. Oder aber, diese stark verkleinernde Deutung greift zu kurz und Goldts polemischer Zugriff auf die Welt ist doch eher die von der taz ausgemachte „heroische Arbeit der Sprachkritik",welcher der Essayist Florian Illies gleich eine ganze „Sprachgeschichte der BRD" entwachsen sah.

Noch komplizierter wird es, wenn literarische Traditionen hinzugezogen werden: Die Nürnberger Zeitung verglich den Stilisten Goldt mit Ernst Jünger, während der Germanist Erhard Schütz den Feuilletonisten eher in der Tradition Alfred Polgars, Franz Hessels oder gar des Jünger-Antipoden Walter Benjamin sah. Die *Berliner Zeitung* fand in Goldts Texten die Rückkehr zum „spielerischen Geist des Dadaismus", und genau so, wie eine dadaistische Collage, liest sich auch die Summe der Texte über Max Goldt.

Jeder, der sich nach der Lektüre einen Hybriden aus Jünger, Benjamin und Knigge vorstellt, der sprachkritische Dada-Texte über Schneebesen und Rachmaninow verfasst, bekommt ohne Zweifel „geistige Stielaugen" (Max Goldt) und verliert schnell das Interesse. Vielleicht könnte man daher dem eingangs zitierten Moritz Baßler darin zustimmen, dass „Goldt analysieren ungefähr so prickelnd ist wie Witze erklären" – und das Unternehmen an dieser Stelle abbrechen. Denn so unbestreitbar wie die Schwierigkeit, Humor zu begreifen, ist auch die Tatsache, dass nicht jeder Witz eine Summe respektabler Interpreten auf den Plan ruft. Nur folgerichtig ist die Frage, warum Max Goldt je die Höhen der „feuilletonistischen Leitkultur" (*Die Zeit*) erreicht hat, und was das dauerhafte Interesse der hohen „Kultur" und ihrer Protagonisten am „Kellerliteraten" Goldt ist?

Als Hans Ulrich Gumbrecht im Januar 2007 im *Cicero* unter dem Titel *Keine Zeit für Genies* auf das Verschwinden der großen „Meisterdenker" à la Derrida, Foucault oder Niklas Luhmann hinwies, lag der Gedanke an Max Goldt nur scheinbar fern: Hatte der nicht seinen Höhenflug als *Titanic*-Kolumnist und Jungstar der „Neuen Frankfurter Schule" (die sich in Goldt endgültig von der Gegenkultur emanzipierte) just 1989 begonnen, also ziemlich genau zu dem Zeitpunkt, als mit dem Poststrukturalismus die bis dato letzte intellektuelle Leitkultur ersatzlos verschwand? Und hatte Goldt das so entstandene Weltdeutungsvakuum seitdem nicht längst – wenn auch abseits der akademischen Bühne – gefüllt, und zwar genau mit jener oben angedeuteten sinnstiftenden Umsortierung des Alltags?

So gewagt der Sprung von Derrida zu Goldt sein mag – eine bedeutende Gemeinsamkeit teilt letzterer mit den intellektuellen Leitbildern der Vergangenheit: die Selbsterschaffung des Autors als distinkten „Typus", als kulturbeobachtende „Instanz". Die Nahtstelle dieser Selbsterschaffung findet sich bei Goldt am Übergang vom ersten *Titanic*-Kolumnenband *Quitten für die Menschen zwischen Emden und Zittau* zum zweiten Band *Die Kugeln in unseren Köpfen*. Goldt selbst etikettierte den ersten Band, 1993 erschienen, in seinem Vorwort als eher banal: „Es ging in meinen Texten, genau wie in denen der anderen Autoren, darum, in welchem Lokal man was für Bier getrunken hatte und auf was für Konzerten man gewesen war", schrieb er da über seine Zeit als Schreiber für das Berliner Fanzine *Ich und mein Staubsauger*.

Und über den Wechsel zur überregionalen Satirezeitschrift Titanic bemerkte er lediglich, er habe fortan „subkulturelle Berlinensien" vermeiden müssen.

Im Vorwort zum 95er-Buch *Die Kugeln in unseren Köpfen*, das die *Titanic*-Kolumnen von 1993 und 1994 versammelt, klingt das ganz anders: „Welcher Autor will sich schon unterstellen lassen, dass es ihm an der Fähigkeit zur Verdichtung und Stilisierung mangele und dass die Triebfeder seines Schreibens ein Drang sei, sich mal auszusprechen, sich eins zu eins mitzuteilen?", fragt Goldt jene Lesungsbesucher, die ihn fragen, was an seinen Kolumnen denn „echt" sei. Auf der Basis dieses Bekenntnisses zum eigenen Kunstwollen verschließt sich der Autor allen Zuschreibungen einer belanglosen Subjektivität: Die oft gestellte Hypothese, bei ihm gehe es um „Alltagsbeobachtungen", wird mit einem „Fuck Alltagsbeobachtungen. [...] Ich kann gar keinen Alltag beobachten, weil ich in einer glitzernden Traumwelt gefangen gehalten werde" zurückgewiesen.

Das Schlüsselparadoxon dieser Wandlung (zugleich der Schlüssel zu Goldts Personalstil) ist, dass der journalistischen „Ich-Form" Kolumne das Ich des Kolumnisten ausgetrieben wird: Dass er einen Aufsatz in Unterhose geschrieben haben will, mag man dem Autor, den der Nichtbesitz von Pullundern und Stehlampen nach eigener Aussage nicht daran hindern würde, den Satz „Ich zog meinen blauen Pullunder an und setzte mich unter meine Stehlampe" zu schreiben, nicht mehr glauben. Übrig bleibt ein stilisiertes, hochidiosynkratisches „Kolumnisten-Ich" (Erhard Schütz), das für seine Aufgabe (Beobachten von Kultur) vor allem durch zwei Merkmale ideal wird: durch die Distanz, die eine solche Institution zwischen sich und die beobachteten Gegenstände legen kann, und – dadurch bedingt – die Konstanz, die sie an die Dinge heranträgt. Das „gleichordnende Tableau", das Moritz Baßler erkannt hat und das mehr als die anderen anzitierten Deutungsmöglichkeiten Goldts Anschlussfähigkeit an die Lebenswelt der beständig nach Leitbildern suchenden „young urban intellectuals" erklärt, wird durch diese Schreibhaltung überhaupt erst ermöglicht.

Goldt kreiert so einen Heros auf der Schnittstelle zwischen Literatur und Journalismus: einen, der die thematische Freiheit und Subjektivität der journalistischen „Ich-Form" Kolumne zu sich selbst führt, indem er das „Ich" zum literarischen Ich-Erzähler übersteigert. Einen, der dabei erstens alles sieht, und zweitens alles auf eine hochspezifische Weise gestalten kann. Drittens einen, der durch diese Formalisierung und Literarisierung verschleiert, was man bei der Lektüre eines Goldt-Textes eigentlich selbst beobachtet: Goldts Beobachtung, sein beobachtendes Ich oder die Form, in die diese Beobachtung gegossen ist. Die „glitzernde Traumwelt" ist darin auf einmal nicht mehr nur eine dadaistische Pointe. Sie beschreibt recht gut den Zustand des Goldt-Lesers, wenn er seinen eigenen Alltag in der Form von „Science-Fiction in den eigenen vier Wänden" (Dieter Hildebrandt) neu erfahren hat.

So fraglich diese dreieinige Verschmelzung von Erzählhaltung, Form und Inhalt zu Dekonstruktionszeiten gewesen wäre, so spannend ist sie im Katerzustand danach. Kulturjournalisten, Gegenwartsbeobachter und „Goldt-Jünger" lesen diese „unfassbare Fassbarkeit" bis heute mit derselben Emphase, den die Vorläufergenerationen ihren Theoretikern, die Generationen davor ihrem Goethe entgegengebracht haben. Sie finden darin ein Leitmedium im Nachdenken über Kultur, einen nimmer versiegenden Quell von Erkenntnis, vor allem auch einen hochergiebigen Zitatenschatz, der jederzeit horizontweitend auf die eigene Wirklichkeit anwendbar ist. Die unterschiedlichen Deutungen der Exegeten, von Goldt als neokonservativem Belehrungsonkel bis zum manischen Sprachkritiker sinken in dieser Lesart herab zu bloßen Sprachgesten, in denen die „Erkenntnisse" hervortreten.

Die Kugeln in unseren Köpfen bleibt darin bis heute der reinste von Goldts inzwischen fünf Kolumnenbänden, vermeidet er doch ganz die von Florian Illies später beklagten und das gegenwartsarchivarische „Endlos-Projekt" (Baßler) tatsächlich schwächenden „Passagen der Selbsthistorisierung". Man könnte an dieser Stelle auch einfach in Goldtscher Lakonik sagen: *Kugeln* ist ein sehr gutes Buch. Es ist reich an Highlights, enthält neben dem besten Kolumnenanfang (s.o.) mit *Üble Beläge* – dem Text zum korrekten Einschenken eines Weizenbiers – eine der schwungvollsten Benimmschulungen. Zudem findet sich in *Die brutale Welt des Helmut Schmidt* mit der Wendung des Schmidt-Zitats „Das Fernsehen macht uns brutal" gegen Schmidt und dessen Frau Loki ein Musterstück präziser Sprachkritik. Als der Autor dieses Aufsatzes mit sechzehn Jahren erstmals die Sätze „Wer hätte das gedacht: Helmut und Loki Schmidt – verroht durch stumpfsinnige Serien. Schlagen alles kurz und klein, verbreiten Angst und Schrecken" im Radio hörte, rief er einfach nur „JA!".

Max Goldt: *Die Kugeln in unseren Köpfen*. Zürich 1995 • Moritz Baßler: *Der deutsche Pop-Roman. Die neuen Archivisten*. München 2002 • Mathias Mertens: *Unterreflektiert und überformuliert. Die Sprachrundfahrten des Max Goldt*. In: *Text+Kritik*. Sonderband *Pop-Literatur*. Hrsg. von Heinz Ludwig Arnold. München 2003.

Johannes Schneider

GUNDOLF S. FREYERMUTH

Cyberland. Eine Führung durch den High-Tech-Underground (1996)

Cyberland: eine Fülle von Gesprächen und Eindrücken von Gesprächspartnern, dazwischen immer wieder Positionsbestimmungen des
Autors, wann und wo er auf das nächste Gespräch wartet. So als wolle
er sich immer wieder zumindest geographisch positionieren, wo er
doch sonst keinen anderen Standpunkt einnehmen kann. Denn Haupt-
merkmal von *Cyberland* ist Freyermuths eigentümliche Indifferenz und
Emotionslosigkeit gegenüber seiner Umgebung. Wenn sich die Menschen um ihn herum schon wie Figuren eines Science-Fiction-Romans
gebärden, muss ein Autor nicht mehr mit eigener sprachlicher Phantasie für Emphase sorgen. Das würde genau die Penetranz erzeugen, die
all den Schilderungen dieser technischen Umwälzung innewohnt, stam-
men sie nun von den Pionieren selbst oder – schlimmer noch – von
denen, die das Evangelium dieser Menschen als Journalisten oder Wis-
senschaftler verbreiten wollen. Von den Kulturkritikern ganz zu
schweigen.

Die Zeit, in der *Cyberland* erschien, war geprägt von der Rekapitu-
lation der Cyberspace-Phantasien der 1980er Jahre. William Gibson
hatte mit seinem Roman *Neuromancer* 1984 den Ton angegeben, als er
den zukünftigen Computernutzer als Konsolenjunkie beschrieb, der
sich in den Cyberspace einklinkt, um dort halluzinatorische Erfahrungen zu machen; es gerann schnell zum selbstverständlichen Topos der
Internet-Darstellung, zum in unzähligen Texten, Sendung und Filmen
wieder aufgegriffenen Stereotyp. Und als Mitte der neunziger Jahre
Computer und Computernetzwerke nicht mehr nur als Potential, sondern als real existierende Strukturen vorhanden waren, wurden diese
Phantasien wieder aufgegriffen, dieses Mal aber als Gegenwartsbe-
schreibung ausgegeben. So konnte beispielsweise Sherry Turkles *Life
on the screen* 1995 als sozialpsychologische Studie durchgehen und
zum Wissenschaftsklassiker werden, obwohl ihre Beschreibungen von
der Fensterförmigkeit des Menschen, der Identität als Summe von auf-
geteilter Präsenz und der Lebenspraxis eines dezentrierten Selbst der
künstlerischen Sprache Gibsons in nichts nachstehen. Was vor allem
deshalb irritiert, weil es bereits eine real erlebte Praxis von nüchternen
Buchstabenkolonnen auf schmucklosen Bildschirmseiten gab. Eine
Praxis, die aus Newsgroupdiskussionen und Textverbreitung bestand,
weil mehr einfach nicht möglich war. Die Visionen vom Internet waren
vor allem ein sprachliches Phänomen.

Die Notwendigkeit, dort anschaulich werden zu müssen, wo es nichts anzuschauen gibt, ließ Metaphern Eigendynamiken entwickeln. Wer in den achtziger/neunziger Jahren über das Internet schrieb, wurde deshalb zwangsläufig zum Propheten, der den Willen eines höheren Wesens für andere interpretiert und verstehbar macht, der zukünftige Ordnungen verkündet, der von einer neuen Wahrheit beseelt worden ist und sich nun den anderen mühsam verständlich machen muss. Gerade weil es außer langweiligen Texten nichts im Internet zu sehen gab, legitimierte sich dieses Sprechen durch sich selbst.

Der Cyberspace, so schrieb Gibson, wird erlebt „von Kindern, denen man mathematische Begriffe erklärt". Wenn man erklärte, war man nachweislich nicht eins von den unwissenden Kindern, also musste das eigene Erklären von Wissen und Verständnis geprägt sein, auch wenn es noch gar nichts zu wissen und zu verstehen gab. Wie Beschreibungen eines zukünftigen Radio- oder Fernsehprogramms hätten aussehen können, wissen wir nicht, weil die Geräte von Anfang an schon mit einem Programm ausgestattet waren, so dass keine Prophezeiungen nötig waren.

Beim Internet gab es aber die Situation, dass viele einen Computer besaßen und auch schon an das Netz angeschlossen waren, dass es aber kein Programm gab, keine Ereignisse, anhand derer man reale Erfahrungen mit dem Internet hätte machen können. Ebay, Amazon, Wikipedia, flickr, YouTube und alles das, was später das Internet und den Umgang der Menschen mit ihm prägen sollte, kam erst ein paar Jahre später. Und mit dieser Realität verschwanden auch sehr schnell die schamanistischen Beschreibungen des Internets. Freyermuth ist sich in *Cyberland* dieses Dilemmas sehr wohl bewusst. Um sich und den Leser zu immunisieren, füllt er die Wartezeit bis zum Zusammentreffen mit Menschen wie R.U. Serious oder Max More und der Erfahrung von Konzepten wie Temporary Autonomous Zones, Extropianismus, Körperhacking mit kulturhistorischen Ausführungen zu Hackern, Cyberpunk und Cyberspace. Nur um nicht in die Versuchung zu geraten, zum Adepten zu werden und sich der prophetischen Prosa, der „Vercyberung" zu ergeben. Statt eine New-Journalism-Sicht auf die Dinge einzunehmen und das gesamte Arsenal der eigenen literarischen Fähigkeiten einzusetzen, lässt er sich und den anderen lieber erzählen, was das Cyberland umtreibt. Die Führung durch den High-Tech-Underground übernehmen die Natives, ihre Schilderungen klingen ebenso grotesk wie authentisch, sie bleiben in der Schwebe zwischen naiver Spinnerei und informierter Zeitgenossenschaft. Man hätte es anders erwartet, aber der Computer und das Internet spielen eine untergeordnete Rolle in diesen Reportagen. „Kyber" bedeutet „Steuerung". Computer sind

Apparaturen, die vollständig von Steuerung abhängig sind und ausschließlich gesteuerte Prozesse ermöglichen. Nicht nur sind Menschen
die Instanz, die für die anfängliche Steuerung der Computer verantwortlich sind, sie können sich auch als objektgesteuerte Prozesse ein-
setzen. Genau das bedeutet Cyberspace, und genau dadurch ergibt sich
eine Kultur, die von einem distinkten Land in diesem Space sprechen
lässt. Menschen versuchen, die Steuerung über den Prozess ihres biolo-
gischen Lebens zu übernehmen, so wie es ihnen in Computerprogramm-
umgebungen vorgemacht worden ist. Plötzlich geht es nur noch um
so uralte Probleme wie ewiges Leben und das Leib-Seele-Problem.

Freyermuth arrangiert die Cyberkultur-Bewegungen und ihre Themen so, dass diese eschatologische Tendenz voll zum Ausdruck kommt.
Er stellt ein Kapitel über Cybersex und Telearbeit zusammen, über das
Erleben von Sensationen und die Aufrechterhaltung der eigenen Exi-
stenz, ohne auf die ortsgebundene und auf Abnutzung unterworfene
Apparatur des eigenen Körpers angewiesen zu sein. Er befasst sich mit
Kryonik, also dem Einfrieren des toten Körpers, der in der Zukunft,
wenn die Technik sich dahingehend entwickelt hat, wieder aufgetaut
werden soll. Und er räumt dem Extropianismus und seinen Cyborg-
Phantasien Raum ein, dem nietzscheanischen Glauben an eine Perfek-
tibilität des eigenen Körpers, durch die technische Überwindung seiner
Grenzen. Insgesamt also die Fragen nach der Unsterblichkeit der
menschlichen Seele und der Last des irdischen Daseins. Nichts, was
nicht bisher jede Religion, Philosophie und Kultur zu beantworten versucht hat.

Weder wird ein bestimmter Status Quo der Technik zum Wende-
punkt der menschlichen Entwicklung stilisiert – was fünf Jahre später
angesichts der radikalen technischen Weiterentwicklung für unfreiwil-
lige Komik sorgen würde (man vergleich etwa Negropontes Total digital –, noch wird Bilanz gezogen und ein neues Zeitalter propagiert –
was einen solchen Text schon zum Zeitpunkt seines Erscheinens bloß
historisch interessant machen würde. Das Cyberland hat immer schon
und immer wieder in der menschlichen Kultur existiert, das ist mögli-
cherweise den aktuellen Protagonisten nicht bewusst, das erkennt aber
der Umherreisende, der sich die vielen Glaubenssysteme und Heilsleh-
ren erzählen lässt und nebeneinander betrachten kann. Und in ihrer
Phantastik und eventuellen Möglichkeit genießen kann. Das ist Freyermuths Methode in diesem Buch.

Von *Cyberland* ist nach seinem Erscheinen nichts ausgegangen. Es
passte weder zur gerade ausbrechenden Anwendungseuphorie des
Internets, die im New Economy-Boom gipfelte, noch konnte es sich von
der verblassenden Tradition des *Tempo*-Journalismus emanzipieren

und sich in die realistisch-ironische Schreibweise der sich entwickelnden popliterarischen Schule integrieren. Es war nicht nützlich und nicht hip, es war auf seltsame Weise altertümlich experimentell. Und genau deshalb und in genau derselben Weise lässt es sich immer noch lesen. Heute, in zehn Jahren und auch noch fünfzig Jahre danach.

Gundolf S. Freyermuth: *Cyberland. Eine Führung durch den High-Tech-Underground.* Berlin 1996 • William Gibson: *Neuromancer.* München 1992 • Nicholas Negroponte: *Total digital. Die Welt zwischen 0 und 1 oder die Zukunft der Kommunikation.* München 1997 • Sherry Turkle: *Leben im Netz. Identität in Zeiten des Internet.* Reinbek bei Hamburg 1999.

Mathias Mertens

CHRISTOPH DIECKMANN

Das wahre Leben im falschen (1998)

Es gibt wohl keinen Satz, der Ostdeutsche in den letzten Jahre mehr genervt hätte als das Adornosche Verdikt aus den *Minima Moralia*: „Es gibt kein richtiges Leben im falschen." Geisterte es vor 1989 noch vornehmlich durch Literatur- und Soziologieseminare, so hat es seitdem endlich einen Adressaten gefunden. In seinem Namen werden auch fast zwanzig Jahre nach der Wiedervereinigung Biographien, die sich bis 1989 östlich der Elbe abspielten, in Zweifel gezogen. Heißt es im Allgemeinen, dass Brüche eher zur Erkenntnis führen, gilt das im Falle einer DDR-Sozialisation nur mit Einschränkungen. Insofern ist der Titel des Buches von Christoph Dieckmann Anmaßung und Antwort zugleich. Es gibt nicht nur ein richtiges, sondern sogar ein wahres Leben im falschen – lest selbst!

Das wahre Leben im falschen ist das achte Buch des lange Zeit einzigen amtierenden Ostdeutschen in der Redaktion der *Zeit*. Die Geschichten von ostdeutscher Identität erschienen 1998 als Buch, fast zehn Jahre nach der Wende und in einer Zeit, die sich anschickte, erneut stehen zu bleiben. Die Regentschaft Kohls währte inzwischen sechzehn Jahre, und es schien noch nicht sicher, ob Rot-Grün bei der Bundestagswahl tatsächlich eine Mehrheit im Land bekommen würde.

„Ich hatte das Bedürfnis, das wahre DDR-Leben im falschen zu beschreiben. Nicht in Leitartikelform, sondern anhand von Einzelgeschichten, die sich weniger zum Definitorischen eignen als zum Nachfühlen", rekapitulierte Dieckmann fünf Jahre später im Gespräch mit der Wochenzeitung *Freitag*, bei deren ostdeutscher Vorläuferin *Sonntag* er Mitte der achziger Jahre seine ersten größeren Texte geschrieben hatte. „Ich wollte erklären, dass es einen erheblichen Unterschied gab zwischen der DDR-Alltagsgeschichte und der DDR-Ideologie." Tatsächlich war Dieckmanns Aufgabengebiet bei der *Zeit*, für die er ab 1991 arbeitete, von Anfang an klar auf die so genannten neuen Bundesländer zugeschnitten. Er sollte sich um die Ostdeutschen kümmern und durfte sie dabei sogar streicheln. „Zum Anfang gab es einige Irritationen, [...] die rührten daher, dass ich nicht über die politische Klasse schrieb und nicht über Parteitage und Parteizentralen und kein Kanzler-Interview anstrebte, sondern in die Provinz fuhr und das Große sich im Kleinen spiegeln ließ. Das irritierte – und ich musste immer nachweisen, dass die Geschichten, die ich da aus Saalfeld oder aus Dingelstedt am Huy anschleppte, [...] wichtig seien. Natürlich gibt es Provinzgeschichten, die sind alles andere als wichtig für so eine Zeitung, aber manchmal sind die Kreise, die der ins Wasser geworfene Stein schlägt, am Seeufer besser zu beschreiben als dort, wo der Stein eingeschlagen hat."

Christoph Dieckmanns Texte schreiben gegen das Verdikt an, die Erinnerungen Ostdeutscher, da sie aus einer Diktatur stammten, seien von minderer Qualität. „Die Ideologen haben die DDR nur verschieden interpretiert; es kommt aber darauf an, sie zu erzählen", bemerkt der Autor fast beiläufig in einer Geschichte über den längstgedienten Trainer der DDR-Nationalmannschaft Georg Buschner. Man kann das durchaus als Credo lesen. In alle Themen des Buches, ob es sich nun um Rassismus in Sachsen-Anhalt, den Abschied vom Skispringer Jens Weißflog, um Spitzel in Ostrau oder um die Oderflut handelt, flicht Dieckmann immer wieder Bruchstücke autobiographischer Erzählungen. Das ist mitunter, vor allem bei den Fußballthemen, nicht frei von Sentimentalität. Trotzdem oder vielleicht auch deswegen kommen anrührende Geschichten dabei heraus, die – sollte man sich entscheiden müssen – eher der Literatur als dem Journalismus zuzurechnen sind.

Bestes Beispiel dafür ist die Auftaktgeschichte: *Kindheitsmuster oder Das wahre Leben im falschen*. Rahmenerzählung ist die Erinnerung des Autors an die legendäre UEFA-Pokalbegegnung des Halleschen FC Chemie gegen den PSV Eindhoven 1971, deren Rückspiel nicht stattfand, weil in der Nacht vor dem Anpfiff der Hallenser Spieler Wolfgang Hoffmann im brennenden Eindhovener Hotel „Silbernes Seepferd" umkam. Dazwischen stellt Dieckmann grundsätzliche Überlegungen an, die sich auch gegen die den Osten karikierenden Schnell-Federn „Broderbillermatussek" wenden, die vorbeischauen und ihre Meinung bestätigen. „Nach manchen akademischen Gedächtnisexerzitien wider das Triviale habe ich mit meiner Erinnerung Frieden schließen müssen. Sie bleibt ein Magazin des Sentiments. Sie hütet Färbungen, Musiken, Liebes- und Fußballgeschichten. Wer ihre Auswahl achtet, dem dient die Erinnerung als getreue Archivarin höchsteigener Vergangenheit. Es kann der Mensch, was er nicht ist, erlernen, aber nicht behalten. Wir sind, was uns behält. Erinnerung ist weder praktisch noch komplett, nur wahr. Verallgemeinert, in Ämter gezerrt, aufgeputzt als Zeitgeist oder Theorie, verliert sie ihre Wahrheit: die Einzelexistenz des Menschen, seine Bindung an die ungewählte Zeit."

Es gibt in den Texten meist ein Reporter-Ich, das, wenn es sich anbietet, Autobiographisches preisgibt und mit Interviews Betroffener verschneidet. So erklärt Dieckmann pars pro toto aus dem Blickwinkel der ostdeutschen Provinz, der nach wie vor auch seiner ist, die Welt. Dann sind die Metropolen und die *Zeit* weit weg: „Bärwurz duftet süchtig. Man bettet sich in Sauerlump und Butterblume. Man hängt den Wolken nach und verachtet Berlin."

Die Brechung des Journalismus durch ein Ich literarisiert die Texte. Das ist nicht neu, hat es doch seinen Ursprung im Feuilletonjournalismus der zwanziger Jahre. Nicht selbstverständlich aber ist, dass der Schauplatz nicht die Großstadt, sondern die Provinz ist. Literatur, die sich zwischen Reportage und Erzählung, zwischen Journalismus und Belletristik nicht entscheiden kann, hat es seit jeher schwer im deutschsprachigen Raum. Solche Literatur wird mittlerweile gerne Bastardliteratur genannt, oder, etwas feiner, aber nicht undeutlicher: Literatur zwischen den Stühlen. Den Journalisten sind diese Autoren – unter denen einige ostdeutsche wie Dieckmann, Alexander Osang, Landolf Scherzer oder die früh ausgereiste Sibylle Berg sind – nicht journalistisch und den Schriftstellern nicht literarisch genug. Auch der Buchhandel hat kein spezielles Regal für sie, was den Absatz schwierig macht und die Verlage vorsichtig. Lange Zeit war der Christoph Links Verlag mit seiner Reihe *Literarische Publizistik* einer der wenigen, die sich dieser Mischform angenommen haben. Geld verdienen lässt sich damit nicht, schon weil sie sich der Warengruppensystematik des Buchhandels nicht fügt.

Im Eingangstext schreibt Dieckmann: „1996 hat man ein Recht auf Entlassung aus dem SED-Regime". Zwölf Jahre später wird das immer noch in Zweifel gezogen und jenes im Buch zitierte Motto des Romans *Kindheitsmuster* von Christa Wolf immer und immer wieder bestätigt: „Die Vergangenheit ist nicht tot, sie ist nicht einmal vergangen." Dem stellt der Autor den letzten Satz des Buches entgegen. „Immer nur Ostler sein, diese Rolle musst du zerbrechen, bevor sie dich zerbricht." Der Satz folgt einer „Mahnung wider die Verpuppung, die ostdeutsche Krümmung ums Eigene, die Verweigerung der Welt, die alle Rassismen begleitet". Zugleich beschreibt *Mein Osten*, dieser letzte Text des Bandes, das Dilemma, in dem auch der Autor sich nach wie vor befindet: Wie schafft man es, seine Herkunft nicht verleugnen zu müssen, sondern deren Erfahrungen für Zukünftiges nutzen zu können?

Christoph Dieckmann: *Das wahre Leben im falschen. Geschichten von ostdeutscher Identität.* Berlin 1998 • *St. Endal und St. Uttgart. Christoph Dieckmann im Gespräch mit Tobias Nolte.* In: FREITAG, 41/2003 • Frank Meyer: *Bastardliteratur? Über Reporter, Chronisten und Kolumnisten.* Feature, Ursendung am 9. April 2002, 19:05 – 20:00 Uhr, DeutschlandRadio Berlin, „Wortspiel".

Annett Gröschner

RAINALD GOETZ

Abfall für alle (1998/99)

Als Rainald Goetz am „Mittwoch, 4.2.98, Sonnentag, Berlin" ein Online-Journal beginnt, ist von so genannten ‚Blogs' oder gar von einer
‚Blog-Kultur' noch nicht die Rede. Was sich ein paar Jahre später zum
Hype auswachsen wird, ist kurz vor der Jahrtausendwende der Zeit
noch einen guten Schritt voraus. Zwar gibt es 1998 längst eine Reihe
von Versuchen, das World Wide Web mit Textnetzwerken zu besetzen.
Doch kein Autor setzt das neue Medium so energetisch wie Goetz ein,
um die Jetztzeit in Echtzeit einzuholen: „Ausgangspunkt ist die rein formale Vorgabe, daß die Seite sich jeden Tag aktualisieren muss. Es geht
um den Kick des Internets, der für mich mehr als in der Interaktivität in
der Geschwindigkeit, in Gegenwartsmöglichkeit, in Aktivitätsnähe
besteht. Ich las die Tagebücher von Jünger, Krausser oder Rühmkorf
und dachte immer: wenn man nur wüsste, wie es JETZT steht, was er
JETZT macht, JETZT denkt."

Diese Gegenwartsfaszination prägt die Einträge, die Goetz bis zum
„Sonntag, 10.1.99, Berlin" um 20 Uhr 36 macht. Zu lesen ist alles, und
zwar ungekürzt, was „JETZT" in die Tastatur getippt wird. Das können Notizen sein, knappe Listen, Zusammenfassungen, Protokolle von
gerade geführten Gesprächen, gerade gesehenen Sendungen, gerade
gelesenen Büchern, gerade geschriebenen Texten und gerade gedachten
Gedanken. Es können aber auch längere Aufzeichnungen sein, in denen
Goetz fixiert und weiterspinnt, was ihn gerade beschäftigt.

Das alles wird zusammengehalten durch die Geste des Vorläufigen.
Das Internet, notiert Goetz, kommt „einer probierenden, tastenden,
aber auch impulsiv explosiven, sich im Zweifelsfall am nächsten Tag
korrigierenden, widerrufenden Äußerungsart und Schreibweise" entgegen. Dass dabei in erster Linie Abfall entsteht, ist dem Autor nicht
nur bewusst – er legt es sogar darauf an. „Ich glaube", heißt es am
10.4.98 um ca. 16 Uhr 29, „daß man dauernd viel Müll schreibt,
Sachen, die nicht zu veröffentlichen sind. Aber ich glaube nicht, dass
man diesen Müll durch Feilen, durch einzelne Verbesserungen, durch
nachträgliche Bearbeitungen zu etwas Richtigem machen kann. [...]
Statt den Müll zu befeilen und zu bearbeiten, setzt man wieder neu an.
Läßt das Alte liegen. Probiert es nochmal, neu. Wenn es geht, geht es."

Was Goetz in seinem Online-Journal Tag für Tag vorführt ist genau
das: Es wird immer wieder neu angesetzt, das Alte wird einfach liegen
gelassen und alles immer wieder neu ausprobiert, um zu sehen, ob es

nicht auch anders funktioniert. Wenn der Rezensent der *Frankfurter Allgemeinen Zeitung* im September 1999 an der Buchausgabe des Projekts zwar lobt, dass man „unter dem Textmüllhaufen" doch „kleine kluge Bemerkungen, kleine schöne Beschreibungen und kleine scharfe Einsichten" findet, Goetz aber offensichtlich „864 Seiten schreiben muss, um zwanzig Seiten zu gewinnen, die sich zu lesen lohnen", dann zielt er am Projekt vorbei: Denn *Abfall für alle* ist eine Schreibperformance, bei der es nicht um die Formulierung bleibender Bonmots, sondern um das fortlaufende vergegenwärtigende, Gegenwart stiftende Schreiben.

Es ist kein Zufall, dass in diese Performance Bruchstücke jener Vorträge integriert sind, die Goetz 1998 anlässlich einer Einladung zur Poetik-Vorlesung in Frankfurt gehalten hat. Wenn die ihn auf die „Idee" bringt, „ein LABOR zu konstruieren", um beobachten zu können, „wie ich selber den Prozeß der ästhetischen Praxis erlebe", dann trifft das nicht nur auf den Vortrag im Hörsaal zu – es beschreibt auch die Konstellation des *Abfall*-Projekts: Es ist als Laboratorium eingerichtet, in dem der Autor ein einjähriges Experiment in Gang setzt, bei dem er sich selbst live beim Schreiben schreibend zusehen und beim Schreiben live über dieses schreibende Zusehen schreiben will. Dabei entsteht ein Perpetuum Mobile, das aus sich selbst heraus die Energie gewinnt, mit der es sich antreibt, um neue Energien für den weiteren Antrieb zu gewinnen. Weil diese Maschine nicht stillstehen kann, weil es schreibend keinen Sprung in die Vergangenheit oder auf eine Meta-Ebene der Reflexion gibt, wird in *Abfall für alle* die Praxis besonders groß geschrieben. Außer Praxis gibt es nichts. Poetik findet nicht als Theoretisierung außerhalb der eigentlichen Schreibarbeit statt. Die Beobachtung, Beschreibung und Erläuterung der eigenen Textarbeit kann in diesem Perpetuum Mobile nur als das zum Einsatz kommen, was nicht im Rückblick etwas klärt, sondern im Moment der Reflexion nur wieder eine neue Gegenwart herstellt. Oder, wie Goetz es pointiert: als „Konstruktion der Gegenwart. PRAXIS."

Auch wenn der Abfall, den Goetz 1998 produziert, für alle ist – es ist bei weitem nicht alles, was er im selben Jahr schreibt. Das Online-Journal gehört in einen größeren Projektzusammenhang, der mit *Heute Morgen* überschrieben ist und dem insgesamt fünf Bücher zugehören: Die „Erzählung" *Rave* (1998), das Theaterstück *Jeff Koons* (1998), *Celebration. Texte und Bilder zur Nacht* (1999), die „Erzählung" *Dekonspiratione* (2000). Dazu erscheinen in denselben Jahren, also im selben Produktionszusammenhang der Reflexionsdialog *Mix, Cuts & Scratches* (1997), der Audio-Sampler *Heute Morgen* (2001) der Sammelband *Das Jahrzehnt der schönen Frauen* (2001). *Word II-IX. 12-*

inch-Serie; *Ästhetische Praxis. Praxis Dr. Wirr. Poetikveranstaltungen*; *Sex und Gnade. Sieben Interviews* – so heißen die anderen Schreibprojekte, die von Goetz über diese Publikationen hinaus im Online-Journal annonciert werden, aus denen aber entweder nichts geworden ist oder die in anderen Projekten aufgelöst worden sind. „[M]an müsste 20 Seiten anliefern", notiert Goetz als die Frist für die Einreichung eines Stipendienantrags abläuft. „Kein Problem, aus Abfall, aus Praxis, aus Sex und Gnade, aus Rave. Ich scheiß dich zu mit meinen Seiten Text." Und sollte ihn jemand fragen, worum es dabei eigentlich geht, sollte die Antwort sein: „Na ja, ums Ganze halt, um Heute Morgen."

Wenn *Abfall für alle* also bei weitem nicht das Ganze ist, so ist die Funktion des Online-Journals in dem von Goetz organisierten Produktionssystem doch klar: Hier soll das Ganze durchgeschleust und dabei bearbeitet, mit anderen Gesprächen, Lektüren, Notizen und Reflexionen kontextualisiert, aufgeladen und in den nächsten Schreibraum – also in ein anderes Medium oder eine andere Datei – weitergelenkt werden. Es geht nicht um letzte Worte. Es geht darum, die „PRAXIS" in Bewegung zu halten.

Mit seinem Online-Projekt hat Rainald Goetz auf diese Weise nicht nur eine eigene Poetik, sondern auch eine Poetik des ,Blogs' und der ,Blog-Kultur' vorformuliert und ausagiert: Es ist die endlos fortlaufende, immer gegenwartsfixierte Selbstbeobachtung der Kultur aus der Perspektive von Individuen, die sich der Abhängigkeit ihrer Wahrnehmungs- und Beschreibungsmöglichkeiten durch ihr Wahrnehmungs- und Beschreibungsmedium soweit bewusst sind, dass sie das, was sie beobachten und beschreiben, nicht mit der Wirklichkeit verwechseln. Sie nutzen ihr Medium als Laboratorium zur Konstruktion einer Wirklichkeit, die nicht als einzig richtige gilt. Geöffnet wird in den Blogs eine Vielzahl von Schreib- und Beschreibungsräumen, durch die alle Wirklichkeiten geschleust werden können, um immer neu bearbeitet zu werden. In diesen Räumen häuft sich Tag für Tag der Abfall für alle an. Hier wird immer wieder neu angesetzt. Hier lässt man das Alte liegen und probiert es noch einmal, neu.

Wenn der berühmte Computer- und Internetkritiker Joseph Weizenbaum dieses produktive Netzwerk in seinen letzten Lebensjahren immer wieder als „große Müllhalde" bezeichnet hat, „auf der man allerdings auch kleine Perlen und Schätze finden kann", dann liegt er mit dieser Einschätzung genauso falsch wie der Kritiker der *Frankfurter Allgemeinen Zeitung*, der auf der 864-Seiten-„Müllhalde" von Rainald Goetz nur ein paar „kleine kluge Bemerkungen" und „kleine scharfe Einsichten" finden wollte. Beide übersehen, dass hier die selbstreflexive Performance kultureller Praxis (besser: „PRAXIS") vorgeführt wird, über die sich Gegenwart herstellt. Hier beobachtet, beschreibt und erfindet sich Kultur Tag für Tag, indem sie sich Tag für Tag beim Beobachten, Beschreiben und Erfinden beobachtet, beschreibt und erfindet. Das Prinzip Kulturjournalismus lässt sich für die Jahrtausendwende kaum besser sichtbar machen. „Keiner weiß, was als nächstes passiert", hat sich Goetz selbst auf die Buchklappe geschrieben. „Davon erzählt Abfall für alle. Wie es war, als man noch nicht tot war und nicht daran dachte, wie es weiter geht. Augenblick, Moment. Und jetzt?"

Rainald Goetz: *Abfall für alle. Roman eines Jahres.* Frankfurt a.M. 1999 • *Blogs! – Text und Form im Internet.* Hrsg. von Don Alphonso und Kai Pahl. Berlin 2004 • Eckhard Schumacher: *Gerade Eben Jetzt. Schreibweisen der Gegenwart.* Frankfurt a.M. 2003. S. 111-154.

Stephan Porombka

FLORIAN ILLIES

Generation Golf. Eine Inspektion (2000)

Als in der berühmten Madeleine-Szene aus *Auf der Suche nach der verlorenen Zeit* der Ich-Erzähler Marcel sein Gebäckstück in den Tee tunkt, beginnt sich aus dessen Form, Duft und Konsistenz eine Spirale unwillkürlicher Kindheitserinnerungen zu drehen, die das Ich gemeinsam mit dem Leser bis auf den Grund jener aristokratischen Generation des fin de siecle zieht, die ihren kulturellen und moralischen Verfall tagsüber auf Landpartien und nachts auf heimlichen Bordellgängen zelebriert – bis zum Jahr 1914, in dem sie mit dem Ersten Weltkrieg kollabiert. Als Dokumentation dieses Lebensgefühls einer Gesellschaft, die kurz vor dem Kipppunkt steht, ist Prousts Roman-Projekt nicht zuletzt auch zu einer Generationenchronik geworden.

Kaum zu glauben, dass achtzig Jahre später ein Journalist aus der oberhessischen Kleinstadt Schlitz noch einmal ein ganz ähnliches Buch schreiben wird: einen Abgesang auf seine Generation, diesmal allerdings eingedampft auf knapp 200 Seiten, so unprätentiös wie bezeichnend mit *Generation Golf* betitelt. Florian Illies' Flow der Erinnerung beginnt aber, anders als bei Proust, nicht beim Tee, sondern in der Badewanne. „Mir geht es gut", heißt es bei Illies. „Es ist Samstag Abend, ich sitze in der warmen Wanne, im Schaum schwimmt das braune Seeräuberschiff von Playmobil. [...] Nachher gibt es Wetten, daß ...? mit Frank Elstner." In diesen ersten Zeilen steckt die Quintessenz der *Generation Golf*. Illies' Schreib- und Erinnerungsvermögen ist an den Konsum von Marken geknüpft, an mediale Bilder, Medienstars und Artefakte: *Wetten dass ...?* und das Playmobil-Seeräuberschiff prägen ein Lebensgefühl, das sich genauso unauflöslich mit Pepsi, McDonald's und eben dem Automodell Golf verbindet. Es sind die Orientierungspunkte einer Generation, für die eine Landpartie ohne GTI undenkbar ist, für die ein Bordellbesuch ohne Dolce&Gabbana-Boxershorts zu einem peinlichen Ausrutscher verkommt und die so nah am Fernseher aufwächst, dass sie an eine clever gemachte Fernsehserie glaubt, als 2001 auf allen Fernsehkanälen zwei Passagierflugzeuge in Endlosschleife in die Türme des WTC rasen: *Generation Golf*, im Jahr 2000 erschienen, ist, ähnlich wie *Auf der Suche nach der verlorenen Zeit*, die Selbstbespiegelung einer Gesellschaft kurz vor dem Kipppunkt.

Um dieses große Panorama ins kleine Buch zu bekommen, formt Florian Illies die eigene Kindheit und Jugend zur Essenz einer Generationenerfahrung um. Der Autor, selbst Jahrgang 1971, der aus der Pro-

vinz vom *Schlitzer Boten* über die *Fuldaer Zeitung* eine steile Karriere
bei der *FAZ* begann, war 1999 gerade Chefredakteur der *Berliner Seiten* geworden, jener berühmt gewordenen Beilage der *FAZ*, die der ein
knappes Jahrzehnt vereinigten Bundesrepublik die alte Hauptstadt als
neue Hauptstadt wieder schmackhaft machen sollte. Mit den *Berliner
Seiten* wurde Florian Illies ein Labor zur Verfügung gestellt, in dem er
mit seinen Generationsgenossen und -sympathisanten eine neue Form
des affirmativen, ironischen Großstadtjournalismus durchspielen
konnte, der seine Wurzeln im Feuilleton der zwanziger Jahre hatte, aber
eben mit den Medien- und Markenerfahrungen und der daraus resul-
tierenden Lebens- und Weltbeobachtungskunst einer neuen Generation von Autoren aufgeladen war. Hier konnte etwa Benjamin von
Stuckrad-Barre zu Zwecken der Kunstkritik mit Claus Peymann eine
Hose kaufen gehen, und in der Webcam-Kolumne konnte der Alltag in
der Hauptstadt als ein sich fortschreibender sinnentleerter Content
präsentiert werden, als Anekdotenreihung eines Gesellschaftsentwurfs,
bei dem alles aufgezeichnet, gefilmt und fotografiert, aber nichts mehr
verbindlich kommentiert wird.

In Verbindung mit diesem neuen kulturjournalistisch-soziologi-
schen Blick auf Gegenwart wurde *Generation Golf* nicht nur zum
Lebens-Buch der zwischen 1965 und 1975 Geborenen. Zugleich war es
als Schlüsselbuch für eine Poetik entworfen, an der sich junge Literatur
und der junge Journalismus rund um die Jahrtausendwende orientieren
konnte. So kann man das Buch eben auch als Glossar und Reiseführer
durch die Welten junger, oberflächenversessener Literaten wie Christian Kracht oder Benjamin von Stuckrad-Barre lesen, die bis 1999 von
den investigativ-verbohrten 68er-Journalisten noch als überästheti-
siert, schnöselig und neokonservativ beargwöhnt wurden.

Die grandiose Wendung von *Generation Golf* ist aber gerade nicht,
dass sich Illies trotzig gegen die im Feuilleton konstatierten moralischen Defizite stellt. Spaßgesellschaft, Eventisierung, Konformismus,
Snobismus – was Krachts *Faserland* oder Stuckrad-Barres *Soloalbum*
noch literarisch aufgreifen, durch die Augen unzuverlässiger Ich-
Erzähler vorführen, aufheizen, zum bitteren Ende treiben, wird bei
Illies einfach abgebildet, für eine komplette Generation generalisiert:
als moralische Bankrotterklärung im launigen Tonfall einer *Men's
Health*-Lifestyle-Kolumne, souverän-ironisch getragen von einer jungen, altklugen, maßlosen Verachtung für all die Meinungsjournalisten,
Werte und Moralität der 68er-Generation. Abgeliefert wird ein durch
Affirmation geprägtes und zugleich durch Über-Affirmation dauernd
unterminiertes Bekenntnis zur Generation der Mütter und Väter. So ist
es eine Art clever verkappte Revolution, wenn der Autor behauptet,

seine Altersgenossen wollten nichts verändern, sich gegen nichts positionieren und lieber im Einklang mit der Elterngeneration den Kapitalismus weiter festigen und verklären, an Wohlstand, Sicherheit und Reichtum ihrer Elternhäuser festhalten, dabei aber – ganz entschieden – deren Werte und Moral ignorieren. Der Golf als Kontrapunkt zum Punk, sliding down the surface of things, Pop als kapitalistischer Gestus, befreit vom linken Moralanspruch eines Diedrich Diederichsen. Helden und Schutzpatrone der Generation Golf sind stattdessen zynisch geläuterte Popveteranen der achtziger Jahre, altgewordene Junge Wilde wie Rainald Goetz oder Harald Schmidt.

Es ist die große Leistung von Florian Illies, das alles erstmals nicht im Jargon des intellektualistischen Popkulturdiskurses zu erzählen, sondern das Erzählte vom Gestus her dem Diagnostizierten wie einen flauschigen Bademantel wohlig anzuschmiegen: Durch alle Reflexion hindurch, ist Illies Erzähler naiv. Er ist ein Nachfahre des Simplicissimus, der in einer Welt groß wird, die ihn auf Schlichtheit verpflichtet und der er im Gegenzug mit noch größerer, übersteigerter Schlichtheit beizukommen versucht. Diese erzählerische Leistung ist auch dann zu würdigen, wenn Illies – im Nachhinein betrachtet – mit seiner Gesamtdiagnose grandios daneben lag: Denn gerade die Generation Golf, die er als ideologiefrei feiert war in den Jahren nach der Veröffentlichung des Buches geradezu besessen von der Ideologie des ewigen Aufschwungs. In bester Tradition des NLP (Neurolinguistisches Programmieren) hat diese Generation geglaubt, Glück sei erlernbar, machbar, notfalls auch rechtlich zu beanspruchen.

Tatsächlich war die Generation Golf bei Drucklegung ihres Abgesangs bereits im Begriff, abzutreten. Ihrem Manifest war die mediale Selbstzerstörung eingeschrieben. Denn bereits beim Wechsel vom ewigen Kanzler Kohl zum von der Generation Golf so heiß geliebten Cashmere- und Medienkanzler Gerhard Schröder war eine für alle spürbare Rezession im Gange. Der 11. September 2001 war nur das mediale Bild, Katalysator und Fanal, das mehrere Entwicklungen gleichzeitig zu einem Endpunkt brachte. Börsencrash, Wirtschaftskrise, Zeitungskrise, Ende der Startups und New Economy-Blasen – die *Berliner Seiten* wurden, wie zuvor schon ihre anderen popjournalistischen Pendants *Tempo*, jetzt und *Zeit Leben* 2002 als unrentabel eingestampft. So hat mit *Generation Golf* eigentlich die große Zeit der Nachrufe begonnen: auf die Pop-Literatur, die Ironie, die Spaßgesellschaft, die Wohlstandsgesellschaft und natürlich auf den Berlin-Hype.

Auch mit der Karriere von Florian Illies ging es das erste Mal nicht weiter bergauf: vom Chefredakteur wurde er zum Nur-noch-Redakteur degradiert und war schließlich nur noch fester freier Mitarbeiter der *FAZ*. Genügte 2001, in *Anleitung zum Unschuldigsein*, noch das popironische Bekenntnis, den Müll nicht immer normgerecht zu trennen, als Hallraum und Zentralkonflikt, so fuhr die 2003 erschienene, nicht mal mehr im Ansatz so erfolgreiche Fortsetzung *Generation Golf zwei* deutlich schwerere Kaliber auf: Im Versuch, sich als Tröster seiner Generation aufzuspielen, lamentierte Illies, dass er sich keine Putzfrau mehr leisten konnte. 2004 gründete er *Monopol – Magazin für Kunst und Leben*, ein Hochglanzmagazin, das Kunst zur Lifestyle-Sache erklärt. Inzwischen ist er Redakteur der neu aufgelegten Magazin-Beilage *Leben* der *Zeit* und schreibt immer noch herrlich larmoyante, einschmeichelnde Retrospektiven.

Mit Illies zusammen ist die ganze Generation Golf immigriert: Geflohen ist sie vor den nachfolgenden Generationserklärungen in die eigene Retrospektive und in die übrig gebliebenen Reste eines medienadaptiven Biedermeier. Politisierung, Nationalisierung, Globalisierung, Generation Politisierung, Generation Nationalisierung, Generation Globalisierung, Generation @, Generation Praktikum und Generation Doof, damit können Florian Illies und seine Generation Golf nun wirklich nichts mehr anfangen und begähnen die Label-Wut als semi-clevere Selbststigmatisierung durch einige ehemalige Popfeuilletonisten: Davor kommt noch, danach war schon. Oder, wie es Proust gesagt hat: Die Zeit vergeht, und allmählich wird alles wahr, was man erlogen hatte.

Florian Illies: *Generation Golf. Eine Inspektion.* Berlin 2000 • Florian Illies: *Generation Golf zwei.* München 2003 • Tom Karasek: *Generation Golf. Die Diagnose als Symptom.* Bielefeld 2008.

Kai Splittgerber

NIKLAUS MEIENBERG

Reportagen (2000)

„Die Korrespondenten in ihrer unermüdlichen Faulheit (faul hinsicht-
lich des Denkens, unermüdlich in bezug auf ihre ständig ratternden
Kopiermaschinen) sind einfach zu bequem oder zu schüchtern, um in
die Fabriken, zu den Bauern, in die Provinz zu gehen, in die politischen
Versammlungen, in die Gerichtssäle, wo ihnen jeden Tag Anschauungsunterricht geboten wird; zu bequem sogar, sich in den Ministerien
selbst zu erkundigen." Was Niklaus Meienberg seinen Reportagen aus
Frankreich (Das Schmettern des gallischen Hahns) 1976 voranstellte,
lässt ahnen, warum er vielen nicht nur politisch als Schmutzaufwirbler,
sondern manchen auch als journalistischer Nestbeschmutzer galt. Und
dem schickt er denn auch eine Nachbemerkung hinterher: Der Korrespondent einer großen Zürcher Zeitung habe ihn zu dazu beglück-
wünscht. „Was hatte ich falsch gemacht, dachte ich, daß mich ein Vertreter der konservativen Presse beglückwünschte." Unschwer ist darin
die Neue Zürcher Zeitung zu erkennen, in die Meienberg sich verbissen
hatte wie diese umgekehrt in ihn, darin in nichts dem Duo Karl Kraus
und Neue freie Presse nachstehend. Der andere Pressegegner war ihm
der Magazinjournalismus, dessen Sprache „am journalistischen Fließ-
band entstanden und insofern ein getreues Abbild der industriellen
Innovation", aber inzwischen so dominant sei, „dass der anonyme,
immer noch vorherrschende Stil der unsignierten Artikel eine so riesige
Saugkraft hat, dass auch die mit Namen zeichnenden SPIEGEL-Repor-
ter ihn stark verinnerlicht haben". Wer so dem eigenen Handwerk in
die Parade fährt, kann selbst weder faul noch schüchtern sein. Kurt
Furgler, Schweizer Minister und Bundespräsident, hat denn auch spöt-
tisch, aber doch zwangsweise anerkennend von „dä gwaaltige Chraft
Ehres Woortes" gesprochen.
    Niklaus Meienberg, 1940 in St. Gallen geboren, war Klosterschüler
und studierter Historiker, arbeitete – meist nicht lang – als Korrespondent für verschiedene Schweizer Zeitungen, für Fernsehen und Rundfunk und leitete Anfang der achtziger Jahre kurz das Pariser Büro des
Stern und lebte danach meist in Zürich. Als er 1993 Suizid beging, hatte
das Schweizer Establishment ansatzweise begonnen, seinen Frieden mit
seinem unnachsichtigsten Verfolger zu machen. Er selbst wurde indes
immer deprimierter angesichts internationaler Unfriedfertigkeit, etwa
des Irak-Kriegs, den er heftig geißelte. Meienberg ist – nicht nur im Hinblick auf Faszinationskraft und politische Verhasstheit – eine singuläre

Figur im an singulären Figuren nicht gerade armen literarischen Journalismus gewesen. Er war ein Prototyp des engagierten, investigativen Journalisten, dem ein breites sprachliches wie formales Spektrum zu Gebote stand. Als leidenschaftlicher Verfechter der, wie er sie selbst nannte, „unorthodoxen Gattungen (Traktat, Reportage, Essay)", unterschied er sich von den meist anglophilen Reportern schon durch seine frankophone Orientierung. Die über ein Dutzend Sammlungen seiner Texte tragen ebenso phantasie- wie geheimnisvolle Namen wie *Das Schmettern des gallischen Hahns* (1976), *Vorspiegelung wahrer Tatsachen* (1983), *Vielleicht sind wir morgen bleich u. tot* (1989) oder *Weh unser guter Kaspar ist tot* (1991).

Im Jahr 2000 wurde etwa die Hälfte dieser Texte – nach Themengruppen systematisiert – in zwei Bänden unter dem kargen Titel *Reportagen* herausgegeben. Schnell stellt man fest, dass es sich dabei keineswegs nur um Reportagen handelt, auch über Traktate und Essays hinaus geht die Vielfalt der Formen. Plädoyer, Chronik, Diskurs, Leichenrede, Adventsansprache, Memoiren, Offener Brief, Rezension, Glosse. Und doch ist es richtig, sie allesamt unter der Kategorie Reportage zusammenzufassen. Denn sie werden getragen vom Impetus des Reporters nach Offenlegung verborgener Zusammenhänge. Es geht um das Hervorholen von Verdrängtem und den Auf- und Nachweis zwanghafter und zwingender Strukturen.

Allemal sind das für Meienberg, der schon 1972 Michel Foucault zur „Gewohnheit unserer Gesellschaft, Leute einzusperren" befragte, die Dispositive der Macht. Sie aufzudecken bedient er sich zum einen des Interviews. Der reportierende „Intellektuelle", so vertrat er emphatisch, „ist eine Art von Mikrophon, funktioniert vor allem als Zuhörer, wie der Psycho-Analytiker. Durch geduldiges Zuhören bringt er die widerborstige Wahrheit an den Tag." Zum anderen und noch lieber aber fundiert er sich in investigativer Recherche: Anders als im Mündlichen könne mit schriftlichen Quellen „nicht gemogelt werden". „Was man schwarz auf weiss besitzt, kann man getrost nach Hause tragen – aber man besitzt halt nicht mehr alles." Es ist das aber nicht nur das Vertrauen des Historikers in seine Quellen, sondern eben der Spürsinn des Jägers der vermeintlich verlorenen, vergessenen oder versteckten Texte. So benutzte er etwa in *Die Welt als Wille und Wahn* (1987), einem Buch über die sehr einflussreiche Wille-Familie auch unveröffentlichte Briefe von Ulrich Wille, der u.a. die Unterstützung Hitlers durch Schweizer Industrielle initiiert hatte, an seine Frau, die bis dahin völlig unbeachtet in einem Ortsmuseum ausgestellt waren. Insofern verstand Meienberg sich als „Dokumentarist", der sich dem „Faktenzwang" unterwirft.

Das hieß für ihn nun aber nicht, objektivistisch-neutral zu berichten. Es macht gerade die Eigenart seines Schreibens – und auch dessen Brisanz – aus, dass er, was er für faktisch und richtig erkannte, dann mit Leidenschaft vorbrachte, in einer Rhetorik aus Wut, Hohn, Spott oder Sarkasmus. Und einmal von der Beweiskraft seiner Argumente überzeugt, verschonte er damit weder Personen noch Institutionen. So macht er sein cholerisches Temperament zum Instrument, um Wahrheiten ans Licht zu bringen. Dies nicht nur durch die Texte selbst, sondern immer auch in den Reaktionen, die sie erzeugten.

Das endete nicht selten – für Meienberg meist erfolgreich – vor Gericht. Immer wieder erschien er darum seit seinem wohl spektakulärsten Fall, der Rekonstruktion der empörenden Vorgänge um die Hinrichtung 1942 des angeblichen „Landesverräters" Johann Schläpfer, als „Nestbeschmutzer". Neben Frankreichs (damals) hoffnungsvoller Gegenwart war es vor allem die peinliche Vergangenheit der Schweiz zur Zeit des ‚Dritten Reichs', der er nachspürte: „Wir leben in einem netten Land: das Land lebt vom Gedächtnisverlust. [...] In der Schweiz gilt das Normale als frech, das Gesunde als krank, das Wissenschaftliche als Pest. Neugierde hat ein Schwefelgerüchlein [...]." Sein Frankreich ist das des Mai Achtundsechzig, das Land eines frühlingshaften Aufbruchs, das sich mit Druck an die Erinnerungsarbeit macht.

Das aber ist gleichzeitig das Trauma seiner Schweiz, deren historische Frankophobie und deren unbewältigten Antisemitismus er anklagte, deren Bigotterie in den Zeiten des Faschismus er geißelte. So wurde Meienberg, der Chronist und Werber republikanischer Vehemenz, selbst zum Objekt der Berichterstattung, zum Opfer obrigkeitlicher Spitzelei, ein, wie es in der Schweiz heißt, „Fichierter". Nachzulesen ist das im St.Galler-Diskurs, der in der Sammlung Zunder (1993) erschienen ist: „Ich erinnere mich, damals mit einigem Stolz darauf hingewiesen zu haben, dass eben z.B. die Redefreiheit bei uns nicht von Spitzeln beeinträchtigt werde wie in der DDR; denke mit Schaudern daran, insofern das Lob unsrer Demokratie gesungen zu haben, die mich bespitzelte."

Gallisch und gallig – ein Schweizer, gründlich in seiner Wut, französisch in der Klarheit und Weite seines Horizonts und der Gewalt seiner Sprache. Als er sich 1993 das Leben nahm, hatte er wohl auch wahrgenommen, dass er einer aussterbenden Spezies von Schreibenden angehörte und dass die Welt sich nicht mehr mit der Macht des leidenschaftlichen Wortes beikommen ließ. In der Unnachgiebigkeit seiner Insistenz, im wütenden Mut gegen jedwede empfundene Ungerechtigkeit und Unaufrichtigkeit, aber auch in der Weite und Vielfalt seiner

Interessen, seiner rhetorischen Mittel und Formen ist er ein „großer Reporter" in genau dem Sinn gewesen, den er auch an Jean Lacouture gerühmt hat: „Ein ,grand reporter' will die ganze Wirklichkeit mitbringen, er akzeptiert die Aufsplitterung der Welt in einzelne Rubriken nicht (Kultur, Wirtschaftsteil, Politik etc.), er will totalisieren, wie Sartre das nennt." Und, darf man hinzusetzen, er will gelesen werden, weil er weiß, dass ihn zu lesen sich lohnt – ästhetisch wie intellektuell.

Niklaus Meienberg: *Reportagen.* Ausgewählt u. zusammengestellt von Marianne Fehr, Erwin Künzli u. Jürgen Zimmerli. 2 Bde. Zürich 2000 • Niklaus Meienberg: *Zunder. Überfälle. Übergriffe. Überbleibsel.* Zürich 1993 • Marianne Fehr: *Meienberg. Biographie.* Zürich 1999 • Roger W. Müller Farguell: *Literarischer Journalismus. Hugo Loetscher und Niklaus Meienberg.* In: *Text +Kritik*, Sonderband: *Literatur in der Schweiz.* München 1998. S. 157-169 • Christof Stillhard: *Meienberg und seine Richter. Vom Umgang der Deutschschweizer Presse mit ihrem Starschreiber.* Zürich 1992.

Erhard Schütz

STEFANIE FLAMM, IRIS HANIKA

Berlin im Licht. 24 Stunden Webcam (2003)

Das Bändchen versammelt etwa hundertsechzig von mehr als achthundert Kolumnen, die unter dem programmatischen Titel *WebCam* auf den *Berliner Seiten* der *Frankfurter Allgemeinen Zeitung* erschienen sind. Die WebCam blieb installiert, solange es die *Berliner Seiten* gab: knapp drei Jahre, vom 1. September 1999 bis zum 29. Juni 2002.

Als (post-)moderner Klassiker des Kulturjournalismus gilt heute – mehr noch als die *WebCam*-Kolumne selbst – die Beilage der Berliner Ausgabe der *FAZ* als ganze. Konzipiert von *FAZ*-Herausgeber Frank Schirrmacher, sollten die *Berliner Seiten* der konservativen *FAZ* ein junges, metropolitanes Lesepublikum erschließen und dem Blatt am schwer umkämpften Neu-Berliner Zeitungsmarkt in der Auseinandersetzung mit den anderen westdeutschen Qualitätszeitungen einen entscheidenden Marktvorteil verschaffen.

Im Rückblick kann das Projekt als Höhepunkt einer etwas hypertrophen Neuerfindung von Metropolen-Journalismus nach dem Hauptstadtumzug angesehen werden. Seit Frühjahr 1999 erschien beim Hauptkonkurrenten, der *Süddeutschen Zeitung*, eine tägliche Berlin-Seite. Die überbot Schirrmacher mit einem täglich sechs- bis achtseitigen Hauptstadt-„Supplement", das zunächst nur der Berliner Ausgabe der *FAZ* beigelegt, aber auch als künftig fester Bestandteil der überregionalen *FAZ* konzipiert war. Mittelfristig sollte auch den Stammlesern im westdeutschen Kernland die Hauptstadt mit auf den Frühstückstisch gelegt werden, gleichsam als repräsentativer Bundes-Lokalteil.

Das aber – so das redaktionelle Kalkül – setzte voraus, dass diese Hauptstadtbeilage von Anfang an wenig bis gar nicht wie ein zeitungsüblicher Lokalteil aussehen durfte. Eine nachrichtliche Auseinandersetzung mit der tagesaktuellen Berliner Landes- oder Bezirkspolitik suchte man vergebens. Stattdessen las man in der ersten Ausgabe der *Berliner Seiten* vom 1. September 1999: vom Comeback des Ex-Innensenators Heinrich Lummer als Trash-Talkmaster bei tv.berlin; Filmkritik als Premierenbericht; das Porträt eines angesagten Szene-Clubs; die Reisereportage des Schriftstellers Marcel Beyer über Gleiwitz als Reminiszenz an den Weltkriegsbeginn sechzig Jahre zuvor; dazu eine „Berliner Chronik", die – wie weiland Kleist in seinen *Abendblättern* – Wettergeschehen, politische Meldung, Polizeibericht in einen fortlaufenden Erzähltext vermischt; die Presseschau *Aus türkischen Zeitungen* –

ein Stück Transparenz in der Parallelgesellschaft; ein Brevier über *Begriffe, die uns zu denken geben* (eröffnet mit: „Prenzelberg, der. Gesprochen Prenzelberch. Ursprünglich Diminutiv von Prenzlauer Berg [...]"). Eine Zoo-Kolumne über Krallenaffen (*Bestiarium* von Cord Riechelmann); schließlich ein von der Zeitungskonkurrenz neidvoll bewunderter Einfall: das tägliche Personen-Register, das – wie der *Bunte*-Index – als Prominenz-Barometer fungierte.

Damit dokumentierten die *Berliner Seiten* zum einen die Öffnung der *FAZ* für den popkulturaffinen Ironiejournalismus der neunziger Jahre (*taz, SPEX, Tempo, SZ-jetzt*). Zum anderen simulierten sie Lokaljournalismus gerade für Neu-Berliner – eine forcierte (Neu-)Konstruktion von Metropole aus dem Geiste des Feuilletons. Kein Textformat in den *Berliner Seiten*, das nicht ‚feuilletonisiert' war und Erlebnis, Meinung, subjektiv-stilistische Färbung zu erkennen gab. Insofern können die *Berliner Seiten* als Vorreiter einer Entwicklung angesehen werden, die bis heute andauert: die Expansion des Feuilletons in die übrigen Ressorts.

Mit der *WebCam*-Kolumne knüpften die Berliner Seiten an ein klassisches Format des metropolitanen Feuilletons der zwanziger und dreißiger Jahre an: die „Kleine Form", den Text der Stadt in achtzig Zeilen, eine scheinbar zufällige Straßenszene als Sensation des Ephemeren, geschildert aus der Perspektive eines mal müßiggängerisch distanzierten, mal teilnehmenden Beobachters.

Genau dieser Typus des Autor-Flaneurs aber sollte durch die *WebCam* programmatisch suspendiert und durch eine neutrale Aufzeichnungsmaschine ersetzt werden. Es passt zur ironischen Konzeption der *Berliner Seiten*, dass dort wo alles zum Feuilleton geworden ist, ausgerechnet die Kolumne rein deskriptiv verfahren soll: „Eine Webcam ist eine Art Bildbeschreibung, wobei dieser Begriff sehr weit gefasst ist. Es kann auch ein Hörbild beschrieben werden. Der Autor ist ein Aufzeichnungsapparat, der keine Meinung beisteuert und kein Wissen. [...] Konjunktiv und Potentialis kommen in einer Webcam nicht vor [...]", hieß es im redaktionsinternen *Merkblatt WebCam*. Aus Joseph Roths programmatischem Satz, der zugleich das kulturdiagnostische Sendungsbewusstsein des Feuilletonisten bezeichnete: „Ich zeichne das Gesicht der Zeit" wird in den *Berliner Seiten* ein „Ich zeichne das Gesicht der Zeit auf".

Zum Bildhorizont der *WebCam* gehört auch die Metapher des Netzes: als sei die Stadt selbst ein Medium und der apparativ gespeicherte Fließtext der Gegenwart ubiquitär und simultan zugänglich. (Davon sind die *Berliner Seiten* weit entfernt. Im Netz liest man sie heute nur gegen teure Lizenzgebühr ...) Als taugliche Beobachtungsobjekte einer

„WebCam" verzeichnet das *Merkblatt*: „besondere Vorkommnisse" oder „kleine eigenartige Geschehnisse, aber man muß nicht warten, bis man eine Kampfhundattacke miterlebt [...]". Die kommt aber vor: Jörg Magenau beschreibt, wie sich um 11.06 Uhr in der Treptower Karl-Kunger Straße ein Pitbull in die Schnauze eines kleinen Braunen verbeißt, deren Herrchen beide zu einer harmonischen Kiosk-Gesellschaft gehören, die sich nun mit der ganzen Straße darüber austauscht, was zu tun sei („In die Eier! Ihr müsst ihm in die Eier treten"). Schließlich schafft um 11.15 Uhr ein Brecheisen Abhilfe, man untersucht die Wunden und trinkt wieder friedlich sein Bier („Seltsam, macht der sonst nie"). Hier bricht die Aufzeichnung ab.

So sind viele der *WebCams* gebaut: das Sittenbild, eine Milieustudie, die unerhörte Begebenheit, ein soziales Dramolett, das sich unter den in der Regel namenlosen Hauptstadtbewohnern abspielt, beschrieben oder wiedergegeben ohne Scheu vor einer gut platzierten Pointe. Die andere Bauform der Kolumne, etwa gleich häufig vertreten, ist stilistisch der Funktionsweise einer echten Webcam abgeschaut: die pure „Darstellung der laufenden Ereignisse beziehungsweise Nicht-Ereignisse, also des alltäglichen Lebens in der Stadt". Die Kneipengespräche Unbekannter werden protokolliert, Baustellenplakate, der Inhalt eines Erfrischungsautomaten, ein Landschaftsbild in der Gemäldegalerie am Kulturforum beschrieben, die soziale Choreographie am Alexanderplatz zwischen 18.18 Uhr und 18.29 Uhr, festgehalten wie bei Alfred Döblin.

Ihre Invisibilisierung als Maschine hat viele der Autoren der *Web-Cam* nicht daran gehindert, bekannt zu werden – nicht zuletzt auf literarischem Feld oder als preisgekrönte Reporter: Annett Gröschner, Iris Hanika, Eva Menasse, Waltraud Schwab, Ralf Bönt, Falko Hennig, Florian Illies, Alexander von Schönburg, David Wagner (Benjamin von Stuckrad-Barre ist in der Buchauswahl nicht vertreten).

Die Buchauswahl ordnet die *WebCams* nach Tageszeit und gestaltet so einen fiktiven, weil von der Entstehungschronologie der Texte abgelösten 24-Stunden-Berlin-Roman. Weil die *WebCams* immer auch mit einer Ortsmarke versehen sind, lässt sich zwanglos ein kleines kartographisches Experiment durchführen: Wo sind die Zentren, Cluster der journalistischen Aufzeichnung, wo gegebenenfalls überwachungsfreie Räume? Welche feuilletonistische Topographie um die Jahrtausendwende zeichnet sich ab, und was sagt das über die (Neu-)Konstruktion von Metropole?

Die fette Linie bezeichnet den früheren Mauerverlauf, die Ortsmarkierungen Schauplätze der in *Berlin im Licht* versammelten *WebCam*-Kolumnen. Das Kartenbild zeigt eindeutig eine Präferenz des Feuilletons für die Neue Mitte gegenüber dem Alten Westen. Erzählbar wird die neue Hauptstadt dominant offenbar an Schauplätzen östlich der früheren Mauer. (Ausnahme: Kreuzberg 36) Das legt nahe, dass als Modell-Leser ein Neu-Berliner Wessi konzipiert ist, dem man das innerstädtische Beitrittsgebiet als Schauplatz der Metropolenbildung andient. Kolumnen, die etwa dem Neu-Berliner Ossi den alten Westen erklärten, sind dagegen in der Minderzahl. Innerhalb dieser Clusterung fällt außerdem ins Auge, dass sich die meisten Kolumnen auf Mitte konzentrieren. Der Prenzlauer Berg etwa, der heute im Zentrum der journalistischen Aufmerksamkeit steht, wenn Geschichten des Stadtumbaus pars pro toto-haft verdichtet werden müssen, liegt seinerzeit noch relativ an der Peripherie. Friedrichshain findet bis 2002 feuilletonistisch offenbar gar nicht statt. Ein interessanter Befund überdies, weil er eine Tradition der feuilletonerzeugten Topographie aus den zwanziger Jahren fortsetzt: Östlich vom Alexanderplatz ist weiterhin Schluss – eine terra incognita, unbeschriebenes Terrain. Im Westen fällt noch auf, dass Schöneberg – das Morshäuser-Berlin und die schwule Stadttopographie – völlig unrepräsentiert sind.

Die *Berliner Seiten* fielen schließlich abrupt der Krise am Anzeigenmarkt zum Opfer. Und Schirrmacher scheiterte auch mit seiner Idee, das *FAZ*-Feuilleton insgesamt nach Berlin zu verpflanzen. Aber wie so oft half auch hier früher Tod der Kanonisierung erst recht auf die Sprünge. Mittlerweile sind neben *Berlin im Licht* noch zwei weitere Auswahleditionen aus den *Berliner Seiten* hervorgegangen: das erste Jahr der *Chronik*-Rubrik, das die Jahrtausendwende als kleistsche microstoria erzählt, und eine Auswahl von *Prof. Rott geht durch die Stadt*, einer Kolumne, die gewissermaßen als ‚Gegenveranstaltung' zur *WebCam* fungierte, insofern sie einem einzelnen Autorsubjekt zugeschrieben war, das überdies sich programmatisch auf den klassischen Flaneur-Typus festlegen ließ. Auch das blanke Ironie, weil Wilfried Rott eher als stattlich beleibter Gesellschaftsreporter auffällig wurde: Viel öfter sah man ihn eingeladen als durch die Stadt laufend.

Stefanie Flamm, Iris Hanika (Hrsg.): *Berlin im Licht. 24 Stunden Webcam.* Frankfurt a.M. 2003 • *Berliner Chronik 1999-2000. Die Chronik der Berliner Seiten der FAZ. Mit einem Vorwort von Durs Grünbein.* Berlin 2002 • Wilfried Rott: *Prof. Rott geht durch die Stadt. Menschen und Orte im Neuen Berlin.* Berlin 2001.

Jörg Döring

WOLFGANG BÜSCHER

Berlin – Moskau. Eine Reise zu Fuß (2003)

Als sich der Reporter Wolfgang Büscher im Sommer 2001 in Berlin auf den Weg macht, blühen die Linden. Als er in Moskau ankommt, fällt der erste Schnee. Dazwischen: Zweiundachtzig abenteuerliche Tagesmärsche, 1800 Kilometer ödes, leeres Land. Die Ankunft: „Ich ging so schnell, wie ich noch nie gegangen war. Ich ging nach Moskau. Um zwanzig nach vier flog ich an einem Schild vorbei: Moskau 2,7 Kilometer. [...] Der Lärm um mich her war sehr groß, aber ein Jubel kam auf, der war größer, er kam aus den Sohlen meiner Stiefel, er kam aus den Waden und aus den Schienbeinen, er kam aus den festen, dreckigen Kuppen der Finger und kam die Venen und die Rippen entlang, er bereicherte und berauschte sich auf seinem trunkenen Zug hinauf in die Kehle."

Nach seiner Rückkehr schrieb Büscher ein Buch mit erstaunlicher Sogwirkung: eine Abenteuererzählung versetzt mit historischen Reflexionen, geschildert in einem romantischen Sound, einem Remix aus Joseph von Eichendorff und Gottfried Benn, Werner Herzog und Bob Dylan. Das Buch gewann mehrere Literaturpreise, erklomm einige Wochen lang die Bestsellerliste und begründete die Mode des Wander-Reisebuches: Journalisten mit literarischen Ambitionen waren plötzlich viel unterwegs, marschierten von Hamburg nach Eschborn oder ohne Geld von Paris nach Berlin oder quer durch Israel. Das erfolgreichste Werk legte aber der RTL-Komiker Hape Kerkeling vor. Es hieß *Ich bin dann mal weg. Meine Reise auf dem Jakobsweg* und führte 100 Wochen lang die Sachbuch-Bestsellerliste an.

Nicht dass Büscher mit dieser Selbsterfahrungsprosa etwas gemein hätte, aber ganz offensichtlich hatte er einen Nerv getroffen: Im Myspace- und Billigflugzeitalter war das Nahe so fremd und exotisch geworden, dass man glaubte, es sich schreibend beziehungsweise lesend aneignen zu müssen; die Langsamkeit wurde, einmal mehr, wiederentdeckt. Büschers Erweckungserlebnis: „Ich kann es genau datieren, es war ein Tag Ende 1990. Ein Zug, der überall hält, fuhr langsam südlich aus Berlin heraus. Darin saß ich allein im Waggon und sah Dinge im Zugfenster, die ziemlich psychedelisch waren. Lauter Bilder im roten Wintersonnenlicht, als habe das jemand so arrangiert. Sie sagten mir: Du musst hier aussteigen. Du musst jetzt zu Fuß weitergehen. Ich bin dann um Berlin herumgegangen, 180 Kilometer in fünf Tagen." Büschers Reportage über diesen Fußmarsch, die 1995 unter dem Titel *Kreislaufprobleme* im Magazin der *Süddeutschen Zeitung* erschien, führte dann exemplarisch den Verfremdungseffekt vor, den der Reporter durch die Wahl seines ungewöhnlichen Fortbewegungsmittels erzielt. Büscher marschiert durch die Märkische Steppe südlich von Berlin: „Am Horizont erscheinen vier gelbe Blockbuchstaben. Ein I, ein K, ein E, ein A. Ich glaube daran, daß es dort Wasser gibt. Ich gehe über weites, sandiges, staubiges Land auf mein Ziel zu. [...] Im Spiegel der weißen, kühlen Toilette taucht unter Staub und Schmier und Sonnenbrand ein Gesicht auf, das ich kenne. Darüber stehen Haare zu Berge. Sie fassen sich an wie Scheuerdraht. Das Hemd ist klatschnaß. Ich wasche es und mich, trinke und esse in der Kundenkantine."

Wer zu Fuß zu IKEA geht, landet auf einem anderen Stern. Die Welt wird ihm fremd. Das ist Wolfgang Büschers Programm, das er in *Berlin – Moskau* und 2005 in *Deutschland. Eine Reise* perfektioniert hat: Das Tempo drosseln, um anders zu sehen. Zu Fuß gehen, um das Bekannte zu exotisieren. Im Wandern verlangsamt sich die Geschwindigkeit der Eindrücke, Büscher entschleunigt, um seine Wahrnehmung zu intensivieren. „Wenn ich mit dem Auto nach Moskau fahre, dann läuft hinter der Windschutzscheibe eine Art Stummfilm, eine Folge von Videoclips", hat er einmal gesagt. „Aber wenn ich durchlaufe, ist immer volles Programm."

Es ist üblich unter Reiseschriftstellern, mit solchen Verfremdungseffekten zu arbeiten, sei es durch die Wahl eines ungewöhnlichen Fortbewegungsmittels – mit dem Zug von New York nach Patagonien (Paul Theroux) – oder einer konstruierten Route: rund um das Mittelmeer (wieder Theroux) oder England (Jonathan Raban). Büscher nun geht zu Fuß, wie vor ihm Soldaten und Abenteurer – oder wie Pilger, für die der Weg so wichtig ist wie das Ziel, ein Weg zur Selbsterkenntnis, Selbstreinigung, Tilgung einer Schuld, Identitätsfindung.

In Deutschland begründet hat die literarische Fußreise Johann Gottfried Seume, der in der Vorrede zu seinem *Spaziergang nach Syrakus im Jahre 1802* programmatisch verkündet hat: „In Romanen hat man uns nun lange genug alte, nicht mehr geleugnete Wahrheiten dichterisch eingekleidet, dargestellt und tausend Mahl wiederholt. Ich tadle dieses nicht; es ist der Anfang: aber immer nur Milchspeise für Kinder." Nun sei es an der Zeit, Nonfiction zu schreiben, Literatur für echte Kerle: eine Forderung, die im Lauf der Jahrhunderte immer wieder gestellt und eingelöst wurde, etwa in den 1970er Jahren, als Michael Holzach in *Deutschland umsonst* wandernd das authentische Leben im Falschen suchte, während der Regisseur Werner Herzog in *Vom Gehen im Eis* geradeaus nach Paris marschierte, um eine Freundin zu retten, die im Sterben lag – ein knappes, starkes Buch, das auch Wolfgang Büscher geprägt hat.

Jede dieser Fußreisen ist auch eine Zeitreise. Nicht nur nach Syrakus wollte Seume, er wollte auch in die Antike. Nicht nur nach Moskau zog es Wolfgang Büscher, es zog ihn auch zurück in das Kampfgelände des Zweiten Weltkriegs und in die Trümmerlandschaften des Kommunismus. Die Gegenden, durch die er zieht, sind gleichsam „doppelt belichtet", über die Alleen und Dörfer ist eine imaginäre Landkarte aus historischen Schichten gebreitet. „Ich ging nach Moskau, und der Landser ging mit, um mir ein wenig auf die Nerven zu fallen mit seinen Einflüsterungen von Granattrichtern und Gehenkten", schreibt er an einer Stelle. Und, ganz persönlich, um seinen Großvater geht es ihm, der mit Hitlers Armeen nach Moskau gezogen und nicht zurückgekommen ist. So sitzt er gleich zu Beginn nachts auf einem Soldatenfriedhof unweit der Seelower Höhen: „Ich sah zur Seite, aber da saß niemand. Aber ich wusste, wer es war. Ein ganz Verlorener, da draußen in den Weiten, der Verlorenste von allen. Kein Stein, kein Name, nichts. Wir kennen uns nicht, er ist mein Großvater. Er weiß nicht, dass ich existiere, ich weiß nicht, wie er starb und wo er liegt, niemand weiß das. Sei ruhig, flüsterte ich, ich werde über dich gehen, ohne dass du es merkst. Sei ganz ruhig, ich werde durch die hindurchgehen wie der Wind." Große Worte. Manche haben sie als kitschig verdammt, andere haben sie genommen, um das ganze Buch als einen Bußgang zu verdammen, den der Enkel unternimmt, um die Schuld des Großvaters zu tilgen.

Das aber zu Unrecht. Denn die zweite, jüngere, kommunistische Vergangenheitsschicht nimmt ungleich größeren Raum in Büschers Buch ein. Besonders sichtbar ist sie in Weißrussland. „Wenn das Land etwas im Überfluss hatte, waren es Monumente, die Erinnerung wog nach Tonnen. [...] So überanstrengt stand die Erinnerung in diesem staubflachen, immer wieder in Leeren und Fernen sich verlierenden Land, so überschwer, dass man fürchten müsse, sie wird einfach in seinem weichen, sumpfigen Boden versinken – so heillos und hilflos, dass ich plötzlich etwas wie Mitleid mit dem Kommunismus empfand. Er nahm menschliche Züge an. Alt war er. Er konnte nicht mehr. Ich ging durch sein gefallenes Reich, durch die Hallen wehte der Wind, Unkraut wuchs in seinen Sälen." Das aber ist eine Melancholie, die an anderen Stellen in Wut über die Zerstörungen, die kaputten Städte, die von Stalin gesprengten Kirchen umkippt. Wut über den „Hausschrott. Staatsschrott. Essundtrinkschrott. Autoschrott. Atomschrott. Stadtlandflussschrott. Benimmschrott. Kirchenschrott. Seelenschrott", den der Kommunismus hinterlassen hat. Eine Wut, die schon am nächsten Tag gemildert wird durch Hoffnung auf die Neuanfänge eines noch jungen Bürgertums, durch die Aussicht auf eine Stunde Null, „wie wenn im März der Schnee taut und durch das alte, verfaulende Gras das neue

Gras kommt". Am Ende ist *Berlin – Moskau*, jenseits all dieser histori-
schen Bezüge, vor allem ein Abenteuerbuch, ein Erlebnisbuch. Kein
Geschichtsbuch, sondern eine Reportage, sinnlich und konkret. Ein
Buch über eine große Strapaze, über Schwäche, über das Schwitzen,
Trinken und Stinken, das Abwerfen überflüssigen Gepäcks, über
Regen, Sonne, Insekten, über Einsamkeit, Misstrauen und das Glück
sich öffnender Türen. Über eine Reise ins Offene, bei der nur Start und
Ziel feststanden, sich der Autor der Landstraße auslieferte und den
Zufall Regie führen ließ. Seine Ernte ist reich: eine Saunapartie bei
Minsk, wo ihn ein sibirischer Yogi mit dem Wermutbesen gesund
peitscht; über Steppenpisten in eine heilige Waldeinsiedelei, wo die
Baumstämme und die Ikonen bluten; Tschernobyl und Kattyn, ein
nächtlicher Ringkampf in einer gespenstischen Pension.

Schon den ersten Rezensenten war klar, dass Büscher einen Klassiker geschrieben hat. Ein Buch, dessen Schönheit uns Zeitgenossen zeit-
los erscheint. „Ich wollte ein Konzentrat, etwas Kristallines schreiben",
hat Büscher es selbst kommentiert, „etwas, das eine gewisse Schlank-
heit, eine gewisse Kürze hat – aber auch eine gewisse Deutlichkeit,
selbst eine gewisse Ruppigkeit. Man wird schlank beim Laufen, dem
entspricht ein schlanker Text. Mir war klar: In dieser Aktion liegt viel
Pathos. Das musste ich nicht hervorkitzeln. Ich wollte es eher durch den
Stil ein bisschen abkühlen. Schlank, kurz, ein bisschen klein und still
und stiller."

Es ist ihm nicht gelungen. Das Buch ist durchtränkt mit Pathos.
Aber das geht in Ordnung. Es öffnet das Herz und den Blick. Es ist ein
Buch zum Durchatmen – und ein Buch für einen Neuanfang: „Auf dem
Kamm drehte ich mich endlich um, und was ich sah, traf mich ins Herz.
Im Westen war der Himmel aufgerissen, ein glühender Schlitz, breit wie
der Horizont, die letzte Sonne brach gerade durch. Ich sog das Bild aus
dem Himmel, bis es verschwunden war, dann wandte ich mich wieder
nach Osten, und die dunkle, schnurgerade Chaussee ins Nichts war mir
die liebste, die ich je sah. Voller Versprechungen, voller Abenteuer.
Voller Anfang."

Wolfgang Büscher: *Berlin – Moskau. Eine Reise zu Fuß*. Reinbek bei Hamburg
2003 • Wolfgang Büscher: *Deutschland, eine Reise*. Berlin 2005 • Werner Herzog: *Vom Gehen im Eis. München – Paris 23. 11. bis 14. 12. 1974*. München
1978 • Michael Holzach: *Deutschland umsonst. Zu Fuß und ohne Geld durch
ein Wohlstandsland*. Hamburg 1982.

Ariel Hauptmeier

CHRISTIAN KRACHT

Der Freund (2004-2006)

Der Schriftsteller Christian Kracht zeichnet als Herausgeber für ein Magazinprojekt verantwortlich, dass unter dem Titel *Der Freund* im September 2004 startet. Kracht ist zu diesem Zeitpunkt vor allem durch seine zwei Romane *Faserland* und *1979* bekannt. Die vierteljährlich erscheinende Zeitschrift ist von Anfang an auf acht Ausgaben beschränkt; ermöglicht wird das Projekt durch eine großzügige Finanzierung des Axel Springer Verlags. So kann das Magazin trotz edler Ausstattung (Sonderformat, voluminöses, eierschalfarbenes Papier) auf Anzeigen komplett verzichten. Ebenso gibt es in allen acht Ausgaben keine Fotos. Lediglich für den Umschlag wird Farbe verwendet. Die Texte sind großzügig gesetzt, luftige Typoblöcke werden von Leerflächen und zahlreichen Zeichnungen und Illustrationen durchbrochen.

Schon die äußere Aufmachung des Magazins verrät einiges über seine implizite Programmatik. Es grenzt sich fundamental von anderen kulturjournalistisch ambitionierten Magazinneugründungen der gleichen Zeit wie *Monopol* (2004), *Dummy* (2004) oder *Vanity Fair* (2007) ab: Anders als diese Magazine umgart *Der Freund* keinen leicht greifbaren Zeitgeist; Mode und Modisches wird hier nicht präsentiert, weder in Hochglanz-Annoncen noch auf Fotostrecken. Der Freund betreibt keinen Prominenten- oder Enthüllungsjournalismus. Auch wenn sich das Magazin Formen des New Journalism zu eigen macht, kann man das Magazin als ein Gegenstück zu der zwanzig Jahre älteren *Tempo* lesen, für die Kracht weiland selbst schrieb. Nicht Geschwindigkeit, sondern Gemächlichkeit, Brooding, Slow Journalism ist angesagt. *Der Freund* versteht sich als ruhiger Begleiter, nicht als Beschleuniger, es geht um Umarmung, nicht um Enthüllung, eher um ruhige Gespräche, denn um rasch konsumierbaren Fotojournalismus.

Die in den acht Heften versammelten Beiträge arbeiten sich an sehr disparaten Textformaten und Themen ab. Kulturkritische Essays, Erzählungen und Dada-Poesie, unzählige, nach ein oder zwei Folgen wieder abgebrochene Kolumnen oder „Serien", Leserbriefe und Fragebögen stehen weitgehend unkommentiert nebeneinander. Anstelle eines ordnenden Editorials bringt die Zeitschrift einen Mix aus (vermutlich) fiktiven und realen Redaktionszuschriften. Die umfangreichsten und bedeutendsten Textformen sind die klassische Reportage und das Gespräch. Die drei langen Interviews von Ingo Niermann (in den Heften 1, 2 und 4) haben Umfänge von jeweils mehr als zwanzig Seiten;

dazu kommen eine Reihe von Gesprächen zwischen Herausgeber Kracht und dem „Chefredaktor Dr. Eckhart Nickel", eine (fiktive) Gesprächsserie (*Männer bei der Arbeit*), weitere Einzelinterviews. Die vielfältigen Textformate sind häufig zwischen Fakt und Fiktion angelegt, Literarisches mischt sich mit Dokumentarisch-Journalistischem. Dabei gehen diese Vermischungstendenzen in den Heften insgesamt über die inzwischen kanonisierten Stilmittel des New Journalism hinaus; als paradigmatisch kann hierfür die Gesprächsreihe *Männer bei der Arbeit* gelten, für die kein Autor verantwortlich zeichnet, die sich als Gesprächs- oder Interviewformat tarnt, die aber bei näherer Betrachtung jeweils einen fiktiven, mit (Insider-)Wissen angereicherten und humoristisch überspitzten Dialog zweier Spezialisten aus unterschiedlichen Branchen bietet: Söldnern (H. 3), Kunsthändlern (H. 5) oder Schriftstellern (H. 8). Diesen Gesprächen liegen deutlich Recherchen zugrunde; sie bieten aber nicht nur Wissen in der Sonderform eines fiktiven Dialogs, sondern sind zugleich bin ins kabarettistische hinein überform, literarisiert.

Die Breite des Formenkanons korrespondiert mit dem zunächst disparat scheinenden inhaltlichen Interesse. Heft 1 bietet an umfangreicheren Stücken unter anderem: eine Reportage zu Spielarten der Hohlwelttheorie, eine Erzählreportage über den Versuch, im Internet den zeitgenössischen Nachbau einer Beatnik-Traummaschine von 1959 zu erstehen, einen Erfahrungsbericht über Ferienarbeit in der Schweizer Almwirtschaft, einen Essay über frühe Musikvideos, eines der Niermannschen Endlosinterviews mit einem alternden Werbetexter, der in den Siebzigern den Spruch „Der Tag geht, Johnny Walker kommt" erfand. Diese breite Streuung findet sich nicht nur in den jeweils einzelnen Heften, sondern auch der Gesamtschau der Hefte wieder. Beispielhaft dafür sind die acht Kolumnen von Raphael Horzon: *Meine Werkzeuge* (H. 1), *Meine Brotaufstriche* (H. 2), *Meine Sekten* (H. 8). Keine dieser (jeweils als frisch beginnende „Serien" angeteasten) Kolumnen erfährt je eine Fortsetzung in einem anderen Heft, es bleibt acht mal bei „Folge 1". Kolumnenhaft verbunden werden die Texte dennoch über den Autor und seine vielfältigen, individualisierten Interessen, (also über das „Meine"). Das ist paradigmatisch: Insgesamt scheint sich das breit gestreute Inhaltsspektrum nicht wie in anderen kulturjournalistischen Projekten an Gegenwärtigkeit und Aktualität zu orientieren; vielmehr kommen darin spezifische, zum Teil weit auseinander liegende Spezialinteressen des Redaktionsteams zum Ausdruck.

Diese stark auseinanderstrebenden Textformen und Themen werden wiederum von anderen Bindekräften zusammengehalten. Da ist zum einen das vereinheitlichende, fotofreie Layout; auch die zahlreichen, oft nur assoziativ mit dem Text verbundenen Zeichnungen tragen eher zur Vereinheitlichung denn zur Differenzierung der Artikel bei. Hinzu kommt der alle Texte umspielende Hang zu vor- und nachgestellten Paratexten. Die meisten längeren Texte werden flankiert von einem Katalog einiger der im Text vorkommenden Themen und Diskurse: „Diskutiert: Die Verheerungen des Internets, Opi Warbucks, enervierende Neo-Beatniks, Nueva Germania, [...], die Vorzüge eines weißen Kia Sportage, Timothy McVeigh" heißt es da etwa. Vergleichbare (etwa fett gedruckte) Vorabtexte in gewöhnlichen Magazinen beschränken sich als Teaser auf ein Einstiegsmotiv oder bieten eine Zusammenfassung des Textes, die auch und gerade in Unkenntnis des Textes Übersicht gibt. In *Der Freund* funktioniert das Teasing eher durch die Abstrusität der genannten Themen und die beinahe dada-poetische Zusammenstellung, ein Prinzip das sich als „rhetorischer Katalog" (Moritz Baßler) kennzeichnen lässt. Baßler versteht darunter eine „Liste, die Dinge neben- und gleichordnet, denen auf den ersten Blick kein gemeinsamer Oberbegriff zugeordnet ist", ein ästhetisches Prinzip, dass für das gesamte Zeitschriftenprojekt konstituierend sei (was Baßler anhand der Fragebögen und der Struktur der Motti und Widmungen belegt). Darüber hinaus haben die Dada-Teaser in ihren häufigen Wiederholung vor fast allen längeren Stücken zugleich eine rahmende, die disparaten Texte zusammenschweißende Funktion.

Zusammengehalten wird das Magazinprojekt aber auch durch andere Querverstrebungen: Die acht Ausgaben zeigen bei eingehender Analyse zahlreiche motivliche und inhaltliche Verbindungen. Beispielsweise taucht David Woodard, der dubiose Verkäufer der Traummaschine aus einer Reportage in Heft 1 in Heft 3 als Autor auf. In demselben Heft kommentiert der Grünen-Politiker Rezzo Schlauch seine optische Ähnlichkeit zu dem auf dem Cover von Heft 1 abgebildeten Homosexuellen. Heft 1 hat mottohaft den Titel eines David Lynch-Filmes auf dem Heftrücken stehen: *Fire walk with me*; Heft 8 ist wiederum Lynch gewidmet und bietet ein Interview mit dem Filmregisseur. Durch diese Links werden subtile, teils nachvollziehbare, teils dunkel bleibende Verbindungen geknüpft. Die acht Hefte erscheinen so als eine Art Gesamtkunstwerk, als ein Artefakt in acht Teilbänden.

Und auch das zunächst disparat scheinende Themenspektrum zeigt bei genauerer Lektüre eine gewisse Geschlossenheit: Konstituierend scheinen auf jeden Fall die vielfältigen Herausgeberinteressen zu sein. Anders als in gewöhnlichen kulturjournalistischen Magazinen sind Kracht und Nickel nicht an Leserinteressen, Aktualität und Verkaufszahlen orientiert (und müssen es dank der finanziellen Unabhängigkeit des Projekts auch nicht sein). In dieser Hinsicht lässt sich *Der Freund* also wie ein Roman lesen, als ‚Herausgeber-Erzählung': Hinter den Texten scheint ein Charakter, eine Erzählerfigur, ein fingierter Autor auf, den wir im Zuge der Lektüre immer besser kennenlernen. Dazu passt das ungewöhnlich kleine Redaktionsteam (Kracht, Nickel sowie wechselnde Artdirektoren); dazu passt auch die märchenhaft anmutende Redaktionsadresse, mit der die Herausgeber-Erzählung weiter angefüttert wird: „Der Freund, Hotel Sugat, Freak Street, Durbar Square, Basantpur, Katmandu, Nepal."

Die Themen der in *Der Freund* versammelten Texte zeigen also eine subjektiv-eklektizistische Geschlossenheit, die sich erst auf den zweiten Blick herausschält. Diese lässt sich grob umschreiben als Aktualitätsabgewandtheit. Anstelle von neuester Mode, neuster Elektronikgadgets, neuester Architektur kommt das Schicksal eines erfolglosen Architekturutopisten aus den Sechzigern in den Blick, werden frühe Musikvideos exhumiert, frühere Werbetexter und verfettete Großschauspieler interviewt. Aktualität zeigt sich hier in einem unterschwellig sentimentalischen Retro-Blick; das Interesse gilt Randphänomenen der verblassenden Erscheinungsformen früherer Avantgarden; obskuren Einzelgängern und Resten von Lebensformen der vergangenen (Groß-)Bourgeoisie. Diese Tendenz hat im Anschluss an frühere Vorbehalte gegen die (Pop-)Literaten Kracht und Nickel einige Abwehrreflexe in der Feuilletonrezeption hervorgerufen. *Der Freund* jedoch auf diese Themen und Orientierungen festlegen zu wollen, greift zu kurz. Klassische Themeninteressen der Großbourgeoisie werden eher sentimentalisch ins Spiel gebracht, in dem steten Wissen, dass diese Ausrichtung ungebrochen unhaltbar wird, sich lächerlich macht. Durch die paratextuellen Rahmungen der Beiträge, durch Dada-Teaser, absurde (und teils offensichtlich fiktive) Leserbriefe und die skurrilen Impressumsinformationen („Freak Street") werden die gezeigten Positionen und Diskurse ständig in Anführungszeichen gesetzt, wird die Unernsthaftigkeit betont.

Unterstützt wird diese ständige Volte der ironischen Distanzierung von den präsentierten Inhalten durch Texte und Essays, die sich als selbstreferentiell, als programmatisch lesen lassen. Hierzu zählt ein Essay über „SOBIG" (H. 3), in dem Douglas Wolk eine spezifische Unterart von Camp umreißt (So Bad It's Good). Der wichtigste Essay ist jedoch sicherlich *Junkspace* von Rem Koolhaas (H. 1), in dem Tendenzen eines funktional-globalisierten Bauens auf alle anderen Kultur- und Gesellschaftsbereiche übertragen werden. „Die Ikonographie des Junk Space ist 13% römisch, 8% Bauhaus, 7% Disney, [...] 3% Jugendstil, dicht gefolgt vom Maya-Stil [...] " – diese eklektizistische Mischung prägt auf den ersten Blick auch das Erscheinungsbild von *Der Freund*.

Koolhaas' Essay tarnt sich als kalte Gegenwartsanalyse der Postmoderne, dabei bleibt aber in dem Text eine unausgesprochene, eine untergründige Sehnsucht stets spürbar: den Mangel an authentischen Erfahrungen, die verlorene Eigentlichkeit ästhetisch zu kompensieren. Diese Doppelbewegung von Gegenwartsaffirmation in der Retro-Emphase und der gleichzeitigen Sehnsucht nach dem ‚Echten', nicht nur Aktualisierten, ist auch für *Der Freund* konstituierend. Anders gesagt, *Der Freund* ist beides zugleich: Junkspace und Anti-Junkspace.

Insgesamt zeigt *Der Freund* also ein sentimentalisches kulturjournalistisches Programm, das mehr oder weniger abstruse Retro-Phänomene aktualisiert; immer wieder werden individualisierte Einzelgeschichten herausgegriffen und mit großer Ruhe vergegenwärtigt. Auf diese Weise wird der als disparat empfundenen Gegenwart ein tendenziell ähnlich vielfältiger Themen- und Formenfächer entgegengehalten, der beides kann: postmoderne Vielfalt abbilden, und zugleich die Sehnsucht nach Ruhe und Erdung gerade durch die persönlich strukturierten Herausgeberinteressen bedienen.

Christian Kracht (Hrsg.): *Der Freund.* Hefte 1-8, Hamburg 2004-2006 •
Moritz Baßler: *Der Freund. Zur Poetik und Semiotik des Dandyismus.* Unpubliziertes Vorlesungsmanuskript zur Ringvorlesung „Depressive Dandys", Humboldt-Universität zu Berlin, Juni 2007.

Paul Brodowsky

Zu den Autoren

Paul Brodowsky, Autor, Wissenschaftlicher Mitarbeiter am Studiengang „Kreatives Schreiben und Kulturjournalismus" der Stiftung Universität Hildesheim.

Steffen Damm, Dr., Wissenschaftlicher Assistent am Institut für Kultur- und Medienmanagement der Freien Universität Berlin.

Jörg Döring, Prof. Dr., Professor für Neuere deutsche Literatur an der Universität Siegen.

Annett Gröschner, freie Autorin und Kulturjournalistin.

Hermann Haarmann, Prof. Dr., Professor für Kommunikationsgeschichte und Exilpublizistik an der Freien Universität Berlin.

Ariel Hauptmeier, Redakteur der Zeitschrift *GEO*.

Christian Jäger, PD Dr., Institut für deutsche Literatur, Humboldt-Universität zu Berlin.

Erdmut Jost, Dr., Wissenschaftliche Mitarbeiterin an der Fakultät für Linguistik und Literaturwissenschaft der Universität Bielefeld.

Werner Jung, Prof. Dr., Professor für neuere deutsche Literatur an der Universität Duisburg-Essen.

Hildegard Kernmayer, Dr., Leiterin des Zentrums für Kulturwissenschaften an der Universität Graz.

Florian Kessler, freier Autor und Literaturkritiker, Dozent am Studiengang „Kreatives Schreiben und Kulturjournalismus" der Stiftung Universität Hildesheim.

Thomas Klupp, Autor, Wissenschaftlicher Mitarbeiter am Studiengang „Kreatives Schreiben und Kulturjournalismus" der Stiftung Universität Hildesheim.

Wolfram Knäbich, M. A., Historiker an der Ludwig Maximilian Universität München.

Dirk Knipphals, Literaturredakteur der *tageszeitung.*

Alexander Košenina, Prof. Dr., Professor für Deutsche Literaturwissenschaft an der Leibniz Universität Hannover.

Rolf Lindner, Prof. Dr., Professor für europäische Ethnologie an der Humboldt-Universität zu Berlin.

Steffen Martus, Prof. Dr., Professor für Neuere deutsche Literatur/Literaturwissenschaft an der Christian-Albrechts-Universität zu Kiel.

Mathias Mertens, PD Dr., Wissenschaftlicher Mitarbeiter am Institut für Medien an der Universität Hildesheim.

Stefan Mesch, Freier Autor und Literaturkritiker.

Lothar Müller, Dr., Redakteur im Feuilleton der *Süddeutschen Zeitung* mit Sitz in Berlin.

Gunther Nickel, PD Dr., lehrt Neuere deutsche Literaturgeschichte an der Johannes Gutenberg-Universität in Mainz, Lektor des Deutschen Literaturfonds in Darmstadt.

Magali Laure Nieradka, Lektorin des DAAD in Nizza und freie Journalistin.

Günter Oesterle, Prof. Dr., Professor em. für Neuere deutsche Literatur an der Justus-Liebig-Universität Gießen.

Hanns-Josef Ortheil, Autor, Kulturjournalist, Professor für Kreatives Schreiben und Kulturjournalismus an der Stiftung Universität Hildesheim.

Ernst Osterkamp, Prof. Dr., Professor für Neuere deutsche Literatur an der Humboldt-Universität zu Berlin.

Anne Dorothea Peiter, Dr., Germanistikdozentin an der Université de la Réunion (Frankreich).

Stephan Porombka, Prof. Dr., Professor für Literatur und Kulturjournalismus an der Universität Hildesheim.

Wiebke Porombka, Literaturkritikerin, Wissenschaftliche Mitarbeiterin am Institut für deutsche Literatur der Humboldt-Universität zu Berlin.

Rainer Rutz, Dr., freier Journalist.

Christian Schärf, PD Dr., Literaturwissenschaftler, derz. Lehrbeauftragter am Studiengang „Kreatives Schreiben und Kulturjournalismus" der Stiftung Universität Hildesheim.

Johannes Schneider, Literaturwissenschaftler, Kulturjournalist.

Erhard Schütz, Prof. Dr., Professor für Neuere deutsche Literatur an der Humboldt-Universität zu Berlin.

Klaus Siebenhaar, Prof. Dr., Professor für Kultur- und Medienmanagement sowie für Neuere deutsche Literatur an der Freien Universität Berlin.

Kai Splittgerber, Leiter des Hildesheimer Verlags Glück & Schiller, Kulturjournalist.

Claudia Stockinger, Prof. Dr., Professorin für Neuere deutsche Literatur an der Universität Göttingen.

Matthias Uecker, Prof. Dr., Professor of German an der Universität Nottingham.

Thomas Wegmann, PD Dr., vertritt derzeit eine Professur für Neuere Deutsche Literatur an der Ernst Moritz Arndt-Universität Greifswald.

Joseph Vogl, Prof. Dr., Professor für Literatur- und Kulturwissenschaft an der Humboldt-Universität zu Berlin.

Barbara Wildenhahn, Dr., Literaturwissenschaftlerin, Referentin des Präsidenten der Stiftung Universität Hildesheim.

Sandro Zanetti, Prof. Dr., Juniorprofessor für Literaturwissenschaft an der Stiftung Universität Hildesheim.

Aus unserem Programm

Kulturpolitik von A – Z
Ein Handbuch für Anfänger und Fortgeschrittene

Von Olaf Schwencke, Joachim Bühler und Katharina Wagner

Die erste Übersicht zu den wichtigsten kulturpolitischen Begriffen in Deutschland im internationalen Kontext. Über 170 Stichworte – kurz, prägnant und mit Hinweisen auf weiterführende Literatur. Mit einem Ideen-Abriss der bundesdeutschen Kulturpolitik von ihren Anfängen bis in die Gegenwart.
Ein notwendiger Begleiter für Studierende, Kulturpolitiker, Journalisten und alle kulturpolitisch Interessierten.

ca. 200 Seiten, Broschur, 15 x 23 cm, ca. Euro 19,80/SFr 32,00,
ISBN 978-3-936962-41-3

KulturHandbuch Berlin
Geschichte und Gegenwart von A – Z

Hrsg. von Klaus Siebenhaar

3., aktualisierte und erweiterte Auflage

Das Standardwerk zum Kulturstandort Berlin in der erweiterten und aktualisierten Neuauflage. Nachschlagewerk und Orientierungshilfe für alle. Umfassend und aktuell.
„Ein Buch, das dem Tempo der Stadt die Stirn bietet" (*Frankfurter Allgemeine Zeitung*)
„Unentbehrlich für alle, die im Berliner Kulturleben den Durchblick suchen" (*Die Welt*)

576 Seiten, Broschur, 15 x 22 cm, Euro 24,80/SFr 40,00, ISBN 978-3-936962-12-3

B & S SIEBENHAAR VERLAG
bs-verlag@berlin.de, www.siebenhaar-verlag.de